JN314757

ストーリーテリングのリーダーシップ

組織の中の自発性をどう引き出すか

ステファン・デニング［著］
高橋正泰・高井俊次［監訳］

東京 白桃書房 神田

THE SECRET LANGUAGE OF LEADERSHIP:
How Leaders Inspire Action Through Narrative
by Stephen Denning
Copyright © 2007 by John Wiley & Sons, Inc.
All Rights Reserved.

Japanese translation published by arrangement with
John Wiley & Sons International Rights, Inc.
through The English Agency (Japan) Ltd.

日本語版へのまえがき

語り部が演じる言語ゲームのリーダーシップ――デニングの新著に寄せて

神戸大学　金井壽宏

言語ゲームとしてのリーダーシップ

リーダーシップは物語であり、リーダーは語り部である。リーダーシップがリーダーとフォロワーとの相互作用で生まれる影響力であるなら、おそらく、言語を介在させないリーダーシップは稀だろう。「背中が語る」と言葉の綾でいうが、背中より言語のほうが雄弁である。ましてや、リーダーによって語られる中身が物語のように相手を引きつけたり、語り口が上手だったり、おまけに、しっかりと言行一致していたら、言語によるゲームの名前が、リーダーシップだとも言える。

皆さんが手にしている待望の邦訳書は、リーダーシップ論とその実践において、ストーリーテリング（物語ること）の意味を説いてきたステファン・デニングの新著である。この新著の旅立ちへの朧《はなむけ》に、語り部が演じ、実現する言語ゲームとしてのリーダーシップという社会現象について語らせていただく。ここに書くこと自体、もし、わたし自身にもなんらかのリーダーシップがあれば、このまえがき自体が、言語ゲームとしてのリーダーシップの実践となる。ちょうど2010年4月より勤務先の大学で研究科長に就いたばかりで、リーダーシップの実践には入門したてであったが、ここでは、この経験もふまえて語りにも、リーダーシップにも、ともに深い関心をもつ研究者として、やや衒学的な議論を、あえて展開したい。

さて、日常語から入っていこう。「だまってオレ（ワタシ）についてこい」という表現は、簡素で魅惑的だ。それでついていく人びとが大勢出てきたらちょっと怖いぐらいである。もちろん、言葉なしに、行動と眼差しがこのひとならついていってもいいと思えるほど（しかも言葉以上に）雄弁なら、そういう場面もときにはあるだろう。しかし、そのような稀な現場に居合わせたら、ほかならぬそのリーダーがだまらずに、その口から「だまってついてこい」という発言をしてしまうのはすでにパラドクスであるし、少なくとも野暮である。言葉少なだけれど、すばらしく信頼できそうだと思えるひとは、必ずといっていいほど、言行一致している。ほんとうに必ず実現するつもりのことしか語らないから、言葉が少ないということもあろう。言行一致にあたる言葉は、英語でどのように表現すれば伝わりやすいか。英語が堪能な方なら、'walk the talk という慣用句を想起されるだろう。「言ったことを歩む」「言ったとおりに歩いて行く」というのが、この慣用句がイメージする姿である。だから、寡黙な技術系出身の社長が、「経営の根幹に技術的優位性を置いて、わが社を技術基盤の濃密な会社に育て上げる」と語るなら、フォロワーたちは、実際に社長が、研究所を頻繁に訪ねているかどうか、自然と目を見張ることだろう。「わが社はものづくりに生きる」というなら実際にそう言ってのける社長が工場にいる時間が、ひとつの雄弁な言語なのである。技術とかかわることに注がれている時間とエネルギーを目撃したときに、行動面の時間配分、（すべてが目に見えるわけではないが）エネルギー配分が、言行一致の度合いを語る。経営者の行動面の時間配分には、このような優先事項をシグナルとして示す効果をもつ。管理者や経営者の日常行動の研究は、これを時間配分によるプライオリティ・シグナル機能と呼んだ。

実際に、大声で旗を振り、「新天地をめざす」と叫んだ経営者が、言っていることとやっていることがあべこべで、新しいことはなにも起こらずに、会社ごと奈落に引っ張ってしまうこともある。「約束の地、カナーンをめざす」と叫んだモーゼは、「すみません、紅海に立ちふさがれて行けません」と嘆くのではなく、奇跡を起こしてでも約束の地にまでフォロワーを連れて行かなければ、言ったことは本当に実現したことにはならない。紅海がふたつに割けたという映画シーンのような奇跡はなくとも——歴史的事実として当時紅海は干上がっていたという説を耳にしたこともある——経営者なりに「やる」と言ったことは必ずやり通さなければならない。ジャック・ウェルチが、Executeという言葉で表したものも、日本の経営者や経営幹部たちが、「けっして逃げない」「途中で投げない」「ぶれない」ということをリーダーシップの条件にあげるのはこのことにかかわっている。

テレビで広く頻繁に流れた経営者の語りが、「謝ること」ばかりなら、情けないことだ。そのようなシーンばかり見た子どもたちは、経営者になりたいとは思わなくなるかもしれない。どうせ途中であきらめてしまって言ったことを実現しないのなら、大声で叫んだり、旗振りをしたりしないほうがいい。むしろ、派手な旗振り役よりも、ハーバード大学のジョゼフ・バダラッコ教授が推奨するような「静かなリーダー」のほうが望ましい。それどころか、AT&T（アメリカ電話電信会社）に長らく勤めたロバート・グリーンリーフがこの世に残した考え方だが、リーダーのほうが部下に尽くすような「奉仕型《サーバント》のリーダー」のほうが信じられるという時代の声さえある。言葉はきらびやかでなくとも、寡黙ながら言ったことは、必ずとことんやり抜くほうがいい。これもまた、もうひとつの雄弁だとも言える。われわれの国は、「巧言令色少なし仁（〈少なし（わずかにある）〉は、孔子が書いたとおりなら、〈鮮し（めったにない）〉となる）」という儒教の影響も受けた国ではある。たとえば、雄弁に演説する西郷隆盛はイメージしにくい。

しかし、寡黙で「静かなリーダー」の場合でも、やはりリーダーシップとは、本質的には言語ゲームである。なぜなら、静かなリーダーもまた、めざす方向を語らなければならない場面があるし、サーバント・リーダーなりに、どのようなミッションの名のもとに、フォロワーに奉仕するか、知らせる場面を必要とする。「おいどんは、……」素朴に言葉少なく本質を語るひともいるはずだ。この問題を考えるには、つぎに述べるある有名な論文にまで辿り着く。

かつて、「リーダーシップとは言語ゲーム（language game、言説ゲームとも訳される）である」と一言で本質を突いたのは、今は亡きルイス・ポンディである。[1] なんと30年も前のことである。リーダーシップのように社会的にも実践的にも大事な現象が、言葉の遊びになってしまった。社会心理学者の実験や質問紙調査の対象となり、経営学者はもっと雑多な方法で流行に目がいくばかりで、つまり、そんな意味の言葉のお遊び《ゲーム》を批判した。しかし、議論はさらに深い。それは、言語ゲームもしくは言説ゲームという語句を聞いた哲学通の読者が思い浮かべる通り、ルートヴィヒ・ウィトゲンシュタインの哲学にまでつながっていく。そのような深みを、ポンディは、リーダーシップ論の今後に求めた。その発表から30年あまりが経過している。思えば、ポンディが、“Leadership is a language game.”という報告をした会議は、今となれば「一皮むけた経験」の研究で名高い、当時ＣＣＬ（センター・フォー・クリエーティブ・リーダーシップ）に勤務していたモーガン・マコール（現在は南カリフォルニア大学）とマイケル・Ｍ・ロンバルドー（現在はロミンガー社）によって企画され実現された場で、その成果が、ポンディ論文を含む書籍として出版されたのであった。

ポンディにも学んだマコールたちも、本書の著者デニングも、またデニングの一連の著作に興味をもってきた本書の翻訳者たちも、抽象度が高くエレガントだけであまり役立たない公式的なリーダーシップ理論をめざすよりも、いっそう多くの時間とエネルギーをかけて、経営者たちの、また経営幹部たちの語る「生の声」、そこに紡がれる「リーダーシップ経験の物語」に耳を傾けることの学問的価値と実践的な意味を主張してきた。わたしはといえば、ここ数年は、経営者とインタビューする機会に恵まれる度に、自らがリーダーシップを発揮した実践家の語る経験の物語から、実践的なリーダーシップの持論を解読しようとしてきた。物語からリーダーシップを理解する試みがすごいと思うのには、つぎのようなわけがある。このまえがきの結びでもふれるが、そのような試みが一方で、非常に深みのある視点でありながら、他方で、非常に実用的でもあり得ることが、リーダーシップにまつわる経験の研究と、リーダーになる途上で一皮むけた経験にも注目する研修から明らかになってきた。[2]

〈語り〉は森羅万象に響く

わたしは1992年、まだ30代の若いときに、尊敬する博識家、松岡正剛さんのお誘いで、極上の研修を経験できた。資生堂の福原義春さんは、社長時代に、資生堂ミネルヴァ塾・文化伝承塾とも呼ばれた希有な時空間のデザインに際して、松岡正剛さんを総合プロデューサーに選ばれた。福原さんは、その塾活動において、リーダーシップの役割は、資生堂という組織に根づく、また語り継ぐべき多様な物語を、適切な場面で、カラフルに次世代に伝える語り部であることを、身をもって示された。語り部としてのリーダーという発想の原体験は、このときにまで遡る。

---

[1] Pondy, Louis R.（1976）. "Leadership is a Language Game," in M. McCall, Jr. and M.M. Lomabardo eds., *Leadership: Where Else Can We Go?* Durham, NC: Duke University Press, pp.87-101.

[2] 最も初期の試みとしてはつぎを参照。金井壽宏（2002）『仕事で「一皮むける」――関経連「一皮むけた経験」に学ぶ』光文社。

松岡さんご自身はといえば、元々、リーダーシップに限らず、社会現象はすべて物語だと看破してこられた。松岡さんが創設した編集工学の発想からすれば、人類が成し遂げてきたことを捉える視点は、一方で森羅万象が限りなく深くつながり合っていることを教えてくれる。他方で、そのつながり具合を編集工学的に読み解くという方法は、単なる博識主義ではなくて驚くほどの実用性をもつ言葉、エクササイズなどを通じて体感できる。松岡さんがプロデュースを担当されると、たいていの場合、通常の企業研修やイベントでは会社レベルの話にとどまることも、そうではないことが起こる。参加させていただいた資生堂のミネルヴァ塾・文化伝承塾、それ以外には、これもまた若いころに阪急のCIプロジェクトのための連続の会合——茶屋町カウンシル——という場では、物語のスケールが会社レベルにとどまらない。語られる物語の時間軸もはるかに長い。ゲストも、通常の会社の研修をはるかに超えている方々であった。会社の物語も大事だが、この国の物語、さらには、世界劇場とも呼ばれるスケールの大きい物語が素材とされた。今になって思えば、後に資生堂社長になられた池田守男さんも、前田新造さんもこの塾生であった。また、ミネルヴァ塾・文化伝承塾に身を置かせていただいたわたし自身は、後々、福原さんにも、池田さんにも、前田さんにも、「一皮むけた経験」のインタビューで経験の語りとそこからの教訓を聞かせていただいた。3代の社長の物語を連鎖させると、そこに、世代間を継承する資生堂のDNAや夢が見えてくる。わたしは、これまでもそれを世代継承的夢（generative dream）[3]と呼んできた。経営者のリーダーシップから、さらに社会全体の歴史を見れば、日本には日本流の世代継承的物語がある。世界に目をむけても、たとえば、米国には米国のアメリカン・ドリームの連鎖があり、それは、ジェファーソン、リンカーン、キング牧師、(躓きも多いが）オバマまで語り継がれてきた。[4] 本書の著者、ステファン・デニングが世界銀行に勤務していた時代に気づいた物語もまた、グローバルに語られるべき大きな物語であり、いまそれが再び必要になっている。そのような時代をわたしたちは生きている。

物語によって生きる

リーダー自身が伝説的《レジェンダリー》になれば、リーダーシップの偉業は、文字通り、それ自体が、物語になる。釈迦やイエスや孔子を、宗教家や思想家であるので、いつもリーダーとして捉えるとは限らないけれども、仏典も聖書も論語も、ある意味では、リーダーシップの物語である。そう思えば、われわれはいつも物語の時代を生きてきたといえる。だれもの問題として、もっと大事なことがある――われわれのアイデンティティ(自分らしさ)もまた、(とりわけ、中年の発達課題である世代継承性に目覚めるころには)、「自分がそれによって生きている物語(*Stories We Live By*、これはそのまま書名でもある)[5]」をもたなければならない。逆に言えば、つぎの世代に対して語れる物語をもつことによって、語られるべきアイデンティティの自覚が生まれてくるものである。人生の正午を越えるような時期になれば、ユング派の分析心理学者がクライアントに尋ねるように、「あなたの神話(人生の物語)は何ですか」という問いを、他者に聞くのは野暮でも、われわれなりに真剣に自問して、その問いの重みを受けとめる必要がある。なぜならば、

3　金井壽宏(2006)「活私開公型のキャリア発達とリーダーシップ開発――個を活かし社会にも貢献する世代継承的夢」山脇直司・金泰昌編『公共哲学18――組織・経営から考える公共性』東京大学出版会。
4　金井壽宏(2009)「リーダー人物の語りとリーダーシップ現象の時空間――世代継承的夢の語り」金井壽宏・高井俊次編著『語りと騙りの間』ナカニシヤ出版、2009年。
5　つぎの著作の書名でもある。McAdams, Dan P. (1993). *The Stories We Live By: Personal Myths and the Making of the Self*, New York: The Guilford Press.

自分の神話、自分の物語がないと、アイデンティティも、真の個性化（individuation）も深みが出てこないからである。

より若い世代を導くために、大声を出すにせよ、静かに微妙に説得するにせよ、あるいは彼らに奉仕するためにせよ、リーダーシップを本格的に発揮し始めるのも、人生の半ば以降である。そのスタイルは、命令調、脅すタイプ、奉仕する姿勢、それはいろいろである。若いときから、リーダーシップを発揮してきたひとも、そのころになると、自分のスタイルを振り返り、将来を展望しながら、リーダーシップにまつわる自分の物語が進化する。自分は、皆に嫌われても今までにはなかったことを実現したいのか、それとも、皆の望むものを実現するように、調整していくのが自分の役柄だと思うのか。

中年の世代継承性を最も体系的に明らかにしてきたのは、物語アプローチに注目する生涯発達心理学者、ノースウェスタン大学教授のダン・マッカダムズである。彼は、新著において、個人レベルを超えて、国レベルを見据えて、「アメリカ人がそれによって生きている物語（*Stories American Live By*）[6]」というものがあると主張している。若者は自分の夢を、親は家族の夢を、マネジャーは職場・部門の夢を、社長は会社の夢を、市長・知事・大臣は市の、都道府県の、そして国の夢を語らないといけない――自分の夢とオーバーラップさせながら、また、今の時代では、地球号の夢ともオーバーラップさせながら、レベルに応じた夢の語り部にならなければならない。残念ながら、今は日本のリーダーの語る言葉力は、たとえばコマツの坂根正弘会長などを例外とすれば、やや萎縮しているといわざるをえない

目をより若い層、思い切り若い人たちに転じよう。中年以降の発達課題をクリアするひとつの具体的な道がリーダーシップの発揮だと主張してきたこのわたしだが、今ではもっと若いとき、学生、さらには子どものときからのリーダーシップにも期待するようになってきている。神戸大学では、同僚の髙橋潔さん

のおかげで、２０１０年６月に、「リーダーシップ祭り」と称して、杉並区の和田中学で校長として考えうる限りの変革を成し遂げた藤原和博さんと、直接、学び議論する機会をもつことができた。そこでは、思い切り若いひとが、議論をリードしてくれた。

ステファン・デニングのこと

さて、本書の著者、ステファン・デニングは、世界銀行に勤務していたおかげで、志高く、かつふつうの人から見ても共感をもてる形で、世界の中でアフリカに対して世銀はなにをできるかを真剣に考え、その考えを銀行内に広めるうえで、物語アプローチに入門した人物である。他の組織にはない世銀ならではの特徴はあるけれども、世銀にかぎらず、とりわけ使命をもった組織に勤める友人がいれば、そういうひとがどのような仕事を喜ぶか、そしてより広い社会のためにそれに打ち込めるか、具体的に想像してみながら、本書をお読みいただきたい。幸いなことに、自分の所属する組織において物語が豊かで、社会貢献のストーリーも語りつがれる場であるならば、いっそう共感的に本書をお読みいただけることだろう。

そのような場を共有しうる組織では、使命感をもって活躍したひとの生き方、働き方を、同世代に、そして次世代に伝えるべき物語がいろんな形態で生まれていくだろう。たとえば、組織変革、組織開発のツールとしての物語。たとえば、映画、探険に燃えた学生生活のあと、博報堂に入ったら、経理の仕事より、やはり意味の感じられるいかにもクリエーティブだと言われるような仕事をしたいだろう。音楽が大好き

---

[6] こちらのほうは、つぎの著作の副題である。McAdams, Dan P. (2006). *The Redemptive Self: Stories Americans Live By*. New York: Oxford University Press.

でヤマハに入ったら、法務で燃えるのは難しいだろう。フィル・ウッズが演奏に採用したサックスを豊岡工場で製作するほうが燃えるだろう。世銀に友だちがいたら、聞いてみてほしい。どんな思いでその組織に入ったか。たとえば、ある事業をわけがあってやめるという意思決定も困難なことであろう。それぐらい高い意識をもってこの銀行に入行したひともいれば、そうでないひともいるだろう。

さて、ほかならぬデニング、本書の著者にとって、世界銀行とはどのような職場であったのだろうか。現時点でこの銀行の謳うミッションを知るためにウェブサイトを開けば、「貧困のない世界、それが私たちの夢です」というモットーが目立つ。そして、世銀のミッションの冒頭に書かれているつぎの言葉が目に飛び込んでくる――「長期的な結果を追求し、熱意とプロフェッショナリズムを持ち、貧困削減に取り組んでいます」と。

ステファン・デニングは、1996年2月まで、このようなミッションをもつ世銀においてアフリカ地域担当理事だった。このミッションを基礎に、世銀の貢献できる直接的分野は長らく融資であった。はるか以前には、アフリカをはじめとする発展途上国への融資では独占状態だった。しかし、民間銀行のほうがより多額のより安価で条件のよい融資を始めていた。単なる金貸し業としては、世銀でなくてもできる融資が民間からも出始めていた。そういう転機を迎えつつあったが、世銀の融資事業の規模の3分の1がアフリカなので、デニングにとって、アフリカを担当する仕事は、融資業務であっても、さぞかし使命感をもって打ち込めたことだろう。ところが、総裁の死、上司の退職などがあって、デニングが置かれた行内事情にも変化があった。結局、自分が希望したわけでもないのに、行内の情報技術（ＩＴ）部門に異動となったらどうしようと危惧した時期があった。ＩＴもまた、花形分野とも受容できるひともいるはずだが、デニングにとっては、もし実際にその部門への異動があったとしたら、彼にとっては左遷というレベルではすまないほどに、納得のいかない異動のように思われたのであった。彼自身の語る言葉によれば、ＩＴ部門へ異動することになったとしたら、それは「ゴミ箱、あるいはカフェテリア、シベリア送り」になぞらえることができると思っていた。しかし、アフリカのザンビアで働く医療（健康）ワーカーの話を同僚から聞いて、彼の認識は大きく変わった。ザンビアのなかでも片隅の小さな村で、その医療ワーカーは、マラリアへの対処法がわからずに困っていた。１９９５年６月のことであった。世界に名だたる、しかもアフリカにしっかり関与してきたつもりの世界銀行だが、お金をもっていくこと以外にはなにもできていない。お金のエキスパートではあっても、医療問題のエキスパートではない。医療問題のエキスパートでなくても、融資先の問題に情報面で対応できる術をもたない巨大銀行だった。見ようによれば、ただのお金の固まりで、ハートがなく、そして資金の流れと同じほど重要なはずの情報の流れに乗ることはできていなかった。さらにいえば、当時の世銀は、彼の認識では、資金だけでなく、情報を掌握しているがゆえに、世界の銀行であるという役割意識はない銀行であった。

他方で、ザンビアの医療ワーカーはと言えば、世銀ではなく、アトランタにあるＣＤＣ（the Centers for Disease Control and Prevention）というウェブサイトで、必要な情報を得ることができた。ポイントは、資金がつながる以前に、まず情報面において、豊かな先進国でなくアフリカのザンビアという国において、しかもその国の首都から６００キロ離れた村からでも、そのウェブサイトには、情報面ではしっかりとつながりをもてたのである。

デニングは、このことを１９９６年３月に、健康と教育部門の若手エコノミストを務める世銀の同僚から聞いた。彼は、そのエコノミストから聞いたこの出来事のあらゆるシーン（場面）のなかに、世銀がひとかけらも登場しないことに気づいた。そして、おおいに嘆いた。また、同時に初めて、金貸しではできない、より大事なミッションを、世銀のＩＴ部長として探究、実現できるのではないかと思った。当時、世銀は、融資事業が主で、現地とのコーディネータやカタリストの機能や、知識ブローカーの機能は果たせていなかった。一言でいうと、世界を対象にしているが、金貸しに終始していた。ほんとうに融資先に役立つためには、情報が資金と同等に、場合によっては資金を上回るほどに重要である。そのことに気づいた。そこで、デニングはついに、資金を融資するだけの銀行であるだけでなく、融資を通じて、世界のことを知り、その知を広める「知識共有銀行」に世界銀行のあり方を変えようとひらめいた。少なくとも、いきなり銀行まるごとの存在意義を一気に変えることはできなくても、だれかが世銀のＩＴ部長になるとしても「シベリア送りだ」と心理的に腐ったままでいるよりも、その職につくひとが職責上やるべき、誇らしい使命をはっきりと見出したのであった。まずはワールドバンクを、ナレッジバンクに変えていくという変革課題を鮮明に意識した。そのためにＩＴ部門にもし移るようなことがあったとしても、知識共有銀行、あるいはより短く知識銀行《ナレッジバンク》をめざすという使命を実現するために奉仕するのがＩＴ部門の職制上の責任だと再定義すればよいだけだと悟ったのであった。

　しかし、このナレッジバンクというアイデアには、最初はだれも耳を傾けてくれなかったようである。「いいかね、われわれは、知識でなく資金を扱っているのだよ」というのが大半の声であった。同時に、せっかく「世界レベルの知識シェアリングの仕組みをもつ銀行」ということの意味はわかってもらえたと思っても、「なんだ、それだけか」という返答で、話が終わってしまう。経営学と経営のツールの世界にはいつも流行があり、当時すでに、ナレッジ・マネジメント、知的財産の管理、学習する組織というような考え方が世に出ていた。経営学には、心して取り組んでいる学者がいたとしても、いつも経営の流行を調子がいいときには作りだし、不調のときには、コンサルタントに追随する。だから、ナレッジ・マネジメント、インテレクチュアル・キャピタルという言葉が流行れば流行るほど、皮肉なことに、デニングの深い洞察は、そういった流行の焼き直しにしか思われなかったのかもしれない。それは、深い思考と、やり抜く実践力の大切さに目覚めたデニングにとっては歯がゆいことであったと推察される。

ところが、先に述べた若い同僚から聞いたザンビアの物語を、なかなか自分に耳を傾けてくれない場において、冒頭に披露すると状況はちがってきた。マラリアの話を具体的に物語ると、世界銀行にはできるはずなのにできていないことがあるという認識をより鮮明に感じ取れるひとが出現し始めた。

知識銀行という考えを披露し始めてから最初の2、3年の間、世銀の上層部では、「ワールドバンクにとってナレッジ・マネジメントとはいったいどういうことなのか」という議論が起こった。議論は徐々に行内に盛り上がっていく。とうとう1996年10月の世銀の年次大会では、総裁が「われわれは知識銀行になるのだ」と宣言した。世界中、とくに貧しい地域に融資していく過程で知り得た情報を知識として、上から下までが共有し、世銀は、「知識共有銀行」、一言では「ナレッジバンク」になるという方向がビジョンとして示された。もちろん、その後も反対勢力との対立は続いた。銀行業が知識業にもなるというのにぴんとこないひとは反対する。そのような反対があったことを踏まえても、デニングは、組織変革のアイデアに、そもそも当初はだれも耳を傾けてくれなかったことを思うと大きなジャンプができたと思った。理屈だけではなく、ザンビアには資金とともに情報が必要だったという具体的な物語が、変革に向かう活路を創った。このことから、デニングは、「組織変革のための跳躍台《スプリングボード》としてのストーリーテリング」という考えをもつに至る。

IT部門への異動がほのめかされたことを契機に、思考を深めて、自分が勤務する銀行の使命を捉え直す新境地を見出した。世界銀行は知識銀行でなければならないという方向に変革のリーダーシップが発揮できる段階に、デニング自身が育っていったのであった。もし、実際にＩＴ部長になってしまったらどうしようという焦燥感は、むしろ通り一遍の左遷以上に、思考の飛躍を要する苦境であった。このようなステージ（段階でもあり舞台でもあるステージ）を、リーダーシップ研究者は、どん底《クルーシブル》、修羅場《ハードシップ》、ややきれいなことばでは、背伸び経験《ストレッチ》と呼んできた。

以上が、物語と語り部を重視する、デニング当人の物語であった。そんな彼は、２０００年11月に世界銀行を離れた。

デニングの著作

その後は、著述活動も熱心で、つぎのような著作を、順次、世に出すに至っている。

・『スプリングボード――いかにして、知識時代の組織においては、ストーリーテリングが、アクションに火をつけるのか』邦訳なし（*The Springboard: How Storytelling Ignites Action Knowledge-Era Organizations*, Boston, MA.: Butterworth Heinemann, 2001）

・『チームリーダー（原著どおりには、リス株式会社）』冨田ひろみ訳、不空社、２００５年（*Squirrel Inc.: A Fable of Leadership Through Storytelling*, San Francisco, CA.: Jossey-Bass, 2004）

・『ストーリーテリングのためのリーダー指南書――事業にまつわるナラティブ（語り）のアートと技法をマスターする』邦訳なし（*The Leader's Guide to Storytelling: Mastering the Art and Discipline of Business Narrative*, San Francisco, CA.: Jossey-Bass, 2005）

・『ストーリーテリングが経営を変える――組織変革の新しい鍵』共著の訳書、高橋正泰・高井俊次監訳、同文舘出版、２００７年（John Seely Brown, Stephen Denning, Katalina Groh, and Laurence

Prusak, *Storytelling in Organizations: Why Storytelling Is Transforming 21st Century Organizations and Management*, Burlington, MA.: Elsevier Butterworth-Henemann, 2005)
・『ストーリーテリングのリーダーシップ――組織の中の自発性をどう引き出すか』(*The Secret Language of Leadership: How Leaders Inspire Action through Narrative*, San Francisco, CA.: Jossey-Bass, 2007)。この2007年の著書の全訳が本書である。また、一昨年、次の書が出版されている。
・『リーダーのためのマネジメント革命指南――職場空間の再構築』邦訳なし(*Leader's Guide to Radical Management: Reinventing the Workplace for the 21st Century*, San Francisco, CA.: Jossey-Bass, 2010)

本書の読み方

リーダーシップは物語と不可分であり、リーダーは語り部である。そうであるならば、確かに、リーダーをめざす人物は、ナラティブ(語り)を通じていかにアクションを鼓舞するのかという問いをめぐって、「リーダーシップの秘密の言語」をマスターしないといけない。哲学者の深さまでいかなくても、言語ゲームの世界に入門しないといけない。

さて、このやや長すぎるまえがきの冒頭でふれた、今は亡きポンディだが、「リーダーシップは言語ゲームである」という洞察の含意は、提示されてから30年が経過しても今もって深い。しかし、この深い洞察へのわかりやすい入り口、また、実践的な入り口は、デニングの役割だとわたしは思っている。

本書を読まれるときにも、ポンディのつぎの問いをお供にして、それぞれについて、デニングは、そしてリーダーをめざす(あるいはすでにリーダーである)あなたは、どう思うか考えながら読み進んでほしい。

・リーダーシップをどう捉えるかという点に肝心の問題があるのではないか（学者はどう捉えるか、と合わせて、リーダー自身、フォロワーたち自身がどう捉えるか）
・置かれた状況、コンテクストが違えば、リーダーシップという言葉の意味が、そこにいるひとにとってどのように変わるのか、について調査もいるのではないか。
・たとえば、ポンディは、製造現場の職人さんたちの長と預言者の果たす役割を同じリーダーシップという言葉で括れるのだろうか、と疑問を呈している。
・このことは、もしかしたら、リーダーシップという概念は、ウィトゲンシュタインの言う「家族的類似性」をもった様々な概念の集合体かもしれない、ということだ。もしそうなら、これまでのリーダーシップをあたかもひとつの研究対象たりうると考えてきたオハイオ学派をはじめとするこれまでの多くのリーダーシップ論は基本的な論拠を欠くことになりかねない。
・言い換えると、われわれは、リーダーシップというひとつの言葉が存在することよって、リーダーシップというのはひとつのカテゴリーで括られる現象だという大きなカテゴリー上の過ちを犯してきたのかもしれない。
・それならば、リーダーシップという言葉が、実際にどのように使われているかをもう一度考え直すという作業には極めて大きな意味があるのではないか。本書でデニングが示しているように、まさにリーダーシップとは、言葉によって生み出されているものなのだから。
・リーダーシップを言語として捉えることのすばらしい点は、言語のもつ創造的な点に着目できるということではないか（ほとんどあらゆる発話は、まったく同じようには語られたことがないという意味では、言語は常に新奇に創造されているのではないか）。

・そうすれば、状況やコンテクストによるリーダーシップの多様性や創造性も、言語に準じて捉えられるかもしれない。

・しかし、ここには、言語に固有の矛盾があるように思える。言語が常に新奇に創造されているものなら、どのようにして、それは互いに理解可能なものとなるのであろうか。「常に新奇」ということは、過去にないということだ。だから、「経験を通じて理解できる」とか「合理的推論によって理解できる」という近代以降の哲学が展開してきた議論は成立しない。

・そもそも言語はどのようにして共有されるのか（お気づきのとおり、この問いは本気で考えると非常に深い）。リーダーの語る言語がどの程度、フォロワーたちに共有されるかということこそ、リーダーの発話の効果として、研究されるべきではないか。

・裏返して言うと、リーダーの語る言語が共有されたとき、そこに言語の共有範囲というソシキが組織され、そのソシキのリーダーシップが生まれるということなのではないか。リーダーシップを言語ゲームとして捉えるとは、そうした言語の使い方が共有できる「生活様式」を互いに共有するということでもある（ウィトゲンシュタイン『哲学探究』第23節）。

・リーダーシップを言語として捉えたり、あるいは、ウィトゲンシュタインの言う意味での言語ゲームとして捉える捉え方を、われわれはどのように実践につなげることができるのか。

・ウィトゲンシュタインを離れての問いかけだが、言語のもつ創造性を、経営リーダーが詩人でなくても、真剣に再考する必要があるのではないか。

・これまで、リーダーシップの有効性は、もっぱらフォロワーの満足や行動の変化という観点から測定されてきたが、それ以上に、それは、リーダーが話しかけるフォロワーたちにとってそれぞれの状況やコンテクストにおける活動を意味あるもの（様式のあるもの）にして共有するということではないのだろうか。リーダーの能力とは、そういう意味を理解させる言語を考え出すことにあるのではないか（たとえば、ナレッジバンクという意味づけは、皆が賛成したわけではないが、少なくとも賛否両論を起こしたのはどうしてか）。

・リーダーの語る実際の言葉が同じであったとしても、それがそのようなコンテクストで、どのようなフォロワーたちに対して、どのようなタイミングで語られるかによって、意味合いはずいぶんと変わってくるのではないだろうか。

・言語の共有《シェアリング》に加えて、いっそう少ない研究テーマは、言語の更新《リニューアル》ではないか（リーダーは、言語を共有させるだけでなく、その大元になる言語を新たに創り出すことがあるのではないか。たとえば、ナレッジバンク）。

・言語の共有と更新は、言語の重複と意味の創造にかかわってくるのではないか。

・まとめると、リーダーがフォロワーたちにとって「なるほど」と腑に落ちる言葉を生み出したときに、皆でおこなっていることに「社会的事実」としての意味が備わるのではないか（キング牧師が「わたしには夢がある」といったときに、夢をもったこと以上に、夢を語った、言葉にした現実がいっそう大事なのではないか）[7]。

ポンディという学者は、問い掛けるのがうまく、しかし、賢明なことにその問いに答えはくれない。デニングは、よりていねいでやさしく、ていねいに具体的に語るのがうまく、必ずしも理論的な意味合いを語っているわけではないが、このストーリーテリングという問題が抱える深淵を感じさせてくれる。だから、著者が意図している以上に本書を深く読み解きたいと思う読者の方々には、上記の問いについて、この書籍を読みながら、自分で考えてみてほしい――自分の経験や観察やその内省と照らし合わせながら。また、実際にいっしょにいる、いっしょに仕事している仲間と考えが深まる度に、話し合ってみてほしい――できるなら、わかりやすい物語の例とともに。

わたしは、物語、（より難解ではあるが）言語ゲームとしてリーダーシップを捉えることの最大の魅力は、それが深みのある解釈に耐えることと、同時に実用性を持ち得るという点にあると理解している。

語りがもつ意味は、哲学者、臨床心理学者、劇作家、詩人に深い思考を誘発してきた。ポンディの議論のなかでも、同じ言語ゲームのなかでも、リーダーの語る意味が変容することがある（第1レベル）のに、社会には、言語ゲームそのものが複数あり、そのコレクションという様相もある（第2レベル）と示唆する。さらに、すばらしいことに、そしてときにより困ったことに、言語にはプロトタイプがあったとしても、それの創造的使用があり、さらに詩人、哲学者も作家も、また臨床家のクライアントも、言語そのものを創造することがある。

他方で、デニングの世界銀行での事例が物語る通り、物語ることが実践の世界でもつパワー、わかりやすいパワーをもつことがある。本書で、皆さんは、この後者について思う存分学ばれながら、同時にストーリーテリングのリーダーシップの深さを感知してほしい。

そんな思いで、この翻訳プロジェクトでリーダーシップを発揮された高橋正泰さん、高井俊次さんとともに、本書『ストーリーテリングのリーダーシップ――組織の中の自発性をどう引き出すか』を、リーダーとして語るべき場面のコンパニオンとして、世に送り出したい。

---

7 先の注3の論文を参照。

目　次

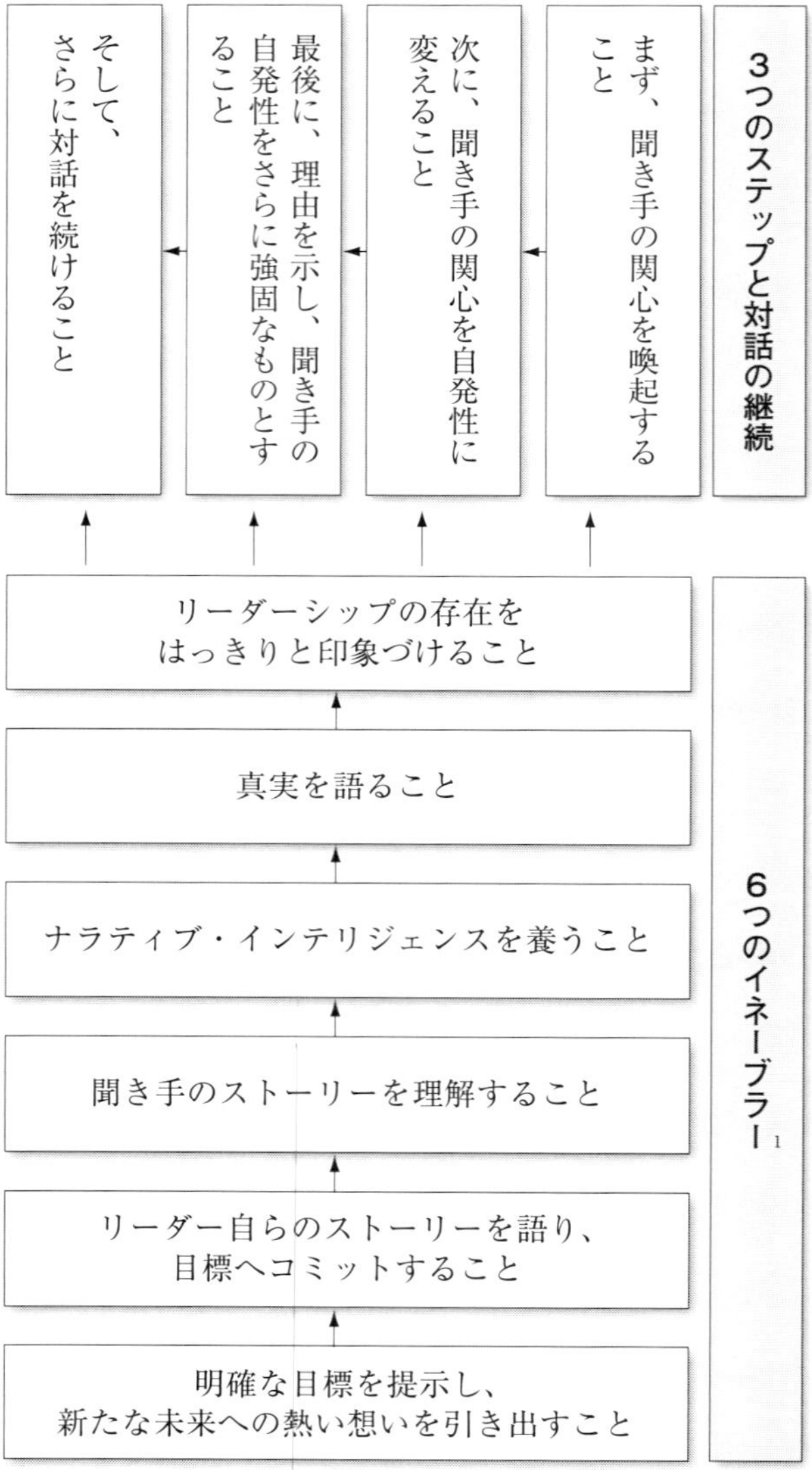
3つのステップと対話の継続
まず、聞き手の関心を喚起すること
次に、聞き手の関心を自発性に変えること
最後に、理由を示し、聞き手の自発性をさらに強固なものとすること
そして、さらに対話を続けること
6つのイネーブラー[1]
明確な目標を提示し、新たな未来への熱い想いを引き出すこと
リーダー自らのストーリーを語り、目標へコミットすること
聞き手のストーリーを理解すること
ナラティブ・インテリジェンスを養うこと
真実を語ること
リーダーシップの存在をはっきりと印象づけること

1　イネーブラー（Enablers）「リーダーシップのことばが最大の効果を発揮するための条件」（本書第1章参照）。

序　リーダーシップという名の長い旅

私にとってのリーダーシップという名の長い旅は、１９９６年2月5日、月曜日の午後遅く、全く唐突に始まった。この日、私は、業務推進担当の世界銀行専務理事に面談を申し入れていた。彼は総裁に直属する三人のひとりで、アフリカ担当理事の私が彼と会わなければならないと思ったのは、〈私のキャリア〉という誰にも気掛かりな代物にとって、良くない気配を感じ始めていたからである。

世界銀行はワシントンＤＣに本部を置く国際的な融資機関で、世界各地の貧困の解消を目的としている。私はこの日まで20数年に亘って世界銀行の様々なポジションに就き、その責任を果たしてきた。多くの事業計画の立案にも携わったし、予算の策定業務にも関わった。西アフリカのリバーブラインド・プログラムや人口・健康・栄養改善計画、さらには、ＱＣ活動にも関与してきた。90年代初頭には、西アフリカ部長として10カ国に数百人の部下を持って業務の運営に当たり、アフリカ担当理事に就いてからは、43カ国に広がる１０００人以上の部下を抱えていた。その頃の私は、すでに経営層の一員として長い経験を持っており、マ・ネ・ジ・メ・ン・トについては十分に理解していると考えていたが、一方でリ・ー・ダ・ー・シ・ッ・プについてはまだまだ学ぶところが大きいと感じ始めていた。

大きな組織は安定しているように見えるが、外見は人を裏切るものだ。その前年に総裁が突然の死を迎え、前月には私のボスが引退を決めた。私のポストには新たな担当者が任命されてきた。

専務理事は理事のふたつ上の階層にすぎない。外部の人々の眼にはこのふたつの階層の間の差は大したものではないだろうが、内部では深淵と言ってよい。

多くの組織と同じく、世界銀行も階層によるマネジメント形式をとっている。言うまでもなく、誰もが知っている「上にへつらい、下に怒鳴り散らす」スタイルで、この点では民間企業と全く同様である。

専務理事に会って、最初に尋ねた。

私のポジションにどなたかが任命されたとお聞きしたのですが、私に何か問題でもあったのでしょうか……

微笑みを浮かべて、専務理事は答えた。

「いや、特に問題があったということはない」

驚くべき答えではない。

ここしばらく、どことなく落ち着かない感じが漂っていた。1カ月ばかり前のことだ。通りを歩いていると私が左遷されるという噂は本当か、と訊ねられた。私のボスは雲行きが怪しくなってきたぞ、と伝えてきていた。彼は辞職を決意し、私は大きな組織にありがちな派閥抗争にさらされることとなった。

専務理事は極めて要領よくいかに私の選択肢が限られているかを説明してくれた。世界銀行には私のための配慮など全くなかった。就任可能なポジションなどなく、しばらく待てば空席を当てにできるようなポジションのリストさえもなかった。

彼の話し方は、まさに私を退けようとするものだった。まるで、私という人間にはこれまで積み上げてきた評価も信用も全くなく、将来の見込みもないかのようだった。彼の世界は人事のチェスボードであり、私はもはやプレーヤーではなかったのだ。私は誰でもないものにならざるをえなかった。

さらにたたみかけると、彼は言った。

「IT部に行ってみたらどうだい？」

IT部だって？　1996年2月の世界銀行におけるIT部とは、最高の権威を付与された偉大なるゴミ捨て場だった。そこを訪ねる者は二度と戻ってくることはない。専務理事のメッセージは明確だった。私はシベリア送りにされたのである。

専務理事との面談は、まさに「本日の悪いニュース」であった。しかし、蝿を打とうとするかのように私をじっと見据えて話す彼の居丈高な態度は、この日のニュースがそれだけではなかったことを示唆していた。

当時の私には彼の巨大な権力が見せかけにすぎないなど知る由もなかった。しかし、彼は、忠誠さを買われて、慎重に考慮された上で選抜されたスタッフにすぎなかったのだ。新総裁の親しい仲間と言われた多くの人々と同じく、彼もまた、2、3年のうちに姿を消した。権威主義的な慣習の支配するところの通例として、死刑執行人は死刑に処せられるのである。

私は、職を失うという恐怖から、自分の墓場に迷い込んだ気分に陥った。どう振り返ってみても、自らに不具合はないことは明らかだった。ほどなく、新総裁が専務理事たちも含めて私のランク全員を追い落とすつもりであることが明らかになった。彼は、スタッフというものは自ら指名した者の方が、忠誠を尽くし協力的であると信じているようだった。しかし、必ずしもそうではないことがはっきりとしてくると、着任時に幹部職員を追い出したのと同じ冷徹さで彼らの首を切った。

スタッフの追放にあたって新総裁のやり口は極めて簡単だった。彼は、決してあからさまに解雇するということはせず、責任の軽いポストに異動させたり、あるいは、何らのポジションに就けないまま放置するのだった。彼のねらいは、人々がこうした屈辱的な扱いに堪えかねて辞職するのを待つというものだ。

多くの場合、彼の目論見どおりになった。彼らは抗うことなく辞任し、静かに夜のしじまに消えた。私は違った。とても、こんなことで辞任する気にはならなかった。

私は気持ちを楽に保つよう努めた。時には何かの間違いが起こるということもあるだろうし、私の業績だって捨てたものではないはずだ、そのうちうまく新総裁とコミュニケーションのパイプが開いたら、元の立場に戻れるに違いない……

私はＩＴについての勉強を始めることにした。以前から興味を抱いていたし、コンピューターが世に出始めた頃からのコンピューターフリークだった。世界銀行の業務に関する私の知識とＩＴに対する興味を結びつけることができたら、独自の貢献ができるのではないかと考えた。

問題点は明らかだった。システムはまだ十分にはネットワーク化されておらず、同じ問いに異なった答えが出てくる有り様だった。おかげで作業は重複し膨大なものとなっていた。加えて、ＩＴは、現場の業務という昔と変わらぬ複雑な作業や、クライアントとのペーパーベースのやり取りには全く対応できず、わずかな仕事にも許容できない遅滞を招く原因のひとつともなっていたのだ。

もし情報管理担当を命じられることがあればどうすればよいか、私はそういう想定を置いて、対応策を検討してみることにした。徐々にあることが明らかになってきた。すなわち、組織の中のいろいろな情報を大掃除して見通しよくすることは重要で不可欠だが、実は、そんなことには瑣末な意味しかないということだ。幾分かの経費は節減できるかもしれない。しかし、それは根本的な戦略課題の解決に資するものでは全くないのだ。融資機関としての世界銀行にとって、戦略課題とは貧困の解消だ。たとえその活動が多少敏捷性に富んだものになったとしても、グローバルな貧困問題に光明が射すとは思えなかった。貧困は、貧しい国の人々が自らの問題をどう解決するかを自らが知った時にのみ解決できるものだ。融資は一時的な救済にすぎない。問題解決の知識と結びつかない限り、決して真の解決策とはなりえないのだ。

１９９６年には世界銀行は農業、金融、財務、公衆衛生、教育等の多くの領域で世界レベルの専門家を持ち、グローバルな貧困問題の解決の知識を相当程度に蓄積していた。しかし、問題はどうすればこれらの知識にアクセスできるかにあった。確かに、世界銀行に融資申請を行えば、こうした専門家に出会える可能性はある。しかし、それはその時の運と言うべきものであった。私は、これらの知識に世界中のどこからでも、誰もが容易にかつ瞬時にアクセスすることができるようになれば、世界銀行という組織が極めて面白く、かつエキサイティングな仕事のできるところになると気づいた。

これからの世界銀行は、知識共有型組織にならなくてはならないのだ！

私には、これは、良いアイデアなどというものではなく、誰もが少し考えてみれば分かる、あまりにも明々白々なことと思えた。しかし、ただひとつ問題があった。１９９６年初めの世界銀行では、誰もこのことに耳を貸そうとはしなかったということだ。

私は、話を聞いてくれそうなすべての人々に対し議論を仕掛けた。数週間たって、4月に入ると、ようやく関心を持ってくれる人が現われ、世界銀行経営改革委員会は知識共有に関する私のアイデアを説明する時間として10分間を与えてくれた。この委員会には副総裁が参加し、他にも総裁の上級顧問や専務理事も名を連ねており、本来、〈経営改革を指揮する〉ことを目的として設立されたものだったが、本当にそうかどうかは誰にも分からなかった。しかし、私にとってこの委員会の支持の有無は重要であり、たとえ数分でも提案説明の時間を貰うことは大きなブレークスルーであった。

ともあれ、私は、この10分間で、猜疑心が強く改革に後ろ向きな幹部職員に対し、知識共有を中心課題とした新たな戦略に組織を挙げて取り組まねばならないことを説得しなければならなかったのだ。

この時の私のプレゼンテーションは、付1として巻末に収めたとおり、極めて簡潔な組み立てだった。まず、当時の世界銀行が直面する諸問題を知識共有の観点から整理し、手短にザンビアでの事例を引きながら、現状のままだと将来がどうなるかを示した。次いで、こうした状態をいかに脱し目標達成に至るかについて、簡潔なロードマップを幾つか提示した。

プレゼンテーションを終えると、全く予想もしなかったことが起こった。私自身も圧倒されるような情熱に溢れた反応が寄せられたのだ。副総裁のひとり、ジャン＝フランソワ・リシャール（Jean-Francois Rischard）は、私のところに駆け寄ってきて、「これを実行しない、なんて話はなしにしてくれよ。次のステップは何だね。それより、何故これまでできなかったのかね。障害はいったい何だというんだ」と興奮して語った。

その時、私が真っ先に思ったのは、なんとも不思議な会話が始まったということだ。10分前まで、副総裁たちはこの日の時間さえくれようとはしなかったにもかかわらず、一転して今は、私がリシャールのアイデアを十分に実行していなかったように言われるのだ。

こうして私に夜明けが訪れた。朝の日差しを受けることは素晴らしいことだ。世界中のスタッフと知識を共有するというアイデアは、もはや私だけのものではなかった。それはまたリ・シャ・ー・ル・自身の考えでもあった。この後、彼はこのアイデアを総裁へ伝え、世界銀行の組織全体で実施していく推進役として大きな役割を果たしていく。

この出来事は、今にして思えば、私の10分間の簡単なプレゼンテーションに含まれていた特別の何かに気づかされた最初の機会だった。その頃は、まだ、このプレゼンテーションのどこがそんなに効果的だったのかと訊ねられても、提案内容が価値あるものだったからだ。だからこそ、誰もが良いアイデアだと思ったのだと答えただろう。当時は、良いアイデアというものは、ことさらにコミュニケートされなくても、消え去っていくようなことはないと漫然と考えていたのだ。偶然にせよ、私が最も気難しい連中でさえも行動に引き立てる特別の形のリーダーシップに行き当たったとは、思ってもみなかった。まだ自分がしていることが何なのか、何故そのことに効果があったのか、については全く何も分かっていなかった。しかし、間違いなくこの瞬間に、私はリーダーシップのことばの秘密に気づき始めたのである。

その日の午後には私の耳にもプレゼンテーションに対する委員会の評価が極めて高かったことが聞こえてきた。そして、同じプレゼンテーションをすべての上級幹部職員が出席する会議で行うよう指示が伝えられた。その席にいないのは新総裁だけだった。

翌週、そのプレゼンテーションを終えると、結果は電撃のように広がった。何人かの副総裁は高揚して、「これは世界銀行の将来を拓くものだ」と言ってきた。

意気揚々たる思いだった。私は良いアイデアを出したのだ、私には副総裁や総裁の上級顧問といった高レベルの支持がある、私は元のキャリアへ戻ることができる……

しかし、それは大きな間違いだった。

数日後、ある専務理事の部屋に呼ばれた。部屋に向かいながら私は胸の高鳴りを抑えられなかった。知識共有のプロジェクトを具体的にどう実施するかを議論するために呼ばれたと思い込んでいたのだ。

しかし、私を待っていたのは、知識を戦略推進の中心に据えようとする私のアイデアは採用しないという専務理事たちのことばだった。この決定は覆ることはないので、これ以上幹部職員を煩わさないようにとも言われた。私が知識に関連したポジションや情報管理担当としての役割を求めても、そんな場所はどこにもなかった。

私の立場はどうなるのかと訊ねたところ、彼は、幾つかの階層の低いポジションを示し、まもなく公募があると言った。

打ちのめされた気分で部屋を出た。またしても、誰にも見放された荒涼の地に逆戻りだ。しかし、今度はより深刻だ。私は、キャリアに行き詰まったというだけでなく、無意味さという寂寥感に襲われた。私は、私のアイデアが間違いなく良いものであったことを知っている。複数の副総裁から強力な支持を得たことも知っている。それでいて私は世界銀行という組織の持つ混乱とポリティクスのため生殺しにされようとしているのだ。

その夜、私の魂は、打ちひしがれ、絶望の暗闇をさまよった。

眠れない夜を過ごして朝になると、気分も持ち直し、何事も修正できないものはなかろうと多少は楽観できるようになった。私は副総裁たちを訪ね、前夜の出来事を話した。驚いたことに、副総裁たちも、私と同様、衝撃を受けた。私は嬉しくなった。小役人的な高慢なやり方で知識共有という理念を潰すことはできないのだ。

事態は直ちに動き始めた。副総裁のひとりは自らの担当業務で知識共有を実行しようと私に声を掛けてくれた。まもなく他の副総裁も同様の動きを始め、私も参加するよう誘ってくれた。

これらの誘いはいずれも非公式なものだったが、徐々に広がり、やがて世界銀行のかなりの部署で知識共有の試みが行われるようになった。副総裁たちは自分たちが何をしようとしているかを専務理事に通知することとした。私が手伝って、副総裁全員の連名による覚書（案）を作成した。これに副総裁の全員が署名し、専務理事たちに届けられた。覚書には、専務理事の承認を求めるとも人材や資源を割り当てよとも記されておらず、副総裁の事業計画のみが示されていた。

数日後、私は再び専務理事のひとりから呼び出しを受け、抵抗をやめるように言われた。彼は、ナレッジ・マネジメントを導入することはないと言い切り、個人的な思いつきで職員を惑わせてはならないと言った。

私は応じた。

あなたは何故そんな話を私にするのか、あなたが覚書に不満を持っているのは分かったが、その覚書が私と何の関係があるというのか、覚書について言いたいことがあるなら、署名した副総裁に言えばいいことだ……

彼は答えた。

背後に君がいることは明らかだ、これ以上問題を起こすな、どこかの現地事務所の空席に応募せよ、できるだけ世界銀行本部から遠い方がいい……

その年の夏、私は、スイス・ローザンヌの国際経営研究所[1]の経営学コースに出席した。ここしばらくの出来事について振り返る時間が持て、ゆっくりと今後のことについて考えることができた。

私の人生はこんな政治的な争いに捧げるべきものなのだろうか。私には他に選択肢はないのだろうか。私のキャリアをかつてのような順調なトラックに戻すことはできるだろうか。新総裁の着任以来、私は場違いの人間になっていることは明らかだった。私は、クラン《部族》が違うのだ。懸命に働き、新しい体制に従順に従ったところで、再度、私自身を輝かせることはできるのだろうか。

それが現実的なことではないことは、十分に明らかであった。私は心理学で言う〈猶予の妄想〉に陥っていたのだ。死刑を宣告された者は、判決が確定し収監された後も、もしかしたら死刑を猶予されるかもしれないという期待にとらわれるという。私も何かの手違いでこうなったのだろう、いつか手違いは取り除かれ、元に戻るはずだ、と思い込もうとしていたのだ。

しかし、ようやく、私にも、手違いなどは何もなかったのだということが、はっきりと見えてきた。コミュニケーションが上手くできていないなどという訳でもない。専務理事たちが私に知識共有のプロジェクトを担当させ推進しようと思えば、できたはずだ。そんな機会は決して一度や二度ではない。彼らが事態の進展を妨げてきたのだ。彼ら自身が障害なのだ。死刑の執行猶予はないと考えざるをえなかった。

では、私はどう対処すべきなのだろうか。ひとつの選択肢は、世界銀行の職を辞して別の場所でキャリアを追求することだ。私のような扱いを受けると、多くの経営幹部たちはそうした選択をする。彼らは恨みを持ち、去っていくのだ。こんな環境に耐える必要はない、というのはもっともだ。

しかし、私を悩ました問題はそれだけではない。そもそも私の人生は何のためのものかということだ。大規模組織で出世の階段を昇っていくためのものか。それが大きな要因のひとつであることは認めざるをえない。プライドやエゴとか野望といったものが渾然一体となって確かに存在する。しかし、私の人生は華やかなキャリアを築きたいというただそれだけのものだったのだろうか。

否、私は何か意味あることを成し遂げたいと思っていたのではなかったか。ローザンヌでの議論を通じて、私は自分が骨太で重要なアイデアを得たのだとはっきりと認識した[1]。しかも、それは、世界各地の貧困を解消するという誰にも否定できない高貴な使命を持った組織の将来を間違いなく拓いていくものなのだ。

私のアイデアは世界銀行の最前線で働く実務担当者たちに極めて強く支持された。彼らはこれが実施されると、自分たち自身にとってだけではなく、世界銀行自体にとって、これまでよりはるかに効果的な仕事が可能になると十分に理解していたのだ。

また、幹部職員の中にも、支持グループが出来ていた。その数は、おそらく幹部職員の3人にひとりに達しただろう。彼らは、世界銀行の将来は、財源不足を補うという観点からも、知識を共有し効率化しなければならないと考えていたのだ。

ところで、新総裁が改革に向けた骨太のアイデアを待っていることは周知であった。しかし、一方で、彼は専務理事という親衛隊を組織し、骨太のアイデアが彼のところへ決して届くことのないようにしているのも事実であった。私には、直接総裁と会う機会さえあれば、私のアイデアは採用間違いないと思えた。

1 International Institute for Management Development（ＩＭＤ）。毎年、各国の競争力ランキングを発表することで知られる。ＭＢＡ向けビジネススクールにとどまらず、各国政府、企業等の幹部職員等を対象とした多くのセミナーを開催し、参加者にとってはグローバルなネットワーク作りの基盤ともなっている。

そうした機会が得られなくても、ひとりあるいは数人の副総裁の下でパイロット・スキームを動かすことはできるはずだ。兎も角、始めさえすれば、このアイデアは組織全体に広がることは間違いないと考えた。

私は選択の時を迎えた。

世界銀行に残るのであれ、辞するのであれ、私のキャリアを再構築するために時を費やすのか。それとも、変革に向けて直ちに行動に取り掛かるのか。

その年の9月、ローザンヌから戻って、私は自らの意思を定めた。自分のキャリアを再構築するという考えは横に置いておくこととした。全身全霊を挙げて変革に取り組み、そのことによっていかなる不都合な扱いを受けようとも辞さないと覚悟を決めた。たとえ10年かかろうと、何があろうと、必ずや達成すると固く心に誓った。

そんなことがあってから2、3日後、私の前に急に道が開き始めた。それは想像もつかなかった順調な道だった[ii]。

1996年9月18日の午後遅く、私はジャン＝フランソワ・リシャールの執務室にいた。リシャールと私は知識共有のプロジェクトのスタートに向けてどうすれば突破口を開くことができるか話しあっていた。ふたりは、一致して、総裁に会って直接話しあうことさえできれば、彼の考え方や人柄からして、間違いなく我々のアイデアを支持してくれると確信していた。近づく世界銀行年次総会の総裁演説は、斬新で骨太のプロジェクトのスタートを宣言してもらうにはまたとない絶好の機会であり、今こそ総裁に提案を持ちかけるべき時なのだ。問題は、どのようにして総裁に話すかにあった。彼は常に親衛隊に囲まれているのだ。

我々は総裁との面談の機会をどうすれば作ることができるかと縷々相談したが、結局のところ、あまりにもリスクが高く見送らざるをえないとの結論に達した。当時は、親衛隊たちが神経を尖らせて、野心ある人間が怪しげなアイデアを持って総裁を訪ねてくるのに眼を光らせていた。彼らの祝福なく総裁にアプローチすれば、間違いなくとんでもない罰を受け、余計な税金を支払う羽目になってしまおう。

というわけで、今は機が熟していないと考えざるをえなかった。少なくとも年次総会までは待たねばならなかった。それから、誰にも気づかれぬように何かの用件に紛れて総裁に会い、我々のアイデアを提案、レースに打って出るのだ。

ちょうどその時であった。まさに我々が会話を終え、当面は身をかがめていようと結論づけようとした矢先、リシャールに電話が入った。

総裁からだった。

総裁はニューヨーク市内の交通渋滞に巻き込まれ、タクシーの中から電話をよこしているらしく、かなり苛立っていた。彼は数日後に迫った年次総会の演説草案に眼を通しているところであった。彼は携帯電話でこの草案は全くの糞だ、新たなアイデアなどこれっぽっちもない、とわめきたてた。このばかでかい図体の糞ったれ組織には、どこにもひとつとして良いアイデアはないというのか……

リシャールが答えた。

実は、今、ナレッジ・マネジメントの導入についてご提案を作成したく取り掛かろうとしていたところです。世界銀行がこれまで行ってきた市民サービス業務の改革から電力開発に至るまでのあらゆる専門知識を中央のデータベースに集約し、どうすればそれらを貧困に対する世界各地での戦いの隅々で共有し活用できるかを考えたいと思っています……

彼が話し始めて5分が過ぎた。

また、5分が過ぎ、やがて15分になろうとしていた。

総裁が答えた。

それは刺激的な話だ、いいアイデアじゃないか……

そして、最後に、是非検討してみようと言った[iii]。

その夜、総裁はディナーの席で賓客に我々のアイデアについて相談をかけたそうだ。賓客たちの答えは、実に素晴らしいという賞賛だったのである。

翌日、総裁は執務室に入るなり、リシャールと私を呼び出し、理事会で行う演説について草案を作成するよう指示した。

そして、わずか1週間ばかり後の１９９６年10月1日の朝には、総裁が、世界銀行ガバナーたちの年次総会——世界各国から１７０人を超える財務大臣やその顧問たちが集まる壮大なる集い——の演説で、世界銀行は知識共有型組織を目指すという新たな戦略を発表したのである。我々の新たな姿は、〈知識銀行〉なのだ、と。


私はもう十分に大得意になってよいはずだった。数日のうちに、知識共有というアイデアは、触れてはならないものから将来へ向けた中核戦略へと改まった。成功と達成というふたつのことばが私の眼の前で踊った。新たな戦略をこの手で実行する可能性がまさに手に届くところに来ていたのである。

しかし、私は、総裁の支持を得ることと組織変革の戦いに勝利することとは別のことだという点を理解していなかった。総裁の支持を得ることは、新たなる戦いの始まりにすぎなかったのである。それは、知識共有型組織を実現する長い努力の始まりというだけでもないのだ。最大の驚きは、専務理事たちの抵抗は、総裁が知識共有について年次総会で演説し明確に戦略としての方向性を打ち出したにもかかわらず、決してなくならなかったということだ。それは、逆に、さらに厳しいものとなった。

言うまでもなく、総裁の支持があるということは大きなプラスの要因であった。ジム・ヴォルフェンゾーン（Jim Wolfensohn）は、この骨太のアイデアの持つ重要性と可能性を機敏に見て取り、固い意志で実行への基盤を整えてくれた。総裁は、知識共有というアイデアを受け容れると、直後の１９９６年度年次総会の演説で〈知識銀行〉という戦略を発表し、翌１９９７年には外部機関との知識共有を謳った戦略教書を公式なものと認めた。１９９９年に採用したミッション・ステートメントでは、知識共有の重要性を財政的支援と同レベルに位置づけた。これらは、いずれも世界銀行でナレッジ・マネジメントを導入し実行していく上で不可欠のステップだった。こうした総裁の取り計らいがなければ、とても我々は我々自身が達成したところに至ることはなかっただろう。

しかし、専務理事たちの行動は違った。彼らは、私が廊下を歩き回り、世界銀行を知識共有型組織に変えようと様々な人々に訴えかけることは容認していた。というのは、それまではこの空想的なアイデアが現実の戦略となるとは思ってもみなかったからだ。彼らは、そのうち私がドン・キホーテごっこをやめ、大人しくなるか、辞任すると踏んでいたのである。彼らの敵は、いかに決意を固めているとはいえ、私というひとりの個人にすぎないと考えていたのだ。知識共有という理念と戦っているとは、夢にも思わなかったのである。

彼らの予想に反して、総裁が年次総会という公式の席で、多くの人々を前にこのアイデアに明確な承認を与えた時、彼らの眼にもこの脅威への評価が誤っていたことが明らかになった。専務理事たちは、私のアイデアの持つ意味が理解できず、現実のものとなるとは思いもよらなかったとはいえ、今や、総裁が最も公式な手続きを踏んでこのアイデアを実行すると固く約束したという新しい事実に対処しなければならなくなったのである。あからさまにこのアイデアに反対することはできなくなったが、狡猾な官僚の常として知識共有の努力を骨抜きにしようとし始めたのだ[iv]。

専務理事たちが世界銀行を従来どおりに融資機関のままに位置づけておこうと巧妙な抵抗を試みたにもかかわらず、4年後の2000年までには知識銀行への変革は、大きな進展をみせた。知識共有は世界銀行のミッション・ステートメントに掲げられ、財政的資源の供給と同様の重要性を持つものと位置づけられた。知識共有に関する業務は、組織図にも明示され、人事体系の一角を占めた。決して十分ではなかったけれども予算措置もとられた。実際に、100以上のナレッジ・コミュニティが稼動し、そのほとんどで活発に知識共有の試みが行われていた。コミュニティ・オブ・プラクティスの活動に対しては、効果測定の基準も作成された。外部からの評価も得られた。我々はナレッジ・マネジメントにおける世界的なリーダーとして繰り返しベンチ・マークの対象となり、世界で最も賞賛される知識共有プロジェクトのひとつとなったのである[v]。

もちろん課題はまだまだ山積みであった。一層の予算の捻出も課題であり、効果の上がらないナレッジ・コミュニティへの対処も不可欠であった。また、副総裁が直接担当することの是非も検討する必要があった。技術的な修正の余地も見つかった。しかし、これらは、ほとんどがマネジメント上の問題であり、既存のことがらを強化する、あるいは微調整し推進するといったレベルのものであった。

対照的に、世界銀行のナレッジ・マネジメントに関するリーダーシップといえば、その作業はほとんど完遂されたと言ってよかった。組織のＤＮＡは変化していた。それ以降は知識共有のプログラムにおける個々の要素の拡大や縮小があったとしても、組織間で知識を共有するという理念は世界銀行の遺伝子コードに組み込まれたのである。人々がいったん新たなビジョンを理解し、実行可能であると認識すると、それは組織が迷うことなく追求する理想像となるのだ[vi]。

大規模組織の常として、変革の推進役となるチェンジ・エージェントは、大きな抵抗にさらされるものだ。世界銀行も例外ではなく、私自身の経験を振り返っても、１９９６年から２０００年までの間、極めて厳しい状況に置かれていた。

しかし、こうした受難《パッション》の時こそ、リーダーとは何かを知る上では好都合なのだ。ある意味で世界銀行はリーダーシップの巨大な実験室だったと言えなくもない。

私がこのビジョンの実践の一端を担うにあたって、ロベルト・シャヴェ（Roberto Chavez）、キャロル・エヴァンゲリスタ（Carole Evangelista）、アドナン・ハッサン（Adnan Hassan）、セス・カーハン（Seth Kahan）、ピーター・ミドグレー（Peter Midgley）、レスリー・シュナイア（Lesley Schneier）らのチームがこの上ない大きな力を与えてくれた。彼らは最高の生産性を発揮し、彼らと一緒に仕事ができたことは、私のキャリアにとって、まさに僥倖と言うべきものであった。私は、彼らの疲れを知らないエネルギーに支えられ、彼らから多くを学んだ。私がストーリーテリングについて知っていることの多くは、セス・カーハンから教えてもらったものだし、誰もがレスリー・シュナイアからナレッジ・フェアの開催方法について手ほどきを受けた。進化していく知識の役割について重要な戦略的洞察を提供してくれたのは、アドナン・ハッサンである。

また、ナレッジ・マネジメントという新たな試みにチャレンジしている人々からは大いに助けられた。中でも、ヒューストンのアメリカ生産性品質管理センターやＩＢＭのラリー・プルサック（Larry Prusak）が主宰するナレッジ・マネジメント研究所のスタッフたちは、世界銀行内の冷ややかな空気の中でこのアイデアを実行に移そうとしていた時、かけがえのない勇気と指針を与えてくれた。

世界銀行内部からの抵抗は、巨大で強靱であった。大規模複雑組織でナレッジ・マネジメントを実現するには、組織の隅々に至るまで多くの人々との地道なコラボレーションが絶対的に不可欠だ。当時の私は、部下に対して命令する組織階層上の権限を失っており、いかなる指示も出すこともできない状態だった。スタッフの雇用や解雇、インセンティブやディスインセンティブの制定や撤廃もできなかった。我々には、時たま総裁から支援が与えられるだけで、幹部クラスの多くのマネジャーたちは相変わらず敵意に満ちた抵抗を続けていた。頼りにできるのは、知識共有の考え方に訴えることによって人々の共感を引き出し、協力を得ることができるかどうかという我々自身の説得力以外にはなかった。我々の選択肢は、目的を共有し共通の基盤を作ろうと誘いかけることに限られていたのである。

ほどなく、組織のいたるところに選択の季節が来た。日々の業務が、それぞれの職員に対し、知識共有を共通のゴールとすることに同意するかどうかを迫るものとなった。もちろん一人ひとりにできることには、限界もあれば制限もあった。しかし、最終的には、それぞれが置かれた状況の中でそれぞれの意思に従って行動をとったと言えよう。

従って、実に多様な行動が選択された。

経営層の意思が不透明であるということは、ある人々にとっては、一歩引き下がり情勢が見えてくるまで何もしないということの良い理由となった。こうした人々は、明示的な命令が出て、十分な資源が与えられて、責任者がいて、一貫した明確な支援が示されるまで知識共有に取り組まない人たちである。

曖昧な状況に付け込んで、組織の持つ目標を棚に上げ、個人的な野望の実現を図ろうとする者もあった。彼らは、自らの実績作りや自分の所属する部門に有利な体制を作ろうと行動した。そのほとんどは組織全体の利益とは合致しないものであった。

しかし、一方で、矛盾した命令やシグナルが飛び交うという経営機能の喪失状況を克服しようとする者も少なくなかった。彼らはこうした混乱をチャンスと捉えて、世界各地の貧困の解消に照準を合わせ、そのための知識共有が可能となるよう一致して大胆な組織変革を起こした。彼らは、正しいと信ずる目標の実現に向けて、一体となって行動することを選択したのだ。困難よりも、組織の目標、すなわち、貧困の解消、へ貢献することを選び、互いに粘り強く協力を続けたのである。

世界銀行で知識共有に関わったスタッフの多くは、この時期にプロジェクトに参加している。彼らは自発的に敢えて困難な道を選び、知識共有を実現するという共通する目的に身を投じたのである。

こうして新たなリーダーが生まれてきた。しかし、彼らは決して自分たちのことをヒーローなどとは考えてもみない人たちなのである。彼らはまたリーダーシップを実践しているとも考えなかった。直面する危機を解決するために必要なことをできる限りやっていこうと考えただけなのだ。彼らは、自分たちの置かれたあいまいさ、混乱、無秩序を受け容れ、そこからそれぞれなりの意味を見出していったにすぎない。

彼らの態度は、こうした動きに参加しない人々や抵抗する人々とは根本的に異なっていた。彼らは、組織が自分たちに対して何をしてくれるかよりも、自分たちが組織のミッションのために何ができるかに焦点を当てた。彼らの対応は会話にも表われたし、様々な行為にも表われた。彼らは直面する問題に答えを出すという責任を引き受け、その答えが要求する仕事を達成しようと取り組んだのである。

彼らは上からのリーダーシップを待つのではなく、自らがリーダーとなったのだ。階層的な権威はなくとも、自分たち独自の精神的な権威を創り上げたのである。彼らは、知識共有という目標に触発され、さらにこの目標の達成へ向けて一緒に仕事をしようと他の人々を触発したのである。

世界銀行は、1996年から2000年の4年間で、その姿を一変させた。変化に対して世界で最も激しく抵抗する組織は、このわずかな期間で、戦略の変更を通じてナレッジ・マネジメントという新たな分野でのリーダーへと変身したのである。

この変身はいかにして可能となったのだろうか? これほどの変化を生みだすリーダーシップとは、どのような要素からなるのだろうか。成功への障害がこれほど大きくかつ多岐に亘るところで多くの人が触発されチャンピオンとなったというのは、何故なのだろうか。ここで我々が学んだことは、他の組織や組織の壁を越えて多くの人が直面するリーダーシップの課題に適用することはできないのだろうか。

2000年の10月には、私はこうした疑問への答えの第一歩を得たと確信できていた。そこで世界銀行をフルタイムの職員としては退職し、より幅広く多くの人々と私の考え方が共有できるか、確かめようと思った。私は世界銀行を飛び出し、リーダーシップについて学んだことを世界中の組織に伝えていくこととした。

私が気がついたひとつは、世界銀行の変革にあたってストーリーテリングが非常に大きな役割を果たしたということだ。これは全く予想できなかったことだ。ある種のストーリーは、複雑なアイデアをコミュニケートし、困難な状況に直面し懐疑的になっている人々を触発して行動を起こさせるのに驚くばかりの効果を上げる。私はこの種のストーリーを〈スプリングボード・ストーリー〉と呼び、『スプリングボード』(2001年)と題した著作で取り扱った。

世界銀行の外へ一歩出ると、私の世界銀行での経験について聞きたいと強く希望する多くの人々に出会った。多くの組織が変革に対する内部の抵抗にとらわれ、いかにすれば人々の主体的な情熱を持った参加を引き出すことができるか、悩んでいたのだ。

リーダーシップの特性について私が習得したことは、アメリカだけでなく、イギリス、デンマーク、オランダ、フランス、ドイツ、オーストリア、オーストラリア、ニュージーランド、日本、シンガポール、ベネズエラなど多くの国々でも効果を上げることが分かり、喜びを禁じえなかった。それはプライーベート・セクターだけでなく、パブリック・セクターの組織にも当てはまった。大規模組織でも、また、小規模組織でも当てはまった。

数年もたつと、さらに、リーダーシップの様々な課題に応じて、ストーリーテリングにも様々なパターンがあることに気づいた。例えば、あなたがどういう人間かを理解してもらうためのコミュニケーション、ブランドの育成、価値観の伝達、コラボレーションの誘発、知識の共有、デマの抑制、未来志向への転換といった問題にもストーリーテリングは有効であり、それぞれのパターンがあるのだ。こうした新たな発見は、『チームリーダー』(2004年)、『ストーリーテリングのためのリーダー指南書』(2005年)の2冊の著作にまとめた。

これらの著作では、私は道具として様々なナラティブを利用する方法について模索し、それらがいかに活用され、互いにどう異なっているか、リーダーシップの目的に照らしてどういう点で強みを発揮し、限界はどこにあるかについて検討した。何にもましてナラティブに焦点を当てたのは、ナラティブが持つ大きな力、すなわち、「頭」と「心」をつなぎ、聞き手自身の中に自らのリーダーシップを生み出していく力、に着目したからに他ならない。また、ストーリーテリングの力が十分に理解されず、組織において実際に用いられることが少ない現状に着目したからでもある。

さらに、私はナラティブという問題は、決して個々のストーリーというレベルにとどまるものではないということにも気がついた。リーダーシップをリーダーシップたらしめる核心は、決して語られるストーリー自体にのみ存在するのではない。むしろ、リーダーシップの向かう目標をいかにして創出するかという点に位置しているのだ。言うまでもなく、リーダーには、ストーリーテリング以外にも、聞き手に考える枠組みを与えるとか、問題を提起するとか、あるいは、対価を提供する、挑戦意欲を刺激する、メタファーを活用する、理由を与えるなどの様々の手法が必要だ。しかし、これらの手法は互いにどのように関わっているのだろうか。それぞれの手法はそれぞれどういった目標にふさわしいのだろうか。これらの手法をどう組み合わせれば、ほころびのないリーダーシップのメッセージとなるだろうか。あるいは、どう組み合わせれば、人々の関心を引き付けることができるのだろうか。ストーリーテリングに論理と根拠を与えるにはどうすればいいのだろうか。

言い換えると、以上の問題は、リーダーシップのことばを組み立てる様々な手法が位置するコミュニケーションの構造を問うものであり、それらの手法を最大限に活用するにはどのようにすればよいかを問うものだ。重要な点は、リーダーシップとはそもそもどういうものなのか、である。

本書のねらいは、これらの問題の解明にある。本書を通じて、組織変革のリーダーシップの核心に迫りたいと思う。この世界を変革し、よりよい場所に変えようとする時、いったいどんな方法に効果があり、効果がないのか。物事を実際に処理し、多様な人々の自発性を触発して、新しい考え方と変革を理解してもらうようにするには、どうすればよいのだろうか。

本書では、リーダーシップを典型例で見るのではなく、リーダーシップを構成する細かな粒子の段階から見ていく。リーダーのねらいは、人々にこれまでとは違った行動をとらせることにあるのではなく、人々が自ら望んでこれまでとは違った行動をとるようになってもらうことにある。その時、リーダーは何をしなくてはならず、何を言わなくてはならないのだろうか。リーダーが世界にもたらそうとする変化が大きいものであれ、小さなものであれ、あるいは、変革を目指すものが組織であれ、ブランドであれ、あるいは、学校、町、家族、コミュニティであれ、あるいは、国家であれ、地球という惑星全体であれ、変化の大きさ、変化を生じさせる場所にかかわらず、リーダーシップ・コミュニケーションの原理は同じだ。

本書は、また、組織変革のリーダーシップとは、困難でリスキーな道を進むことであり、一身上の危険が伴うことを示すものである。世界をよりよい場所に変えようということは、往々にして自らの人生を犠牲にすることにつながる。本書は、権力や富を得て安閑とした暮らしを得ようとする人々を対象としたものでは全くない。意味のある人生を送りたいと心から願う人々のために書かれたものなのだ。他の人の上に立つのではなく、他の人々の中に、他の人々とともに力を創り出したいと願う人々のためのものである。

繰り返しになるが、本書は、人々の自発性を触発してこれまでとは違った行動をとるべきだと考えるようになってもらい、持続する情熱を自ら生み出すリーダーになってもらうには何が必要か、を示したものである。従って、本書は、組織変革のリーダーシップに関する一般理論を、それぞれの場に応じて選択でき、測定可能で訓練できる行動の体系へと翻訳することを目指したものと言えよう。それによって、人々の様々な行為が活性化されることを期待したい。本書は、リーダーシップ・コミュニケーションの学として、リーダーシップのことばの秘密を明らかにする試みなのである。

ステファン・デニング

ワシントンＤＣにて
２００７年７月

---

i　ＩＭＤでポール・ストリーベル（Paul Strebel）教授から得た助言と激励は、私にとってこの上なく価値あるものだった。

ii　私がどんなことを予想していたかについては、奇妙な証拠が残っている。私が１９９６年の夏を過ごしたＩＭＤの経営学コースでは、コースワークの一環として、受講生が所属する組織でそれぞれが取り組む骨太の組織変革について自らに対する書信の形で取りまとめることを求められた。この書簡は、３カ月後に、我々自身が３カ月前に何を考えたかを想起させるべく、返送されてくることとなっていた。11月に私自身の書簡を受け取った時、１９９６年夏の私の最も大胆な予想は、知識共有というアイデアが副総裁に認められ実行に移されるというものであった。実際には、１９９６年11月にこのアイデアは総裁によって世界銀行の年次総会で全組織を挙げて取り組む新たな戦略として発表されたのである。

iii　S. Mallaby, *The World Banker*, New York: Penguin Press, 2004, p. 159 参照。

iv　時に、私が専務理事たちがナレッジ・マネジメントの導入を支持せず、ないがしろにしたと主張していることについて、それは事実だったのかとの質問を受ける。しかし、彼らがナレッジ・マネジメントの導入を支持しなかったという事実は、明白だ。セバスチャン・マラビー（Sebastian Mallaby）氏が彼の著作 *The World Banker* の執筆のためにゴウタム・カジ（Gautam Kaji）氏に行ったインタビューで、カジ氏は「スティーブ（訳注：デニング氏のこと）は我々が彼を支持しなかったと言うだろうが、彼は正しい」（*The World Banker*, p. 415, 注19）と述べている。カジ氏によれば、専務理事たちは人事管理の観点から事態を見ていたとのことである。彼らは私がナレッジ・マネジメントの導入を強く主張するのは、「ナレッジ・マネジメントの重要性に鑑みてのことではなく、地位を失いたくないためだ」（*The World Banker*, p. 415, 注19）と考えていたのである。この説明に従うならば、彼らは私の主張の内容には全く耳を貸していなかったこととなる。これも仕事におけるバイアスの再帰的再構築の良い例となろう。

v Teleos は、世界銀行を１９９９年から数年間に亘って〈世界で最も賞賛されるべき知識共有型組織〉（the World's Most Admired Knowledge Enterprises）のひとつとしてベンチーマークした。ＡＰＱＣは、１９９９年来繰り返しナレッジ・マネジメントのベスト・プラクティス組織として世界銀行を選出している。

vi 例えば、"What the World Bank Knows," *Economist*' January 13, 2007, p.67 を参照。

第Ⅰ部

変革のリーダーシップとは何か？

序論　変革のリーダーが陥る10の誤り

昔は良き時代であったというドグマは、嵐のような今日の時代に対応するには、不適切なものだ……何故なら、我々の置かれている状況というのは常に新しいもので、いついかなる時においても新しい考え方で対応しなければならないからだ。我々はまず我々自身を過去から解放しなければならないのである。

——エイブラハム・リンカーン（Abraham Lincoln）[i]

2000年のアメリカ合衆国大統領選挙キャンペーンでは、アル・ゴア（Al Gore）氏のロボットじみた仕草が深夜のお笑い番組の格好の餌食になっていた。このカリスマへのチャレンジャーは人々を眠りに誘うのに最適だったのである。彼の気短そうなため息や冷たく厳しい攻撃は、まがいもなく、誰もが14歳の頃に嫌悪していた秀才君のそれであった。秀才君が主張しなければならないと考えたことは、誰もが聞きたくないと思うことだったのだ。彼は多くの選挙上の優位があったにもかかわらず、敗退した。

時は移って2006年、我々は何を眼にしているだろうか。何百万人もの人々が、ゴア氏のパワーポイントによるプレゼンテーションの映画[ii]を見るために、優に4000万ドルを超す金額を支出し、その快活な話しぶりはロック界のスーパースターと同じ熱狂で迎えられている。彼の講演は、アイオワ州ボイスといった共和党の最も強力な地盤でも、1万人収容可能なアリーナを埋め尽くす集客力を持ち、しかも、その入場券はエルトン・ジョン（Elton John）よりも早く売り切れるのである[iii]。

ゴア氏は、2000年には無惨な敗北を喫したにもかかわらず、2006年には本来困難を極めるはずの変革のメッセージを伝えるのに大成功を収めている。これは、何故なのだろうか。2000年の大統領選挙を決したのは、時には最高裁判所の決定であるとか、フロリダ州の投票集計作業の混乱であるとか、あるいは、第3党から出馬したラルフ・ネーダー（Ralph Nader）の存在であるなどと言われている。しかし、それらが影響するはるか以前に、彼は選挙に負けるべき状況に自らを置いてしまったのだ。それは、彼がリーダーシップのことばの秘密を理解していなかったからに他ならない。彼は、多くのリーダーが、それぞれの大志を抱きながら、共通して陥る誤りを犯してしまったのである。

第1の誤り：抽象的で感動のない目標を設定したこと

2000年10月3日、9000万人の視聴者が、副大統領でもあったアル・ゴア候補とジョージ・W・ブッシュ（George W. Bush）候補の最初のテレビ討論にチャネルを合わせた。この年の大統領選挙キャンペーンを通じてひとつの催しで最も多くの人々の耳目を集めたのが、この日の討論である。それは、多くのアメリカ人にとって、テレビ広告で一瞬の露出や夜のニュース番組でわずかな紹介に触れるのと違って、ふたりの論者をじっくりと比較する最初の機会であった。投票日のわずか35日前であったにもかかわらず、選挙戦はなお息を呑む接戦で、世論調査でも両者が全くの互角であることを示していた。テレビ討論は選挙戦の行方をにぎると言われる無党派層の多くが見るものであり、局面の転換点となると期待されていた。

現職の副大統領、ゴア候補には有利な材料が多くあった。国家は戦争状態にはなく平穏で、先例のない経済成長と繁栄を享受していた。財政赤字は縮小しつつあったし、福祉の改革も進み、犯罪発生率も低下、住宅販売、就業機会は拡大途上にあった。外交面でも、中東和平の合意、アイルランドやバルカンの合意もあって、成功裏に進行していた。ゴア氏自身も、環境問題、技術開発、予算規律の確立、行政改革、都市問題、外交政策等で大きな役割を果たし、歴代の副大統領の中では珍しく時の政権に内容のある貢献をしていた。また、ほとんどの副大統領とは異なり、彼は現職の大統領であるビル・クリントン（Bill Clinton）から明瞭な支援を受けていた。当時のクリントン大統領には、スキャンダルにもかかわらず、政策面では極めて高い支持が寄せられていた。

しかし、ことの良し悪しは別として、ゴア氏は現職の副大統領として立候補したのではなかった。彼は民主党大会で次のように言っている。

「この選挙は、私の過去の実績に対する信任投票ではありません。私は皆さんに現在の経済の好調さを理由として私に投票することをお願いするのではないのです。」

彼は、経済は好調だが、「もっとよくすることができると思います」と言い、犯罪は減少したが、「街には今なお危険が満ち溢れ、恐怖が渦巻いています」と語った。大統領候補者同士のディベートにおいても、彼はほとんど自らの実績に触れず、8年間に亘って一緒に仕事をした大統領と自らを重ね合わせることもなかった。

言い換えると、ゴア氏は変革のリーダーとして立候補したのであって、副大統領として立候補したのではなかったのだ。さらに言うなら、彼は自ら自身として立候補したのだ。従って、彼の選挙運動はこれまでの実績ではなく、大統領としてこれから何をしようとしているかに焦点を当てたものとなった。1980年の選挙でロナルド・レーガン（Ronald Reagan）候補は「皆さんの状況は8年前に比べてよくなったと言えるでしょうか」と問題を提起したが、「我々の状況は、このまま推移したとして、今日から4年後にさらによくなったと言えるでしょうか」と提起したのがゴア氏なのだ。彼がレーガン氏と同じ問いを発していたなら、当時の多くの有権者はおそらく即座に「イエス」と答えられただろう。しかし、ゴア氏が提起した問いに対して誰が確信を持って答えることができるだろうか。ブッシュ候補がクリントン大統領の8年間に亘る経済政策を成功とほぼ受け容れたのに対し、ゴア氏は後継者でありながら政策転換を求める候補として立ったのであり、戦いを挑むものとして自らを表現したのである。

しかし、誰に対して、何について戦いを挑むのであろうか。ほとんどの調査によると、この年の大統領選挙への関心はあまり高いものではなかったとされている。2000年10月3日の夜になってようやく9000万人の有権者は選挙戦に眼を向け、何が議論されているかをはじめて知ることとなったのである。彼らがそこで眼にしたことは、ゴア氏がさらに政府の行う事業を増やそうとしているということだったのである。テレビ討論の最初の90秒で彼は11件の事業計画について説明した。その中には、予算収支の均衡や財政赤字の削減、メディケアと社会保障制度の維持、中流家庭への減税、学校での安全の確保、文化的公害から子供を守る手段の確立、教育、医療制度、環境問題、退職後の生活保障への投資などが含まれていた。しかし、これらは序の口にすぎなかった。討論が進行するにつれて、彼はさらに取り組む事業計画を付け加えていった。

1992年の選挙では、クリントン候補は選挙顧問から「3つのことを口にすると、何も言ってないのと同じだ」と強く助言されていた[iv]。彼はこの助言を受け容れ、常にひとつのテーマに集中し、「皆さん、これから私のお話することは、経済のことです。いいですか、経済のことですよ、分かってもらえましたか」というふうに話した。２０００年の選挙では、テレビ討論の幕が切って落とされたまさにその時に、ゴア氏は3件をはるかに超えて11件ものことを90秒間で話し、その後もさらに幾つかを付け加えたのだ。11件の事業計画の意味を90秒で理解することは、いかなる聞き手にとっても困難というものだ。選挙に高い関心を持つ政策論の専門家でも難しい。ましてや、今回の選挙にあまり関心を向けてこなかった有権者には、情報のオーバーロードに他ならなかった。たちまちにして〈記憶容量が一杯になりました！〉との警告が人々の脳裏に点滅を始めたのである。

ところで、ゴア候補の主張しようしていたことに、全体を通じたテーマというのはあったのだろうか。この質問への答えに最も近づいたのは、テレビ討論の終わりにあたって彼が次のように言った時だ。「私は、ここに集まり、またテレビをご覧いただいている皆さんのために、そしてすべての人々のために、大統領として戦いたいと思っています。是非、私へのご支援をお願い申し上げます」

テレビ討論の締めくくりの2分間の陳述の中で、彼は、〈戦う〉あるいは〈戦った〉ということばを7回も使ったのである。

こうしたことばでは戦うこと自体が目標であるかのように聞こえてしまう。有権者の中には、クリントン支持ではあっても、その政権の一員が立候補し継続を図ることはいかがなものかと考える者もいる。彼らにとっても、さらに4年間戦い続けようと言われても、それは明確な目標を与えてくれるものではなく、感動を誘い、何かを触発してくれるものでもなかったのだ。

第2の誤り：リーダー自らが全身を賭して変革に取り組む、という姿勢が見えなかったこと

「私は、それほどエキサイティングな政治家ではありません」と、ゴア氏は10月3日のテレビ討論の終わりの方で言った。

このことばはニュースにもならなかった。候補者のひとりが自らに向けられた批判を認めたにすぎなかった。しかし、このことばは、決してそれだけにとどまるものではない。それは、彼の変革のリーダーとしての資質の限界を示唆したのである。このことばに描き出されたものは、ゴア氏自身が自らをリーダーとして確信できていないということなのだ。自らが武者震いするほどにエキサイトし、これから変革に取り組むのだ、と立候補していないのならば、有権者が一緒になって奮い立ち、変革に取り組もうとする訳がない。

評論家たちが指摘するとおり、ゴア氏の選挙運動は最高にエキサイティングであるとは言えなかった。公的な場面での彼の仕草は堅苦しく、全く熱い想いを持って取り組んでいるようには見えなかった。しかし、彼が変革のリーダーであろうとするならば、こうした批判をこそ克服しなければならなかったのである。その第一歩は、自らを信じることだ。自らが取り組む変革はエキサイティングであって、他の人々にとっても同様であると確信できなくてはならないのだ。

個人的に彼と親しくしている人々の間では、ゴア氏が公的な場面で演ずるお堅い人物像は小さからぬ謎であった。彼らにとってのアルは、話し方もうまく、ジョークに長け、機知に富み、木で鼻をくくったような応答には辛らつに反撃して毎日の職場の雰囲気を和ませる人間だった。ゴア氏は、公的な場面で自らの持つ切れ味鋭いユーモアの才能を抑えていたのであるv。

また、ゴア氏は、選挙顧問団の助言に従い、たとえ深い関心を寄せている問題であっても核心に踏み込んだ議論は控えていた。詰まるところ、彼はあらゆる問題について穏健な見解しか述べられなくなっていた。ある選挙運動のアシスタントは、「ゴア候補は、タバコ農家の反発を恐れてタバコについて議論するのを避けていたし、自らが語ったことばが自らに向けられるのを恐れて環境問題についても深くは立ち入らなかった」と述べているvii。彼は職務上のパートナーであったクリントン大統領についても多くを語らなかった。これも顧問団が大統領の個人的な行為に対する有権者の反発が大きいと考えていたからである。

実際のところ、ゴア氏は自らをどんな候補者として演出するのか、また、どんな人物として表現するのかについて、顧問団との意見の不一致を調整できずにいたのである。彼は前年に顧問団を大幅に入れ替えた。しかし、テレビ討論の中でも対立が続いていることは見て取ることができた。討論の開始直後は、ゴア氏は合理的で有能な官僚タイプの顔をして登場し、あらゆる問題の解決へ向けて様々な事業プログラムを提案してみせた。終盤に至ると、弱者のために断固として戦う熱き変革者の顔を演じていた。どちらが本当のアル・ゴアなのだろうか。

自分がどういう人間であり、どういう立場に立つかは、自分自身が決定しなければならない問題だ。立場の選択、世界への関与の仕方は、一人ひとりの内面にかかる問題そのものなのだ。

自分自身の中で競いあう様々な顔から、ゴア氏は、そのひとつを選んだ。しかし、それは、彼にとって最も重要なことを表現するものではなく、有権者へアピールするのに都合がよいから、と考えられたものだ。彼は、この仮面越しに有権者に話しかけねばならなかったのである。

身も心も賭して自らの目標に取り組むという覚悟を持っていたなら、その目標が何であったとしても、アル・ゴア自身にとって自らの役割もエキサイティングなものとなったであろう。しかし、彼はこの自らによる決定という橋を渡ってはいなかったのだ。彼はなお心の中でどの顔をまとうべきか決めかねており、従って、彼自身がエキサイティングには感じられず、有権者の中に広くエキサイトメントを引き起こすことはできなかったのである。

第3の誤り：ことばとボディ・ランゲージの不一致は致命的

最初のテレビ討論を迎えた2000年10月という時期においても、候補者であるゴア氏の名前がなお有権者の間に浸透していなかったこと自体が、全く考えられないことだ。60年以上前に彼の父がゴア家の名を政治家一家として全国に響かせ、ゴア氏自身もテネシー州選出の下院議員、上院議員として、また合衆国副大統領として、24年間に亘って公務に仕えてきたのだ。共著のひとつはベストセラーに数えられ、民主党大会でも3回連続して重要な時間帯に演説を行ってきた。過去4回の大統領選挙キャンペーンでも連続して一定の役割を果たし、1988年には民主党候補として指名を受けるために立候補もした。こうした華やかな経歴にもかかわらず、彼の政治的な顔は、明らかではなく、ステレオタイプ化されたイメージがわずかに伝えられるだけであったvii。

しかし、言い換えると、この最初の討論は、ゴア氏にとっては、人柄が知られていないという点で真っ白な状態で望むことができ、有権者にアピールする良い機会だったとも言えよう。ある意味では今回の選挙は究極のところゴア氏のためのものだったのである。それは彼の選挙であり、彼が負けるための選挙だったのだ。平和で繁栄が続く時に有権者は変革を求めるだろうか。彼が為すべきことは継続というそれだけのことだ。残念ながら、この時点に至るまで、彼は時代とはつながっていなかったのだ。彼は知られざる者だったのである。

この夜の議論を見れば、勝者と広くみなされたのはゴア氏である。直後の調査では、CBSが56％対42％でゴア氏の勝利、ABCは42％対39％、CNNは48％対41％、NBCは46％対36％で、いずれもゴア氏の勝利を示していた[viii]。彼の議論の方がブッシュ候補より明快であったし、ブッシュ候補は時にことばにつまり、議論となった政策の論点について通じていないように見えた。しかし、テレビ討論は高校のディベートの時間ではない。議論の内容で勝つというだけでは、決して十分ではないのだ。何故なら、有権者にとって重要な問題は、ゴア氏の大統領候補としての人柄に他ならないからである。

この点に関して、ゴア氏がこの夜に語ったことは有権者にとってあまり役に立つものではなかった。幾つかの実際にあった身近なストーリーを語り、自らの人柄をアピールしたが、それは人々を得心して聞かせるほどには至らなかった。そのため、視聴者は彼のボディ・ランゲージからその人となりについて判断せざるをえなかったのだ。テレビに映し出された彼の姿は、決して良いものとは言えなかった。

ゴア氏の話し方はあたふたと落ち着きがなく、短気で軽率、好戦的に見えた。とても経験を積んだ政治家には見えなかった。彼は、熱意の表われかもしれないが、繰り返し相手の議論に割って入る、意図してディベートのルールを犯したとみなされた。「私は互いに質問をぶつけ合うことは控えるべきだということは、十分に承知しております」と言いながら話し続け、結局ブッシュ氏に質問をぶつけるのだった。

彼は、攻撃的で、相手に食ってかかるタイプに見えた。一方で、自らの得点となる部分については休みなく繰り返した。この日のディベートでは、〈最も裕福な1％〉ということばを10回繰り返し、社会保障とメディケアを後退させないための〈鍵付き金庫〉ということばを5回繰り返したのである。これらは、逆に、彼の内なる不安を反映する要素にも見えた。

ブッシュ氏が議論を展開している間、ゴア氏のボディ・ランゲージはさらなる減点要素だった。彼は頭をゆすり、唇をすぼめ、眉をひそめて渋面を作り、眼はきょろきょろと落ち着かず、ブッシュ氏の答えに大げさにため息をつき、「今頃になってそんなことを言い出すのか」と言わんばかりであった。彼は高慢で、優越感をにやにやと示してみせる階級の一員であるかのように見えたix。

結果として、ゴア氏には、虫の好かない人物というイメージが出来上がった――いろいろな分野で深い造詣は持っているかもしれない、頭はきっと明晰だろう、しかし、温かみはなく、威圧的で、おせっかいで、気難しく、威張りかえり、何かにつけて口をはさみ、意地悪で、こんな人間には近隣には住んでほしくない、というタイプとみなされたのだ。無党派層にとって、これから4年間に亘ってこの男の言うことを耳にし眼にしなければならないということは、とても歓迎できる事態ではなかったのである。

ゴア氏は、ことばの上では大統領として十分な資質を示していたかもしれない。しかし、彼のボディ・ランゲージはそうではなかった。聴衆が耳を傾けていたのは、ボディ・ランゲージの方なのだ。このことが、テレビ討論直後の調査では内容においてゴア氏が〈勝っていた〉かもしれないが、やがて落ち着いてくると、ブッシュ氏の逆転、選挙戦勝利につながっていくのである。

第4の誤り：聞き手を理解できなかったこと

2000年10月、アメリカはドット・コム・ブームの真っ只中にあった。経済成長、市場状況、雇用動向、家計収入、住宅販売等々すべて順調であった。好景気を迎え、有権者たちの多くは、自らも合衆国全体も繁栄を享受できていると考えており、クリントン大統領のある個人的な振る舞いには極めて批判的ではあったが、政策運営には満足していた。

そうした中で、ゴア氏は、ほとんどの人々が薬品価格の高騰や学級定員の多さ、犯罪への恐怖、ビッグ・ビジネスの深慮遠謀に苦悶しているかのように語ったのである。彼はこれらの問題を解決するため有権者を代表して戦うと訴えた。しかしながら、実のところは、ほとんどの人々にとってそれらは必ずしも最重要課題という訳ではなかった。彼らは、経済情勢に満足していたし、国の状況にも満足していた。2000年10月のアメリカでは、誰かに我々のために戦ってほしいという要望はほとんどなかったと言ってよかった[x]。

ゴア氏の弱者のために戦うという訴えは、この国の大多数、中でも選挙の結果を左右する無党派層が必要と感じているところではなかったのだ。言い換えると、彼は、最重要とはみなされない課題を解決しようと訴えていたのである。しかも、彼が提案したのは、これらの課題を政府事業を通じて解決しようというものだった。多くの人々にとって政府事業は解決の有効な手段でも効率的な手法でもなかったのだ。

変革のリーダーとして成功を収めるためには、既に有権者が深刻な状況だと認識している問題に訴えるか、あるいは有権者が認識しているよりはるかに深刻な状況なのだということを説得しなければならない。そのどちらにも成功しなかったことが、ゴア氏の敗因となったと言えよう。

第5の誤り：ナラティブ・インテリジェンスの欠如

ゴア氏は、テレビ討論のほとんどの時間を政策の方針や事業計画についての説明に使った。それは、分かりやすく大まかな数字を用いながら、十分な正確さを伴ったものだった。また、細かな点もうまく説明した。込み入った質問をされても、長く込み入った答えを返してみせた。それらは内容のある良い答えであって、ゴア氏が問題を的確に理解していることを明瞭に示していた。従って、ディベート直後の調査では、彼は勝利したのである。

ゴア氏は、また、選挙の勝敗を決するのはストーリーであることもよく理解していた。彼は、聴衆との間に橋を架けるのはストーリー以外にはないということをわきまえ、十分に準備して答えの中にストーリーを編み込んでいた。しかし、この点での効果はなかった。何故だろうか?

彼が語ったストーリーは、この日の討論の中頃、すし詰め教室に悩むフロリダのある15歳の女子高校生についてだった。

ここで、ひとつ、短い物語をご紹介申し上げたい。今日、私はフロリダ州サラソタを発つ時、1通の手紙を受け取りました。私はご当地、ボストンには全国から集まってくれた政策立案の仲間、13人と一緒に来ています。私たちの仕事は大変楽しいものです。一昨日は一緒にレストランで昼食を取りました。その時の私たちのお世話係が、今日、1通の手紙をくれたのです。その方は名前をランディ・エリスといい、サラソタ・ハイ・スクールに通うケアリーという15歳のお嬢さんがいらっしゃるそうです。彼女の理科のクラスは、本来ですと、24人定員です。しかし、そのクラスに36人もの生徒が受講しているのです。授業の写真をいただいたのですが、あとひとつとして机を詰め込むこともできない状態で、ケアリーは授業中ずっと立ったままで先生の話を聞かなくてはならなかったのです。私は、連邦政府が地方の行政当局と協力し、新たな責任としてケアリーのような生徒が自分の席に着いて授業を受けられるように、学校の状況を改善することを第1の優先事項として取り組むべきだと思います。

ここでのゴア氏のストーリーの用い方に問題点を指摘するのは容易だ。ひとつは、彼がこのストーリーを単なる〈物語〉として語り始めたことである。それでは、このストーリーはおとぎ話の類いと捉えられ、必ずしもすべてが真実ではなく、誇張を含むと最初から暗示してしまっていることになる。まさに暗示どおりと言うべきか、このゴア氏の語ったストーリーは完全な真実とは言えず、多くの誇張を含むことが後日明らかとなる。

次に、このストーリーは、初めの部分にあまりに細かい要素が多く述べられ、聞き手を惑わせる結果となってしまっている。最初にサラソタのレストランの昼食のことやボストンに一緒に来た仲間との楽しい準備作業について述べられ、それからサラソタの昼食のお世話係の男性が登場する。そして、ようやく、その男性から受け取った手紙のことに話が戻るのである。これら細々としたことはケアリー・エリスのストーリーとどんな関係があるのだろうか。ゴア氏は貴重な十数秒を些細なことに費やし、聞き手を惑わしていると言っても言いすぎではない。テレビ討論という場面でナラティブを効果的に用いるには、簡潔さこそが決定的に重要だということに気がついていなかったのである。

さらに、このストーリーのヒロインたるフロリダの女子高校生には、確かに机があたらなかったかもしれない。しかし、そうした事態は我々が抱える教育問題の典型例と言えるだろうか。そうではないとしたら、聴衆のほとんどにとってこのストーリーは違和感が伴うものとなり、自らの経験と結びつけて聞くことは極めて困難となってしまうのである。

ゴア氏は、ディベートの締めくくりに、今ひとつ物語を取り上げたが、その結果は意図されたものからさらに大きく隔たったものであった。取り上げたストーリーは、ウィニィフレッド・スキナーという老婦人にまつわることだ。彼女はテレビ討論の数日前にネットワーク・ニューズで取上げられたばかりだった。ゴア氏は同じストーリーを討論の中ほどでも取り上げようとしたのだが、彼女の名前に言及するだけにとどまり、視聴者のほとんどにとって中途半端なまま進行してしまった。そこで、彼は敢えて再度この物語を取り上げ、ディベートを締めくくろうとしたのである。結果は悲惨なものであった。

■ゴア氏が実際に話したことば

今夜、ここにウィニィフレッド・スキナーさんとおっしゃるご婦人がアイオワからいらっしゃってます。スキナーさんのことについては、先ほど少し取り上げさせていただきました。スキナーさんは現在79歳で、社会保険に入っておられます。私は、スキナーさんが今受け取っておられる年金の削減やその他の支援の縮小につながるいかなる提案にも反対します。スキナーさんが受け取られる年金はわずかなものです。医者から処方された薬の支払いをするためには、彼女は、1週間に7日、1日数時間、空き缶拾いをしないといけないのです。彼女は遠くアイオワからウィネバゴに愛犬のプードルを乗せて、今夜出席をしてくれました。私は彼女に言いたい、私はすべてのシニア市民の方々の薬代のために戦います、と。そして、この国のすべての人々が享受できる繁栄のために戦います、と。

■パロディ化されたゴア氏のことば

私の対立候補氏は、アメリカの最も裕福な1%の方々のために減税をしようとされてます。私はこの1%の人たちを鉄の装甲を施した鍵付きボックスに放り込んでやろうと思います。そうすれば、連中は今夜ここにいらっしゃるロバータ・フランピンハンパーさんのような高齢の方々を傷つけるようなことはしないでしょう。フランピンハンパーさんは臓器をひとつずつガソリン代に代えて、私のために様々な問題の体現者としてこの討論会に出席してくださったのです。彼女の愛犬のプードルも関節炎を患っているにもかかわらず、一緒に来てくれたのです[xi]。

この物語で締めくくろうとしたゴア氏の判断は、多くの問題を生み出した。討論の最後で語られるストーリーの意義は、聴衆にとっては、その日に論者が語ったすべての議論を分かりやすく例証し総括する点にある。たとえある特定の人物に関する信頼できるストーリーであったとしても、その日の議論に新たな何かを付加するものではないのが普通だ。しかし、79歳のウィニィフレッド・スキナーという老婦人がディベートを聞くためにデズモンからボストンまでの１３００マイルを車で運転してくるという物語が示唆するのは、まず、この物語が真実ではなく、ゴア氏の選挙対策本部がひねり出した選挙戦術上の広告材料ではないのか、ということだ。79歳でありながらウィネバゴに乗って１３００マイルを運転するとか、毎日数時間を空き缶拾いに費やして何とか医療費を捻出している人がプードルをペットにしているなどの細部の矛盾を見ていると、この物語は極めて理解しがたいものとなり、対立陣営からも格好の攻撃材料とされたのである。

ゴア氏の語るストーリーは、深夜のコメディ番組でパロディ化され、彼の意志に反して広く揶揄の対象となり、彼の大統領候補としての適格性への疑問――すなわち、有権者の心に重要でもない不適切な物語で入り込もうとする不躾な候補――を定着させる契機となったのである。

第6の誤り：真実を語らなかったこと

ゴア候補には、物事を誇張するとか、政治的目的に即して都合よく解釈するとか、あるいは、業績を挙げた時には自らの役割を大きく飾り立てるといった良くない評価がつきまとってきた。1988年の大統領選挙でも、スタッフからことばが過ぎることのないよう強く注意を促されていた。メディアは――また、対立候補たちも――ゴアの様々な言い草、例えば、インターネットを発明したのは自分だ、ニューヨークのラブ運河の廃棄物に含まれる毒性の危険性を見つけたのも、また、映画「ラブ・ストーリー」の主人公のモデルも自分だなど[xii]を揶揄の対象とした。彼の真実の姿は、極めてまじめで、公務に就くには最適の人物であった。正しいことに身を挺して取り組もうという覚悟も持っていた。しかし、彼の厳格さに欠けた締まりのない唇が船を沈めるきっかけとなり、そこから漏れることばは政治キャリアを通じてトラブルの種となったのである。ゴアという人物の信頼性に関する疑問は、懸命のアピールにもかかわらず、落ち着かせることはできなかった。ほとんどの新聞が選挙運動期間のどこかで一度は彼が大ボラ吹きなのか、小さなたわごと屋さんにすぎないのか、についての記事をしたためた[xiii]。

この問題は、2000年8月の民主党大会が終わった頃には、多少は落ち着きを見せていた。しかし、ブッシュ氏とのテレビ討論を迎えて、当然ながら、ゴア氏にとって自らの慎み深さや正直さ、率直さを示すことが決定的に重要な課題となっていたのである。

テレビ討論では、政治討論の常のとおり、ふたりの候補者が様々な事業計画について様々な数字を投げつけあうこととなった。それぞれが他方の繰り出す統計的な数字について反駁しあうのだから、聴衆にはとてもどちらの数字が正しいかなど分かるものではなかった。しかし、その中で、ブッシュ氏は数字に関する議論をゴア氏の人格、中でも厳格さに欠けるという間口の広い問題点に結びつける印象的な質問を放ってみせた。ある数字についてゴア氏から質問を受けた時、次のように答えたのである。

皆さん、ここにいらっしゃるゴア氏は実にいろいろな数字に通じておられる。氏は数字で議論できる方です。今、ふっと気がついたのですが、彼はインターネット以外にも電卓を発明されたのではないでしょうか。もしかしたら、ファジー数学を使った高度なものかもしれません。でも、これは恐ろしいことです。ファジーさ（曖昧さ）でもって人々を怖がらせているのです。記入用ブースで投票用紙に向かう有権者を脅しているのです。

問題がどちらの出した数字がより正確かという次元にとどまっていたならば、ブッシュ氏のコメントは多少愛嬌に富んだことばとして忘れ去られたであろう。この時点では、ゴア氏はブッシュ氏のことばに対し何の反撃もしなかった。しかし、ゴア氏はこの攻撃がより大きなものになっていくことに気づいていなければならなかったのだ。実際、彼がこの日の討論で用いた3つのストーリーにかなりの誇張が含まれているということが明らかになった時、この攻撃は大きく共鳴を起こし始めたのである。

ケアリー・エリスの通う高校が彼女に毎回理科の授業を立ったまま受けさせていた訳ではないことは、すぐに明らかになった。立ったまま授業を受けなくてはならないということは、10万ドルの理科教育用設備が到着し、据え付けまで教室の隅に置いてあるという日には本当であったとしても、それは例外的な日だ。この高校は、最新とも言えるキャンパスを持ち、全米で最も恵まれた高校のひとつとも言われていたのだ。全生徒がレギュラー・クラスをとることができ、９００のコンピューターが用意され、インターネットには６００箇所で接続可能だったのである[xiv]。

また、ゴア氏は、テキサス州で起こった幾つかの大火災に際して自らが果たした役割についても誇張していた。この問題は、討論のモデレーターを務めたジム・レアラー（Jim Lehrer）氏が「予想外の大火災などで危機的な状況に至った時の両候補の対応力についてお伺いしたいと思います。これまでのご経験から具体的にどのような意思決定をされ、どのような措置を講じられたか、例を挙げて示してください」と質問したことから生じた。ブッシュ氏は、１９９６年にテキサス州を襲った破滅的な大火への緊急対応について語り、危機に際して素晴らしい働きを見せたＦＥＭＡ[1]のジェームズ・リー・ウィット（James Lee Witt）氏の労をねぎらった。ゴア氏も次のように直ちに応じて、この時の対応の功績の一端は自分にもあると主張した。

「私は、１９９６年のテキサス州での大火災と大洪水に対する知事の対応に賞賛のことばを贈りたいと思います。私は、この大火災が発生した時、ジェームズ・リー・ウィット氏と一緒にテキサスを訪ねました。ＦＥＭＡは、我々が主張してきた行政機構再編のまさに中心プロジェクトだったのです。そのことが奏効して、現在、うまく危機対応がとれているのです」

しかし、後になって、１９９６年の大火災時には、ゴア氏がウィット氏と一緒にテキサスを訪ねた事実はないことが明らかになった。彼がウィット氏とテキサスを訪ねたのは、１９９８年の火災の時のことで、その時はそれほどの大火災ではなかったのだ。

ウィニィフレッド・スキナーの物語は、事実と相違していると明らかにされた訳ではない。しかし、上述したような細部における様々な矛盾、例えば、毎日何時間も空き缶集めをしなければならない79歳の女性が、ウィネバゴに乗って１３００マイルを運転し、その日の討論を聞きにやってくるとか、プードルをペットにしているといった点が、この物語を極めて納得しがたいものとしており、ゴア氏のことばは信頼性に欠けるとの印象を与えるきっかけのひとつとなった。

統計的な数字の議論はいつも政治ことばの応酬の中で容易に忘れ去られるが、ゴア氏が語ったストーリーに見られるような明らかな誇張やどうみても誇張としか思えない要素は、強く人々の心にひっかかりとして残ってしまうものだ。それらがゴア氏は厳格さに欠け真実を語らない候補だという拭いがたい印象につながっていくのである。

実際のゴア氏は、規律心が体の芯まで浸透した公務の適任者で、正義が実践されねばならないと強い意思を持っていた。しかし、この夜、彼のことばが伝えたものはそうではなかった。後になると、いかに選挙運動を展開しても、彼の誇張癖は彼の政策の全体像の中では些細なものだということを人々に説得することはできなかった。こうして、モグラが作り上げたわずかな地面の盛り上がりは今や聳え立つ山々となったのである。彼は、ケアリー・エリスの物語すら本質的には間違っていないと擁護する過ちも犯してしまったのである[xv]。

選挙運動の最終局面に入って、ようやくゴア氏もこの問題への対応に本腰を入れ始めた。サタデイ・ナイト・ライブ[2]の特別番組に出演し、何を話しても説教調になる自らの性癖について、「そういえば、こち

---

[1] Federal Emergency Management Agency 連邦緊急事態管理庁。ハリケーン、大震災、大火災のみならず、テロ、原子力災害などの大規模災害に際して、連邦、州などの関係機関の調整にあたり、迅速な対応を期すとされる。

[2] Saturday Night Live 米国NBC系列で土曜日深夜に放映されるバラエティ番組。1975年以来の長寿を誇り、多くの風刺ネタで知られるとともに、トム・ハンクス、エディ・マーフィを輩出し、コメディアンたちの登竜門となってきた。

らの番組でもよく取り上げていただいて、おかげで随分と落ち込みましたよ」と述べ、笑ってみせた。また、デイビッド・レターマン（David Letterman）の深夜番組では、自らの誇張癖について次のように言い、パロディ化してみせた。

「アメリカよ、覚えておいてくれ、インターネットを君たちに贈ったのは私だということを！さもないと、すぐさま、取り上げてしまうぞ！」

自らをパロディ化する効果は、欠点を十分に承知していると示す点にある。ゴア氏もこれに倣い、「私は自分の欠点を十分に承知していますよ、だから、こうしてそれを笑って見せているのです。皆さん、そのことで心配していただくには及びません」とアピールしようとしていたのだ。しかし、事態は既に遅きに失し、ほとんど効果も上がらなかった。その頃までには、10月3日のディベートを見た9000万人のほとんどがゴア氏の弛んだ唇は厳密さに欠け、真実を語らないとの判断を固めていたのである。

第7の誤り：聞き手の関心の方向づけに失敗したこと

この年の大統領選挙では、キャンペーン期間のほとんどの間、有権者の関心は全くと言っていいほど盛り上がらなかった。国を挙げて平和を謳歌し、経済は繁栄を極めていたのだ。国家の課題となる大きな問題は存在しない――と言ってもよかった。両候補者とも同じことばを話しているように聞こえた。候補者による最初のテレビ討論は9000万の人々がチャンネルを合わせるもので、有権者の関心を捉える最大のチャンスであった。

討論開始時には、ゴア氏は合理的で有能な官僚タイプとして登場し、彼が取り組みたいと考えている政府のすべての事業計画について意見を述べた。彼の発言の目的は、まず、彼がいかに有能であるかをアピールしようとするものであった。しかし、事業計画についてうまく説明するということは、ある意味では、数字の暗誦のように眠気を誘うもので、おそらくそれが視聴者の関心を大きく失う結果となった理由のひとつと言えよう。

一方で、ゴア氏は、人々の関心を集めるストーリーの力を承知しており、幾つかの物語で武装していた。彼は、理科の授業を立ったまま受けざるをえなかった15歳の女子高校生、ケアリー・エリスについての物語の他にも、処方を受けた薬を購入するために毎日空き缶拾いをする79歳のウィニィフレッド・スキナーやミルウォーキーのジョージ・マッキニーについての物語を取り上げた。ジョージ・マッキニー氏は高血圧症で、処方された薬を購入するためには、ご夫人とカナダまで出かけなければならなかったとされた。

これらの物語は確かに問題を提起していると言える。しかし、これらの物語が聞き手の関心をふり向けたのは、ゴア氏にとって、全く助けとはならない方向、すなわち、ゴア氏自身が現職副大統領として7年間も務めていながら、何故自ら提起した問題を解決できなかったのかという方向であった。いずれの物語もゴア氏の副大統領在任中に生じているという点に聞き手の焦点を向けさせ、氏自身の業績を取り上げるものとも、また、将来の事業計画を浮かび上がらせるものともならなかったのである。

さらに、ケアリー・エリスの物語を引いた時、ゴア氏は教育経費を連邦予算で負担すべきだとの主張を展開する根拠にしようと考えていた。しかし、この物語が示したものは全く逆のことであった。というのは、この高校は連邦予算による援助がなくても見事に運営している優良高校だったからであり、対立候補からゴア氏は政府資金を広範囲に投入し無駄遣いを重ねていくとの批判を招く結果となったのである。

こうしてゴア氏は、物語を通じて人々の関心を集めることはできたが、いずれも自らの主張の土台を壊すものとなった。ある評論家はこのことについて「絶望的な外見を自分で作り出しておいて、これから晴れに向かいますよと言うようなものだ」と批判した。ゴア氏の主張は、実際のところは、次のような奇妙な構成となっていたのである。

前提1　私は7年間に亘って副大統領を務めてきた。

前提2　この間にアメリカはかくもひどい状態になってしまった。

結　論　従って、有権者の皆さん、大統領選挙では、是非、私に投票してくださいxvi。

第8の誤り：変革への自発性を引き出せなかったこと

手段として正しかったか、誤っていたかは兎も角、ゴア氏は変革の候補者として自らを提示した。後の評論家たちは、もしゴア候補がクリントン＝ゴア体制の数多くの成功の上に立つ現職候補として、残された周辺的な課題を解決し、かつ1988年にジョージ・H・W・ブッシュ（George H. W. Bush）候補が行ったように、対立候補の経験のなさを攻めて大統領にはOJT教育を施すほどの時間はないのだとアピールしていれば、勝利できた可能性は高いと述べているxvii。しかし、ゴア氏が選んだ道はそうではなかった。彼が選んだのは変革の道であって、富裕層や保険会社、石油会社などの大企業に対抗し、弱者を代表して変革のために戦う挑戦者としての行き方だった。

実際のところ、変革のリーダーが戦いを始めようとしても、人々の間に戦いの必要性が自覚され共有されていることはほとんどない。ゴア氏も例外ではなかった。有権者たちは現状の経済政策に満足していたのであり、繁栄を謳歌していたのである。誰もが幸福を感じており、明るい未来が待っていると思っていたのだ。いい気になっていたのかもしれないが、変革が必要だなどとは圧倒的多くの人々は、感じていなかった。

では、ゴアが変革のリーダーとして成功するためには、どのようなレトリックを用いることができただろうか。

ひとつは、この好調な経済情勢の中でも不遇を託つ人々が多くいることを描き出すことだ。ゴア氏もこのことを行ったが、単に問題について述べるだけでは、変革への情熱がほとばしる自発性を生み出すことは出来ない。問題について述べるということは、「頭」へのアピールにすぎない。変革への情熱を生み出すためには、「心」へのアピールが必要だ。ゴア氏の抽象的な議論では情熱を生み出すことはできなかったのである。

今ひとつは、これから行おうとしていることについて、それが実現されると、いかに今以上に物事がうまく運ぶようになるかをストーリーにして話すことだ。しかし、ストーリーで示す将来像は常に曖昧なもので、人々に感動を与え主体的な熱い想いを持ってもらうのは容易ではない。加えて、ゴア氏は具体的に彼の提案する事業をどう進めるかについて明確にしなかった。彼は、政府の事業として行う、あるいは、弱者の視点で戦うと言う以上には発言しなかった。これでは有権者に魅力的な見通しを与えるものとは言えない。

ゴア氏は、直近の出来事に取材したジョージ・マッキニー夫妻やケアリー・エリス、ウィニィフレッド・スキナーなどの印象深いストーリーも用い、人々の関心を引き付けることはできた。しかし、これらは、信頼性に問題をはらむ上に、ネガティブ・ストーリーでしかなかった。ネガティブ・ストーリーは、変革への自発性を生み出すために用いるには、間違った類いのものだ。それらは、聞き手の爬虫類脳を刺激するにすぎない。すなわち、戦うか、逃げるか、の反応しか引き起こさないのである。将来への行動に向けた情熱のあふれる自発性を生み出すことは、全くない。

ゴア氏に必要だったものは、強力な動機づけを与えるストーリーなのである。要するに、彼はストーリーの活用に失敗したのだ。それは、第1に、内容に信頼が置ける真実のストーリーでなくてはならず、そして、前向きな内容のポジティブ・ストーリーでなくてはならないのだ。例えば、彼が過去7年間に亘って積み重ねてきた業績に関する真実のストーリーを使っていれば、どうだっただろうか。上手く語りさえすれば、それらは聞き手の頭の中に将来についてのポジティブ・ストーリーを生み出し、変革への自発性を生み出すことができたはずである。ゴア氏は、ポジティブ・ストーリーを語らず、問題ばかりを指摘するネガティブ・ストーリーのみを語ったのである。問題や対決に溢れる未来というのは、有権者にとっては、決して思い浮かべたくないものなのだ。

第9の誤り：理由づけの失敗は逆効果を倍増

ゴア氏の場合、自らが大統領に選出されるべき理由を述べれば述べるほど、また、選出された際に実行したいと考えている政策について述べれば述べるほど、退屈に聞こえ、耳を貸す人間は少なくなっていったように思われる。これは何故だろうか。

ひとつのヒントは、共和党の伝説の世論調査専門家、フランク・ルンツ（Frank Luntz）氏の仕事に見出すことができる。彼は、1992年の大統領候補、ロス・ペロー（Ross Perot）のテレビ広告について調査するため、デトロイトでフォーカス・グループを設定しその観察を行っていた。広告には、ペローの経歴について述べたもの、ペローの演説、ペローについて第三者が述べた証言集の3種類があった。当初は、彼はこの広告によってどのような合意ができるかについて調べ、その合意を覆すにはどうすればよいか、について調べていた。最初の彼の発見は、ペローへの支持を覆すことはできないということだった。ペローへの支持は極めて強力に固定されると考えられたのである。

ところが、デトロイトのセッションでは、ルンツは広告の順序を誤り、最初に証言、次いで演説、最後に経歴の順で提示してしまった。この順序で提示すると、そもそも、人々はペローを好きになることがなかったのだ。軍人としての成功を経てビジネスマンとして成功するという印象深いライフ・ストーリーでもって最初に理解の基盤を与えられない限り、ペローは意見の振幅が大きい節操のない人間とみなされてしまうのだ。直ちにルンツは、人々に情報を与える順序が受け取り方に影響を与えるということに気づいた。人々は話されるストーリーのテーマに親和性を感じている場合とそうでない場合では、反応は大きく相違するのだ。ルンツは、偶然にせよ、最初に情緒的なつながりを作っておくことが、本質的に重要だということを発見したのである[xviii]。

こうした観点から見ると、聞き手側にゴア氏個人、あるいは、彼が主張する変革の政策に対する情緒的な結びつきが生まれていないと、ゴア氏がいかに力を入れて理由づけを行おうとも、牽引力が得られないということが理解されよう。ゴア氏が理由を挙げれば挙げるほど、また、彼が聴衆と議論を行えば行うほど、支持を得ることは難しくなったのである。

第10の誤り：対話の不成立

リーダーシップ・コミュニケーションは、常に、リーダーからの一方的な働きかけに始まる。それが成功すると、ことばの交換が始まり、対話へと発展していく。対話が生まれるのは、聞き手側に変革に対する自発性が引き出された時である。対話は聞き手を刺激し、聞き手は対話を通じて変革の目標をどのようにすれば達成できるかについて自分で考えるよう促され、自ら解決策を見出そうとする。さらに、対話は聞き手自身が他の人にとって同様の刺激となるように仕向ける。

ゴア氏がテレビ討論のプレゼンテーションで失敗したのは、まさにこの点なのである。彼は聞き手たちを感動させ、変革への自発性を引き出すということに失敗したのだ。

ゴア氏の主張が含意していたことは、大統領の持つ権限を駆使して変革を達成するということだ。彼は、社会保険やメディケアを「鍵付き金庫」に入れようと主張していた。それらは、大統領府の政策として実行されるものだ。また、弱者を代表して富裕層や保険会社、石油企業などの大企業に対抗して「戦い」を起こそうとも主張した。彼はその「戦い」のために大統領府の権力を活用しようとしていたのである。

言い換えると、ゴア氏は、人々や様々な組織に働きかけて、彼らに自ら変革を起こそうと考えるようになってもらおうとしたのではなく、ゴア氏自身が人々や組織を変革するために戦うと主張したのである。

このことはさらに言い換えると、ゴア氏は、変革に同意できない人たちに対して、変革への戦いを起こす権限を今後4年間に亘って私に与えよ、と求めていたことになり、決して人々との対話を行おうとした訳ではないということになる。有権者たちは党派を頼んで戦うという用意はなかった。彼らの選択は、ゴア氏にはそんな権限を渡さないというものであったと言えよう。

リーダーシップのことばをマスターするとは、どういうことか

本章の目的は、ゴア氏の行動を取り上げて詮索することではなく、情熱を持った変革のリーダーが陥りがちな過ちを指摘することにある。ゴア氏自身は、ある変革の理念から特別の情熱に駆られて身を捧げようとしていたというより、むしろ、ほとんどの場合、具体的な問題から抽象的な議論を作り出し、分析を通じて論点を捉え、解決策を得ていたようだ。しかし、これは、聞き手たちを触発するというよりは、頭痛を与えるものだ。

ゴア氏は、適切なストーリーを通じた情緒のレベルで、人々と連携できなかったのである。彼が用いた物語は、彼の意図を強化するのではなく、破壊する方向に聞き手の関心を方向づけた。彼のボディ・ランゲージは、攻撃的で虫の好かない人物というメッセージを伝えた。聞き手には、とても一緒に作業したい人物とは思えなかったのである。結果として、彼と聞き手との間に会話は成立せず、長続きもせず、彼は選挙に敗れたのである。

しかしながら、2006年には、アル・ゴア氏は、彼の変革のメッセージを聞きたいという人々を集めて、スタジアム全体の入場券を売り切るまでになっている。2000年と2006年のアル・ゴアにはどのような違いがあるのだろうか。

ゴア氏は、自らの映画『不都合な真実』で、自ら深く関わり極めて重大だと考えている環境問題についての情熱を溢れさせている。彼は、もはや、2000年の選挙時のように選挙対策本部のマネジャーたちが求めたことを単に声にしているのではない。彼は自らの家族の持つタバコ農場について語り、彼の姉が肺ガンで亡くなったことにも触れてタバコの影響について率直に語っている。公衆の面前で演説をする時

もかつてのようにもったいぶったところはなくなり、自らを茶化してみせてもいる。

何にもまして重要なことは、２００６年のアル・ゴアは、もはや複雑な抽象論の取り合わせで議論するのではなく、適切なストーリーテリングを用いているのである。

彼は映画の冒頭から地球温暖化の規模、広がり、原因について一連の恐ろしいストーリーを語ることで我々の関心をしっかりと掴み、次いで、何故、何の対策もとられないかについて語る。さらに、彼自身や妻、家族の環境問題との関わりについても語り、自分自身にとっての環境問題の持つ意味についても率直に語ってみせるのである。

環境問題の深刻さが明らかになったことを受け、彼は、何か対策を講ずることはできるのだろうかと提起する。彼の答えは次のとおりだ。

まず、彼は、既に多くの町や州、企業が何らかの行動をとっていくと決定していることを指摘する。

次に、幾つかの挿話を挟み込み、人類がこれまで幾多の巨大な地球規模の問題を解決してきたことを映し出してみせる。人類は、ふたつの世界大戦で勝利し、天然痘を撲滅し、市民権を確立、月への着陸を実現させ、オゾン・ホールの修復にも成功してきたのだ。これらの問題がいかに巨大なものであったにせよ、すべて、世界中の様々な政府や国家が協力し調和ある行動をとることによって解決できたのである。我々は既に様々な地球規模の問題を解決した経験を持っている。今回も同じことをすればいいのではないだろうか？

最後に、彼は、環境問題をコントロールしていくのに必要で、実現可能なステップを提案する。その中には、電気をより効率的に使うこと、建築物の省エネの推進、自動車の燃費の向上、大量輸送手段の活用促進、再生可能エネルギーのいっそうの活用、よりクリーンな工場建設・企業活動の推進などが挙げられている。こうした活動は直ちに実行可能なのである。これらは技術的な問題などではなく、政治の問題なのだ。道徳の問題なのだ。今やこの惑星全体の未来が危機なのであり、今こそ立ち上がって未来を救うべき時なのだ……

ゴア氏の立論や提案した政策の科学的価値については、いろいろな議論があるかもしれない。しかし、彼のプレゼンテーションは、人々の関心を引き、行動に駆り立てるという点では、眼を見張るばかりの効果があったことは誰にも否定できない[xix]。我々が２００６年のアル・ゴアに見出すものは、彼が明確な変革の理念を持ち、それによって人々の間に持続する熱い想いを生み出し、自らが純粋に身を挺して取り組んでいるということなのである。彼は、ストーリーを通じ聞き手との間に感情的なつながりも創出した。ボディ・ランゲージは静かで、それでいて説得力があり、もはや攻撃的なものではなかった。自らのひょうきんさ、ユーモア感覚も醸し出してみせた。聞き手の注意を集めながらコミュニケーションを行い、変革への願望を刺激した。変革に対する関心を刺激した後で、理由を提示し、その関心を強化、定着させた。映画の上映期間が終わっても、様々な演説の機会やテレビで、そして個人的にも人々との会話をさらに続けている……

２００６年には、アル・ゴアはリーダーシップのことばを習得したのである。

---

i　１８６２年12月１日に行われた米国議会向け年次教書による。Abraham Lincoln Online: Speeches and Writings.（http://showcase.netins.net/web/creative/lincoln/speeches/congress.htm. アクセス日：２００７年４月14日）

ii『不都合な真実』（*An Inconvenient Truth*）は、世界中で絶大な注目を集め、４５００万ドルというドキュメンタリー映画史上第３位の収益を上げた。２００７年２月25日付ワシントン・ポスト紙でW・ブース（W. Booth）は「アメリカの最もクールな前副大統領にオスカー賞か！」と書いている。（www.washingtonpost.com/wp-dyn/content/article/2007/02/24/AR2007022401586_pf.html.：アクセス日：２００７年４月14日）

[iii] ２００７年１月23日付ハフィングトン・ポスト紙でＭ・ヘネバーガー（M. Henneberger）は、「ゴア！　アイダホのタコ・ベル・アリーナの全１万席を，エルトン・ジョンより早く，完売!!」と書いている。（www.huffington.post.com/2007/01/23/huffpos-melinda-henneber_n_39362.html?p=5.：アクセス日：２００７年４月14日）

[iv] C. Heath and D. Heath, *Made to Stick : Why Some Ideas Stick and Others Die,* New York: Random House, 2007.

[v] D. Maraniss and C. Connolly, "A Nomminee Still in Search of Definition," *Washington Post*, August 17, 2000, p. A-1.

[vi] D. Morris, *Power Plays : Win or Lose — How History's Great Leaders Play the Game,* New York: Regan Books, 2002, p. 86.

[vii] Maraniss and Connolly, "A Nomminee Still in Search of Definition" 前掲記事。

[viii] H. Kurz, "Ephemeral Analysis," *Washington Post*, October 5, 2000, p. C-1.

[ix] M. Kelly, "Conan the VP," *Washington Post*, October 5, 2000, p. A-35.

[x] R. E. Denton Jr., ed., *The 2000 Presidential Campaign: A Communication Perspective,* Westport, Conn. :Praeger, 2002, p.105.

[xi] Political Jokes: Bush/Gore Presidential Debate Transcript. Available on Line（http://politicalhumor.about.com/library/bldebateparody.htm.：アクセス日：２００７年４月14日）

[xii] ゴアがインターネットを発明したと主張した事実はない。（ＣＮＮニューズでウルフ・ブリッツァ（Wolf Blitzer）のインタビューに答えて）彼が実際に言ったことは、「合衆国連邦議会議員として奉職していた際に、インターネットを創設するにあたって私は主導的な役割を果たしました。他にも私が主導したことはいろいろありますが、中でも我々の国の経済発展、環境保護、教育システムの改善等の重要課題で役割を果たしたと思います」にすぎない。セス・フィンケルシュタイン（Seth Finkelstein）は、ことばが時の経過とともにいかに捻じ曲げられていくかについて興味深い資料を提示している（http://sethf.com/gore/を参照。アクセス日：２００７年４月14日）。政治的な現実としては、ゴアは事実に即して人々に記憶してもらえなかったということであり、どう受け取られるかが実際に言ったこと以上に重要だということなのである。

[xiii] M. Halperin and J. F. Harris, *The Way to Win* (New York: Random House, 2006), p. 129.
[xiv] W. Safire, "Bush Wins by Not Losing," *New York Times*, October 5, 2000.
[xv] K. Sack, "Gore Admits Being Mistaken But Denies He Exaggerates," *New York Times*, October 8, 2000.
[xvi] F. Ahrens, "It Happened Under Me — Blame Him," *Washington Post*, October 5, 2000, p. C-8.
[xvii] C. A. Smith and M. Mansharamani, "Challenger and Incumbent Reversal," in Denton Jr., *The 2000 Presidential Campaign*, pp. 100-117.
[xviii] N. Lemann, "The World Lab," *New Yorker*, October 16, 2000, pp. 100-117.
[xix] 例えば、２００６年10月27日、ジェイ・ロックフェラー（Jay Rockefeller）とオリンピア・スノー（Olympia Snowe）両上院議員はエクソン・モービルのＣＥＯレックス・ティラーソン（Rex Tillerson）に書簡を送り、地球的な警告に対して誤った情報を提供しているエクソンのキャンペーンをやめるよう申し入れた（http://opinionjournal.com/extra/?id=110009337 を参照。アクセス日：２００７年4月14日）。アル・ゴアの映画はベスト・ドキュメンタリー部門でオスカー賞を受賞、ゴアは２００７年ノーベル平和賞に推された。

第1章　リーダーシップのことばの秘密

人間のコミュニケーションには、直観からかけ離れた独自のルールが伴う。
——マルコム・グラッドウェル（Malcolm Gladwell）i

今、大手ドラッグストアの経営トップが、新製品の供給ルートが涸れてしまうと悩んでいる。大手新聞社の編集責任者は、新たな競争に勝てるようにニューズ・ルームにたむろする記者たちの行動を変え、いかにやる気にさせるか腐心している。

世界的規模のファーストフード会社の部長は、地をはうばかりの株価の改善策に自信を持っているが、CEOは耳を貸さない。巨大なエンジニアリング会社の機能不全に陥った部門の若いスタッフは、オープン・ソース・コラボレーション[1]が害をなすどころか生産性を上げるということを上司に説得できないでいる。

ヘルスケア・アドバイザーは、ダイエットと運動をしなければ、この1、2年のうちに病に陥り、場合

1　ノウハウや各種情報の公開、共有による協同。

によっては死に至りかねない心臓外科の患者の生活スタイルを、変えることができない。世界的なコングロマリットは、優れた収益や利益を上げ、成長しているにもかかわらず、低迷する株価に悩んでいる。ウオール・ストリートがその戦略を理解しないのだ。

変革志向の次期大統領候補者は、有権者を引きつけることができず、勝てるはずの選挙に負けてしまう。地球温暖化を救おうとする非営利組織は、世界中の政策立案者たちにもっと迅速な対応をとらせたく苦心している。

父親は、13歳の時に部屋に引きこもり、もう何年も顔を見ていない10代の少年のために何かをしてやりたくて戸惑っている。母親は、何かにつけ反抗し、言うことを聞かない10代の娘にどう対処すべきか悩みを深めている。

これらの人々――問題を抱えたCEO、ストレスを感じるチェンジ・エージェント、強いプレッシャーを受けるマーケット担当者、窮地にいる理想主義者、不可解な政治家、悩める親たち――に共通しているものは、現状に対して何とかして変革をもたらしたいと強く願っているという点である。彼らは、聞く意思のない者に対し、全く新たな考え方に耳を傾けさせ、そして、粘り強くその考え方を実践させていかねばならないのだ。本書が着目するのは、まさにこの点にある。

第1節　変革のリーダーシップとは何か？

変革のリーダーが何を達成しなければならないかは、明白だ。彼らは、メンバーたちと動機を共有し、その実現に向けた熱い想いを分けあって、世界を変えていかねばならない。そのために、彼らは様々な重要問題に革新的な解決策を提示し、触媒となって人々の価値観やイデオロギーに変化を引き起こす。必要な時には個人的な利益などいとわず、他の人々を危機から救い出す。しかし、リーダーに必要なことは、何よりも、人々を触発して自発的に変革を望むよう仕向けることだ。そうして生まれる前向きなエネルギーこそが、長く変革を支えることができるからだ。彼らは、決してフォロワーを生み出すのではない。フォロワー自身がリーダーとならなければならないのだ。

しかし、変革のリーダーシップが何を達成しなければならないかはおおよそ明瞭だが、変革のリーダーシップをいかに達成するかは今なお明らかにされていない。リーダーはいかにすれば複雑な考えを人々に伝え、新たな行動に対する情熱を維持させることができるのだろうか。リーダーは聞き手を新たなリーダーとするために、どのようなことばを使えばよいのだろうか。リーダーの中に目指ましい成果を上げることができる者と惨めな失敗に終わる者がいるのは何故だろうか。

これまでのところ、リーダーシップは、もっぱら内面的な信念の問題として理解されている。例えば、次のような主張を見てみよう。あなたの心の奥なるリーダーを見出そう[ii]。他の人たちが望んでついていきたくなるような人になりなさい[iii]。自分自身の強みを探そう[iv]。情緒面で聡明さを身につけよう[v]。常に気持ちを強く持ち、自らを律し、率先垂範することを通じてのみ、本物のリーダーがフォロワーに対し権威を確立することができる[vi]。心に思い描いた時、それは現実のものとなる[vii]。これらはいずれも自ら信じることに率直でさえあれば、必ず変化を起こすことができるとするものだ。

これらがそれぞれ一面の真実を捉えていることは否定できない。

しかし、現実には、変革への持続する熱い想いが自然に発生することはないし、五感以外の知覚を通じて獲得されることもない。もし変革に対するリーダーの内的な信念に影響力があるとするならば、リーダーは、自らがリードしていこうとする人々に対し、その信念をコミュニケートしていかねばならない。長期的に見ればリーダーの実際の行為の方がことばより影響力があるという側面は否定できない。しかし、今、ここで、インパクトを持つのは、リーダーが話すこと――あるいは、話さないこと――であり、適切なことばが人々を感動させ、変革への情熱やエネルギー、第一歩を生み出すのである。他方、不適切なことばは、最も好ましい意志でも蝕み、即座にそれらを完璧に押し殺すのだ。

第2節　コミュニケーションについての伝統的アプローチの落とし穴

ここで少しばかり読者諸氏に最近報告書や企画書、論文を書かれたり、プレゼンテーションを作成された時のことを思い起こしてほしい。もしおなじみの3段階を踏んでおられたら、コミュニケーションの伝統的なモデルに従っていたこととなる。

すなわち、まず、取り扱う問題について述べ、次に問題の分析を通じて選択肢を提示、そして、最後に好ましい解決法という結論を出す、という次の3段階である。

問題の明確化 → 問題の分析 → 好ましい解決法

読者諸氏がこのモデルに従われるのは、当然だ。これは、多くの企業や大学で常に行われているところであり、コミュニケーションの「普通」で、「常識的」で、「合理的」なやり方なのである。それは、理性に訴えるものであり、古代ギリシャに由来し20世紀に絶頂期を迎える西洋の知的伝統に当然の敬意を払うものだ。このモデルは、聞こうという意思を持っている人々に対して情報を伝えようとする時には、十分にうまく働く。

しかし、そうではなく、人々にこれまでの方法を改めさせ、新しい方法に熱意を持って持続的に取り組むよう説得する時には、ふたつの大きな問題に直面する。ひとつはそれがうまく働かないことであり、今ひとつは、多くの場合、状況をさらに悪くしてしまうことだ。

賛同しない人たちに変革の理由を説くことは、単に効果が見込めないだけではない。多くの心理学的研究に従うと、ほとんどの場合、話し手の意思に反して聞き手はいっそう深い堀をめぐらしてしまうのである。

一例を挙げよう。1979年にスタンフォード大学の心理学者、チャールズ・ロード（Charles Lord）が、人間が現在信じていることと矛盾する論理の提示を受けた時に、どのように反応するかについて、古典的な研究を協力者たちと出版している[viii]。彼らは、死刑の是非に関する24人の擁護論者と24人の批判論者に対し、死刑の犯罪抑止効果を確認する研究結果と否定する研究結果の双方を提示した。

それぞれの論者は、どう対応しただろうか。

一方では、死刑を擁護する人たちが死刑を支持するものとしてそれらの研究結果を解釈したのに対し、他方では、批判論者たちは同じ研究結果を死刑による犯罪抑止という考え方を否定するに足る十分な証拠を提供するものだと結論づけたのである。擁護論者と批判論者の双方が、賢明にも、同じ研究結果を再解釈、あるいは、都合の悪いデータを無視することによって元々の立場を確認したのだ。

例えば、死刑の犯罪抑止効果を確認したとされる実験については、死刑に賛成の参加者は「これはよく考えられた実験で、集められたデータは有効だ。しかも、すべての批判に答えることができる」と評価する一方で、死刑に反対する参加者は「集められたデータをそのまま鵜呑みにできない」と批判した。

提示されたもうひとつの研究は、死刑の犯罪抑止効果を否認するとされるものであった。ここでは、死刑に賛成する者と反対する者の役割は入れ替わった。批判論者の好物は擁護論者の毒物であり、その逆もまた真なのである。結局、死刑擁護論者も批判論者もそれぞれの立場を再確認することになり、双方が同じ証拠を吟味することによって、両極化は以前よりさらに進行するのである。

こうした現象を心理学者は確証バイアスと呼んでいるが、既に400年もの昔にフランシス・ベーコン（Francis Bacon）が「人間の知識は、ひとたび当事者の意見として採用されると、……あらゆる材料を、特定の観点から、すなわち、その意見を支持し一致するようにという観点から解釈するように仕向ける。その知識と一致しない事例が多く見つかり、たとえ重大な不一致があったとしても、都合の悪い事例は無視されるか、あるいは、忌避され、何かの基準を設定することによって埒外として放置される。こうした強力かつ破壊的な思い込みがあってこそ、従前の知識の権威は守られるのだ」[ix]と述べている。

もっとも、確証バイアスは全く非論理的というものではない。私の経験では、例えば、スーパーマーケットでタブロイド紙の「科学者がエジプトのピラミッドで4000年前のテレビを発見」という大きな見出しを眼にした時、テレビの発明時期について疑問を持つことは全くなく、逆に、タブロイド紙の信頼性について笑ってしまった。客観的に真実であると思い込んでいると、矛盾する情報に出会ってまず考えることは、その情報の情報源自体が間違っているということだ。確証バイアスがいろいろと役立つことは決して少なくない。

しかし、少なくとも少しは立ち止まって再検討してみなければならない、というような深刻な事実が明らかになった時ですら、何故我々は自分の立場を今一度考え直すということをしないのだろうか。そういう事態を目の当たりにすると、そもそも人間は実は考えることなど何も行っていないのではないかと思えてしまう。もちろん、エモリー大学の心理学者ドリュー・ウェステン（Drew Westen）と彼のチームによる最近の研究は、そんな場合でも考えることを放棄していることは全くないことを明らかにしている[x]。彼のチームは、機能的磁気共鳴映像化装置（ｆＭＲＩ）を使って、２００４年の大統領選挙運動期間中に15人の「熱烈な共和党員」と15人の「熱烈な民主党員」がジョージ・Ｗ・ブッシュ候補とジョン・ケリー（John Kerry）候補の図々しいばかりの自己矛盾した発言を聞いた時、脳がどう反応するかについて入念に調べた。先の確証バイアスの研究から推測されるように、民主党員はケリー候補の矛盾をうまく解決してみせ、いっそう熱狂的な民主党員となり、共和党員もジョージ・Ｗ・ブッシュの自己矛盾を容易に一掃し、さらに熱狂的な共和党員となっていった。

しかし、ｆＭＲＩは、ひとつの新しいことを明らかにした。被験者たちが矛盾した発言について考えている間は、通常脳が論理的な思考を行う際に活性化する部分が全くそうはならなかったのだ。ウェステンは、「論理的な思考を行うに際して通常活性化する部分には、何の変化も見られなかった。代わりに、感情回路のネットワークが輝いた。輝いたところは、脳の中でも感情の制御に関係すると考えられている部分や心理的な葛藤の解決に関係するとされている部分が含まれるところだった」[xi]と語っている。

さらに驚くべきことが見出された。被験者たちが矛盾した声明を元々の立場を支持するものとして解釈する方法を見つけるや否や活性化したのは、賞賛を受けたり歓喜を経験する時に活性化する部分だったのだ。言い換えると、元々の立場は「否定的な感情状態が排除され、肯定的な感情状態が強く経験されることにより（中略）しっかりと強化される」[xii]こととなる。

先にエジプトのピラミッドで４０００年前のテレビが発見されたという見出しを眼にして思わず笑いがこみ上げたと申し上げたが、この笑いも見かけほど罪のないものでは決してない。私の脳が、元々の立場を維持できたことに心理的なご褒美を与えていたのだ。合理的思考ではなく、感情的な反応こそが、我々が元々の立場にしがみつく原因であるということになる。

　こうして、確証バイアスは、伝統的なアプローチ方法、すなわち、変革の理由を挙げて説得しようとすることが、聞き手が懐疑的で冷笑的で対抗心を持っている時には、上手くいかないのは何故かを説明してくれる。リーダーが、その種の聞き手とコミュニケーションを図ろうとして最初に理屈を述べようものなら、確証バイアスを引き起こし、変革すべき理由が変革すべきではない理由として解釈されよう。こうしたことは、聞き手の脳の思考する部分を活性化しないから生じることであり、聞き手をより深く反対の立場に追い込むことになるのだ。理由を挙げても無駄なのは、彼らが最初から聴いてもいないし、考えてもいないからである。

　さらに悪いことに、懐疑主義やシニシズムは伝染し、あっという間に広がってしまう。反抗的、反社会的行動というのも、その一種である。『ティッピング・ポイント――いかにして「小さな変化」が「大きな変化」を生み出すか』で、マルコム・グラッドウェルは、伝染というものがいかに多様な状況で起こるかについて書いている[xiii]。フーリガンの引き起こす騒乱やティーンエイジャーの喫煙もその一例だ。グループのひとりがこれみよがしに懐疑的あるいは冷笑的な態度を示すと、直ちに他の者も同様の態度を示す。これは、懐疑的あるいは冷笑的であることがクールであるとみなされるからだ。仕事が終わったあとの居酒屋で、グループで最もクールなメンバーが今日のプレゼンは全くのクソッタレだったなと言ったなら、誰が、いや、今日のは最高だったよ、と主張するだろうか。それは、人間関係上のリスクを犯すことになる。心底から最高だったと確信しているなら、そう主張する場合もあるかもしれない。しかし、十分に評価に自信が持てないのなら、黙って従い、そうだ、クソッタレだったと賛同するのが妥当というものだ。

様々な問題について分析し、そして、変革が望ましいとする合理的な結論に至るプレゼンテーションは、少なくとも有害ではないと考えるかもしれないが、そうした考えは修正を要する。変化を訴えて理論的な理由を挙げることは、聞き手をたちまちにして口やかましい皮肉屋の軍団に変えてしまいかねないのだ。

第3節　リーダーシップを発揮するためのことば

私は、どのようなことばが聞き手に変革にむけた持続する熱い想いを生み出すのかを明らかにするため、成功したリーダーが用いるコミュニケーションの形式について、この10年ばかりをかけて大小を問わず世界中の組織において調査を行った。

その中で繰り返し見出されたことは、リーダーシップ・コミュニケーションの影響力は、用いることばのわずかな相違やパターン、また、そのパターンを用いる順序といった極めて些細な要素によって大きく違ってくるということだ。

また、成功したリーダーたちは、伝統的かつ理論的な方法とは全く異なる方法でコミュニケーションを図っていることも明らかになった。あらゆる状況下で彼らが従うコミュニケーションの隠れたパターンは次のとおりだ。第1に、まず、聞き手の関心を引き付け、次に、聞き手が自ら強い関心を持つように仕向け、最後に、関心を持つべき理由を提示して強固な情熱へと変えるのである。

聞き手の関心を引く
↓
関心を自発性に変える
↓
理由を示し自発性をさらに強固なものとする

リーダーシップのことばは、この流れで用いられると、聞き手の心の中に目標に向けた自発性を呼び起こし、持続させ、目標の達成へ向けた行動に火をつけることができる。加えて、成功したリーダーはコミュニケーションを1回限りで打ち切ってしまうようなことはしない。当然のことながら、目標の達成へ向けて行動を進めていく間に追求している目標自体が次から次へと発展していく。そうした発展は、リーダーとフォロワーがコミュニケーションをとりあい、会話を続けることによって協力して将来を創り出していく限り、永遠に続いていくのである。

もちろん、ことばだけでうまくいく訳ではない。リーダーシップのことばが最も効果を上げるには、ある種の条件が整っていなければならない。すなわち、明確で、聞き手の心の中に何かを呼び覚ます目標が、ナラティブ・インテリジェンスによって分かりやすく提示されなければならないし、そうした目標に対しリーダーが誠実にコミットすることも不可欠だ。適切なボディ・ランゲージでその誠実さが表現されないといけないし、リーダーは聞き手がそれぞれに持つストーリーについて理解していなければならない。このような条件がすべて整い、適切な流れの中に位置づけられたリーダーシップのことばと同調することによって、変革のリーダーシップが動き始めるのである。

序論で、２０００年と２００６年のゴア氏のコミュニケーションの違いを例に挙げて説明したのは、以上のことなのである。さらに、実際の変革のリーダーシップについてふたつの例から考えてみよう。

2002年の春、クレッグ・ダン（Craig Dunn）は、悪いニュースの嵐に直面していた。嵐の中の嵐とも言うべき激しい嵐だった。AMP[3]は財務上の健全性の象徴としてオーストラリアでは高名を得ていた。しかし、過去2年間、会社は重い病に瀕していた。英国での買収案件は失敗を重ね、もはやネタ切れとなっていた。大幅なダウンサイジングは道半ばで頓挫していた。株価は急降下し、差し迫った敵対的テイクオーバーを受けるとのうわさが渦巻いていた。多くの人がAMPはもう終わりだと考えていたのだ。

当時、ダンは、ターンアラウンドを実現するためにAMPの財務サービス部門担当の上席役員に指名されたばかりだったが、この嵐の真っ只中にメルボルンで代理店会議に出席しなければならなかった。彼はその会議を次のように回想している。

「まさに最悪の会議です。我々にはあらゆる侮蔑が投げつけられました。出席者の誰もが激怒しており、大きな失望の念を顕わにしました。彼らは、パートナーとして提携してきたわが社へのすべての信頼を失ったのですから、無理ありません。しかも、それには十分な理由があるのです。この会議は、我々が、この数年の間、経営の意思決定で多くの失敗を重ねてきた結果を目の当たりにしたということに他ならないのです。」

ダンは、この種のチャレンジに立ち向かうためのキャリアをほとんど経験していなかった。AMPに入

---

[3] AMP Limited オーストラリア、ニュージーランドを中心に展開する金融機関。引退後の資産管理や生命保険業務を中心とする。1849年にオーストラリア保険相互会社（Australian Mutual Provident Society）として組織され、1989年に改組、公開株式会社化された。本文に紹介されるクレッグ・ダン氏は、2010年末現在でCEOを務めている。

る前は、ヨーロッパとインドネシアでＫＰＭＧのアナリストとして働いていた。その後、マレーシアに本社を置く保険会社のＣＥＯとなっていた。しかし、それらは安定した経営環境の下での経験であった。部下に仕事を命ずる時には、理由を説明しておけば、大抵の部下は言われたことを言われたとおりにこなしてくれた。今は、人々は大声で叫び、金切り声を上げ、彼を責めたてた。皆が怒り狂っているのだ。そのような状況で、理由を挙げて説明するやり方でうまくいくはずはなかった。

そこで、彼はメルボルンでの会議に自ら出向き、代理店の代表者たちに面と向かって直接に話をすることにしたのである。彼は、ＡＭＰが深刻な状況に置かれていることを率直に認めることから始め、

「状況は厳しく、困難です。しかし、それが、現在、わが社が置かれている現実なのです」

と、口火を切った。

それから、彼は、ＡＭＰの保険のひとつを購入したアデレードのある家族の話をした。

この顧客は、まだ本当に若く、30歳代の前半なのです。ふたりのお子さんをお持ちでしたが、不幸にして彼は多発性硬化症にかかってしまったのです。病状は進行し、車椅子の生活となりました。我々とは所得保障契約を交わしていたのですが、我々は法的に負わなければならない以上のことを彼のために行ったのです。お客様係のマネジャーはアデレードに出張し、我々が彼の家族のために改装した家を実際に視察しました。そして、車椅子での移動がより容易になるように、さらにバスルームを新しくし、キッチン・ベンチの高さを低くすることに同意しました。

私はこの話を出席していた代理店の代表者たちにしました。そして、この顧客の家族が我々の担当者に語ったことを話しました。私は、我々がそもそも何をする会社だったかということを誰もに思い

起こしてほしかったのです。我々が人々の生活にどれだけ重要な価値を創出してきたかを思い起こして欲しかったのです。過去数年間、わが社がそのことを忘れていたのは事実だったでしょうが、アデレードの顧客とその家族に我々が行ったことは、他でも行っているし、今でも毎日行っていることなのです。私は、こうしたことを行い続けていくことが我々の会社が戦っていく価値であることを皆に示したかったのです。

その後、ダンは、AMPが生き残るための行動計画の説明に入った。3年後、AMPが危機を乗り越えただけでなく、利益が出るようになった時、彼は次のように語った。

「私に分かったことは、コミュニケーションとは論理的というより感情的であるということでした。我々は代理店の人々が我々の会社に対して抱く感情に頼らねばならなかった訳ですし、彼らの貯金箱にたまった会社に対する思いを会社の前進のために役立ててもらわねばならなかったのですから。」[xiv]。

ビル・ゲイツ（Bill Gates）は、1995年5月26日に出した〈津波メモ〉で、経営者としての名声をさらに高めた。その中で、彼は、マイクロソフトの戦略を変更し、生まれたばかりのワールド・ワイド・ウェブを、当時支配的だったデスクトップ・アプリケーションへの追加としてではなく、同社の様々なコンピューターソフトを統合する中核に位置づけるという決定を全社に伝えたのだ。以降、マイクロソフトはこの課題にまさに全社を挙げて対応し、競争相手であるネットスケープ（Netscape）を弱体化させ、世界のブラウザのマーケットの90％以上を勝ちえたのである。

ゲイツは、著書『思考スピードの経営』で、メモを出したのはそのプロセスの最初というより終わりであったことを明らかにしている[xv]。メモに先立って、変革へ自ら強い関心を持つ自発的な様々なリーダーシップ活動が行われていたのだ[xvi]。

１９９０年代の初頭、マイクロソフトは、インターネットの重要性についてあまり深くは考えていなかった。むろん、全く無視していたという訳ではない。１９９１年にはその専門家である22歳のJ・アラード（J. Allard）をインターオペラビリティの確立に向けた技術開発を行うために雇用し、１９９３年の半ばには基本的なウェブ・サポートをウィンドウズNTに組み込んでいる。アラードは、この登場したばかりの新たな技術に約束された将来性を見て取っていたのだ。彼は、マイクロソフト全員にウェブをすべてのソフトウェアの中核とする必要があることを納得させようと様々な努力を始めた。まず、マイクロソフトのオフィスの玄関ホールにある折りたたみ式テーブルに3台のパソコンを置き、顔を合わす誰でも、すなわちプロダクト・マネジャーから副社長に至るまで、引っ張って来てウェブを見せ、その潜在性に注目するよう仕向けたのである。これは、単に印象に残るデモンストレーションというだけではなかった。アラードは合理的な理解にも訴えた。パソコンを設置した10週間に社員たちがMS-DOSアップグレードをこのインターネット・サイトからダウンロードした件数は、コンプサーブ（CompuServe）[4]からダウンロードした2倍にも上ったのだ。このことは、何かの大きな変化が生じつつあることを証明する大きなきっかけともなったのである。

年が明けて１９９４年、ゲイツの技術アシスタントであるスティーブン・シノフスキー（Steven Sinofsky）はリクルート活動のためコーネル大学に出張し、吹雪のためそのまま数日間とどまらねばならなかった。その際、彼は大学でいかにコンピューターが使われているかを調べ、前年からの大きな相違に驚かざるをえなかった。学生のEメール使用は、ほとんど全員に行き渡っていた。コーネル大学の教員は、オンラインで学生と連絡をとっていた。図書館のカタログ、スケジュール、成績評価、授業等の支払い口座、奨学金等に関するデータ、そして大学コミュニティの様々な人々の名簿などの情報は、ウェブで入手可能となっていた。

アラードとシノフシキーは、ことあるごとにメモを書き、インターネットがいかに重要となり始めているかをEメールした。彼らのEメールは会社中の多くの人々の間を飛び回り始めた。

1994年の時点ではウェブ・ユーザーが利用できる通信帯はかなり限定されていたので、ゲイツは依然としてインターネットは数年先にあると考えていた。マイクロソフト社の戦略は、様々のネットワークの頂点に就くネットワークを構築することにあった。

それでも、マイクロソフト社におけるインターネット優先順位は、最下位からトップに向けて着実に上がっていった。シノフスキーとアラードからのEメールが多くの人々に閲覧され、マイクロソフト社のネット・ソフト「ザ・ウェブ」が同社にとってどんな意味があり、そのプログラムは何によって影響され、必要とする能力は何か、さらに、どんな新しい製品として展開するか等々についての電子会話の旋風が生じた。時にはアイデアは素早くまとまり、時には議論が白熱した。混沌状態を通じて多くの新しいアイデア

4 インターネットを通じた電子メールや様々なコミュニケーションサービスがまだ確立していなかった80年代に、独自のネットワークを提供するパソコン通信として登場、世界中に多くの参加者を得た。インターネットの登場とともに弱体化し、AOLに買収され、インターネット・オンラインサービス部門を除いて、2009年6月末、サービス停止に追い込まれた。

が生まれてきた。

「玄関ホールとEメール、これが起こったことのすべてだ」[xvii]とゲイツは言っている。ゲイツ自身も様々な部署とのEメールによる議論に関与した。こうしてマイクロソフト社のインターネット開発計画は事実上同社のネットワークの中で作成されることとなり、その結果、社内のすべての人がそれを直接に目の当たりにすることができた。アラードとシノフスキーの努力により、1994年の4月には、ゲイツは「インターネットについて考える1週間」を設定し、インターネットについての検討に振り向けたのである。1995年の初めには、すべての開発チームがインターネット綱領を明らかにし、開発に着手した。インターネット機能を追加するもの、インターネット機能との統合プログラムに加えて、さらには、具体的な製品の生産も実際に始まった。

ゲイツが1995年5月にインターネットに関する津波メモを発送したことは、トップマネジメントとして路線変更を宣言した点で、極めて重要なことであった。しかし、そのメモはプロセスの始まりというより終わりに近いものであった。それは既に多くのところで起きている変革を公式に承認するというシグナル以上のものではなかった。これに先立って行われた活発な会話なしには、メモはほとんど意味を持たなかったであろう。

第4節　リーダーシップのことば：3つのステップ

以上の例から何が言えるだろうか。まず、リーダーシップのことばに関する3つの鍵となるステップについて、いま少し詳しく見てみよう。次に、リーダーシップを可能にする条件、すなわち、リーダーシップのことばの効果を最大化する6つのイネーブラーついて考えていきたい。

ステップ1：聞き手の関心を喚起すること

リーダーが聞き手の関心を引くことができないのなら、コミュニケーションをとろうとすること自体がそもそも意味のないものとなる。誰も耳を貸さないなら、話し手は単なるくたびれ儲けだ。今日の聞き手は、多くの場合、心の中でEメールのことを考えたり、次の会議の準備をしたり、あるいは、昨夜のパーティでの出来事を思い出してニヤニヤしたり、ランチの計画を立てたりと、そもそも他人の話を注意深く聞くということが少なくなってきているようだ。誰が話をしているかさえ漠然としか知らない場合もあろう。時には、議論している主題についてすら、ほとんど意識していないかもしれない。コミュニケーションの最初のステップは、その最初の一瞬に聞き手の関心を引き付けることが課題なのである。

では、どのようにすれば、聞き手の関心を引くことができるのだろうか。数年前、トム・ダベンポート（Tom Davenport）とジョン・ベック（John Beck）は、60人の経営管理者を対象に、一週間以上に亘って、彼らの関心を引き付けるものは何かについて調査を行なった。その結果は次のとおりだ。「諸要因を関心を引く強さの順に挙げると、まず、受け手の個人的な状況と何らかの関わりを持つメッセージ、感情を刺激するもの、出所に信用が置けるもの、あるいは尊敬する人からのメッセージであること、そして、簡潔であること、であった。感情を刺激するとともに個人的な状況に関わるメッセージは、そうでないメッセージに比べて2倍も強く関心を喚起していた。」[xviii]

一方で、社会科学者によれば、現状肯定的なメッセージよりもネガティブなメッセージの方が関心を引くとされている。以上のことから聞き手の関心を引くには、次のような方法が効果的であると言えよう。

●聞き手自身の問題に引き寄せて語ること（「かくかくの問題が重大なものとなっている……」）
●聞き手の問題の今後について語ること（「これこれの問題が今良くない方向に向かっている……」）
●話題となっている問題に関連して、話し手自身がいかに対処したか、自らの経験を語ること――特にはじめて接する聞き手には有効である。
●聞き手にとって興味ある分野で通常予想もつかないような疑問や困難について語ること

アル・ゴア氏の映画『不都合な真実』は、世界的な温暖化にもかかわらず、ライフスタイルを根本的に変える必要性に理解を示さない聞き手の注意を引くために、これらすべての方法を使っている。彼は、誰もが家庭で交わす会話のように、自らがタバコ農場を経営する家系の出身であること、姉を肺ガンによって亡くしたことを実家のタバコ農場に流れる小川のほとりで語っている。こうしたアプローチは、聞き手との間に感情的な絆を生み出し、特に、ゴア氏自身がそうであったように、聞き手に誤った印象を持たれている時には、有効となる。

アラードは、出会う人々すべてを引き留め、話し込んだ。そして、実際に体を掴んで玄関の脇に置いたパソコンのところまで連れて行き、ウェブを動かしてみせて人々の関心を引いた。コーネル大学で生じた変化に関するシノフスキーのEメールは、全く新しい何かが起こっていることを人々に気づかせた。マイクロソフトが既に起こっている波を見過ごしていたならどうなったであろうか。クレッグ・ダンは、問題を発生させたのは、これまでのマネジメントそれ自体であることを認めることによって、聞き手の関心を引くことができた。

ステップ2：聞き手の関心を自発的に変え、新たな未来への熱い想いを引き出すこと

2000年のアル・ゴア氏は、聞き手の関心を引き付けるということと、聞き手自らが自発的な強い関心を持つように仕向けるということの相違に気がついておらず、悲惨な結果に陥った。そもそも人々の関心を引きつけるものが、人々の心の中で行動につながる熱い想いを生み出すかというと必ずしもそうではない。関心を引くことは、一般的に、ネガティブな内容によって効果的に行われる。しかし、人々がこれまでとは違った新しいことを始めようと動機づけられるのは、ポジティブな内容によるからである。ネガティブなストーリー、質問、あるいはチャレンジによって、我々は目を覚まされる。それらは、爬虫類脳を活性化し、戦うか、逃げるかを選択させる。我々は確かにそれらによって考えるという行為を始める。しかし、それらはまた心配や不安、警戒心を生み出す。従って、決して我々自身の中に変革への自発性を引き起こすことはないのである。

同様に、変革の理由づけのために一連の分析を用いる伝統的な方法でも、行動への熱い想いは生み出せない。その理由のひとつは、時間がかかりすぎることだ。話し手が伝統的な方法を使って結論に至ろうとする間に、聞き手の多くは感情的な理由により既に心を決めているものだ。今ひとつの理由は、伝統的な方法は働きかける聞き手の体の部位を誤っていることだ。熱い想いを持ってもらうには、リーダーは「頭」だけではなく「心」にもアピールしなければならない。聞き手が変革を望んでいるとしても、その効果的な達成のためには、リーダーは聞き手との間に心情的な絆をつくり、新たな未来への熱い想いを引き出さねばならないのだ。心情的な絆がなければ、何も起こらない。鍵となるのは、いかにしてそうした熱い想いを引き出すか、なのである。しかし、聞き手が熱い想いを持つかどうかは、マルコム・グラッドウェル

がいみじくも指摘したように、ほとんど瞬きをする一瞬に決定されてしまうのだ[xix]。

我々の課題は、聞き手にリーダーの意志を課すことではない。それは、どのような場合でも、できることではない。また、リーダーがあらかじめ描いておいた結論に聞き手を導くことでもない。我々の課題は、聞き手が今まで見過ごしていた可能性に気づかせることなのである。言い換えると、それは、聞き手の中に、聞き手自身が自らの世界や他の人々への関わり方を新たな視点で真摯に捉え直す能力を作り出すことを意味している。それは、どんな理由であれ、現状に行き詰まりを感じている人々に対し、現在を支配するストーリーから抜け出す新たな方向を示してみせるということなのだ。

ストーリーテリングが重要だというアイデアは、特に新しいことではない。過去の偉大なリーダーたちは変革を起こす時には常にストーリーを用いている。しかし、変革への熱い想いを刺激しようとする時、リーダーにとって効果的であるストーリーは、必ずしも我々がストーリーとして思い浮かべるものとは同じではない。演劇の大作のように壮大で華麗、すべての情景が眼に浮かび、音響がいまにも響き渡り、そして香りまでが感じ取れるといったいかにもうまくできたストーリーが最も効果的かといえば、そうとも言えない。ハンドマイクを持って語られるストーリーが、必ずしも変革への熱い想いを生み出す訳ではない。

事実、ストーリーの中には、影響力が極めて大きなものであっても、極めて短く、全く仰々しさのないものも存在する。むしろ、短く仰々しさがないことが魔法の力を持つ要因とも言える。この点は、どんな形式のストーリーが変革への熱い想いを引き出すには適しているかに関する問題である。一般的に言って、それには、実際に過去に起こった変革あるいは類似した変革についてのポジティブなストーリーであり、簡潔かつ必要最小限にまとめられたものだ。

こうしたストーリーは、一見したところ、全く広がりがないように思えるが、驚くほどの力を持っている。その力とは、聞き手の心の中に新しいストーリーを喚起することだ。聞き手がリーダーとの心情的な絆を作り出し、自らの行動を導き出すのは、こうした自らが生み出す新しいストーリーにおいてなのである。自らが生み出すストーリーにおいてこそ、聞き手は新しい未来像を想像し始めるのだ。以上から、次のように言うことができる。

・映画『不都合な事実』において、アル・ゴア氏は、人類がこれまでにもグローバル・レベルでの大問題に適切に対処したことを示すいくつかのストーリーを使用した。これらは、聞き手の心の中に次のような新しいストーリーを閃めかすことになった――「もし以前からこのように問題に取り組んできているのなら、きっと地球温暖化の問題も解決可能だ！」

・クレッグ・ダンは、彼らの会社が実際のオーストラリア人の生活の中で果たす役割についてのストーリーを語った。それは、次のような新しいストーリーを聞き手の精神の中に作り出した――「これは守る価値のある会社だ！」

・コーネル大学で起こっていることに関するシノフスキーのストーリーは、ウェブ上で始まっている大きな変化を指摘したものであった。このことにより、ビル・ゲイツを含むマイクロソフト社の管理者は新しい次のようなストーリーをイメージすることができた――「そうしたことがコーネル大学で生じているならば、世界中すべてで同じことが生じるはずだ！」

状況を改めようという熱い想いが溢れる自発性を一瞬にして持たせることが、コミュニケーションにとっての重要課題である。そもそもそうした想いを持たせようとしないのであれば、リーダーシップ・コミュニケーションは無意味なものだ。しかし、この点は、大志を持つリーダーのコミュニケーションにおいても、あまりにもしばしば忘れ去られてしまっている。それは、リーダーシップの最も扱いにくい側面でもある。何故なら、それは人々に通常では考えられないことを望むように導くものだからだ。我々が獲得した洞察を確認しておこう。それは、聞き手の考えを変えたいと思うならば、聞き手が新しいストーリーという枠組みで自らの新しい考えとして見出さねばならないということである。

従って、それは、まさに「単なる」ひとつのお話ではないのだ。ストーリーを語ることが生み出すものは、我々がそれによって生きていく新たなナラティブなのである。言い換えると、そうしたストーリーは、我々が自らを理解するとともに、生きていることの意味づけを行うものであって、従って、説得力を持ち、我々を実践に向かわせることができるのである。新たなナラティブは、人々と組織が持つストーリーとリーダーによって唱えられる新たなストーリーの両方から構築される。それは、現在、人々が生きているストーリーとは違って、新たな行動に駆り立てるものとして聞き手の心の中に生まれるのである。新たなストーリーを創造するのは、聞き手自身である。自らの物語であるので、人々は喜んで受け容れる。リーダーが言うことは、単なる足場にすぎず、聞き手の内部に創造的なプロセスを働かせる触媒にすぎないのだ[xx]。

優秀な人々を導くとは？

最近のハーバード・ビジネス・レビューに掲載された「優秀な人々を導くとは？」と題された論文で、ロッブ・ゴフィー（Rob Goffee）とガレス・ジョーンズ（Gareth Jones）が、「もし優秀な人々がひとつの明確な特徴を持つとしたら、それは指揮命令されたくないということである」と書いた時、彼らはリーダーシップのコンセプトを損なってしまった。ゴフィーとジョーンズは、優秀な人々は「伝統的な上司」よりもむしろ「善意の保護者」を必要としていると語っている。優秀な人々は気むずかしいので、管理者は逆転の心理学を使い、本当に望んでいることとは反対のことを示唆しなければならないという訳だ[xxi]。

これらは、あまり助けになる指針とは言えない。リーダーが優秀な人々をリードすることができないとすると、それは、単に、彼らがいかにして優れたリーダーになるかを知らないということを意味しているにすぎない。優秀な人々が反感を持つのはリードされたくないということではなくて、リードが間違っているという点である。彼らは職場で見識のない人や意味のない目的のために働く人々によって、管理されたり、命令されたり、統制されたり、あるいは操作されたりすることに反感を覚えるのである。さらに、彼らは「伝統的な上司」よりも「善意の保護者」に特段に敬意を払うこともない。逆転の心理学が働くのは、優秀な人々が誤った意思決定に遭遇した時なのである。そうした状況では、むしろ管理者の言うこととは反対のことにしっかりと注意を向けることが合理的と言えよう。

「善意の保護」は、優秀な人々には、伝統的な命令と統制によるマネジメントに劣らず不十分とはいえ、次善の策ではある。優秀な人々も、すべての人々と同様に、優れたリーダー、すなわち、やりがいのある目的の達成のため持続する情熱を吹き込んでくれる人を望んでいるのである。

ステップ3：理由を示し自発性をさらに強固なものとすること

心情的な絆も、それだけでは決して十分とは言えない。当然ながら、理由づけもまた重要だ。変革への熱い想いは、何故変革が必要で実現していかねばならないかが、強固な理由づけによって常に支えられ強化されていないと、弱体化していく。しかし、こうした理由づけを行うには、プレゼンテーションのどの段階でどういうふうに行うかが重要だ。

我々は、通常、これまでにない新しいアイデアに遭遇すると、確証バイアスに陥り、既存の見方を守ろうとする。このことは、他方では、いったん変革を求めようと決意した時は、自らの決定が正しいと確認できる根拠を積極的に探し求めることとなる。

従って、もし心情的な絆が築かれる前に理由づけが与えられると、それらは雑音として聞こえてしまう。いっそう悪いことに、聞き手が懐疑的で、意地悪く、あるいは敵対的であるならば、理由づけは180度方向を変えて、反対するための根拠となってしまう。対照的に、変革のアイデアによって心情的な絆が築かれた後に理由づけが与えられると、理由は変革のアイデアを強化することになる。というのは、この時点では、聞き手は自らが既に下した決定を支える理由づけを積極的に探し求めるようになっているからである。

こうして、コミュニケーションを通じて行動を導くための重要な鍵のひとつは、理由を提示するのは聞き手が受け容れる準備ができてからであるということになる。このような理由の提示の仕方は、西欧の知的伝統からすると通常とは大きく異なった位置にある。理由は、最初もしくは中間にではなく、最後にくるべきものなのである。

そして、聞き手と共鳴する理由を提示する最も効果的な方法が、ストーリーテリングという方法である。最も効果的なストーリーは、通常、以下のことを含んでいる。

・何を、どう、変革するのか、についての物語。多くの場合、変革によって影響を受ける象徴的な登場人物の眼を通して見られる。

・変革を、いかにして、実行するのかについての物語。いかにして「ここ」から「あそこ」に移るかのステップを簡潔に示す。

・変革すれば、何故、物事がうまくいくかについての物語。潜在的な因果関係のメカニズムを示し、変革が事実上不可避であることを示す。

物語は、理由のための理由、事実や数字を用いた議論の力などに頼るのではなく、理由に感情の力を付け加えるのだ。それらは、「頭」と同様に「心」に訴え、適切な位置に理由をセメントで埋め込むように、決して忘れられないものとするのである。これらの3つのステップ――まず、聞き手の関心を引くこと、次いで、関心を自発性に変えること、最後に、理由を示し自発性をさらに強固なものとすること――は、いかなる状況のリーダーシップにおいても変わることはない。この3つのステップの中では、2番目のステップ、すなわち、変革への熱い想いを呼び起こすことが最も重要である。こうした想いがなければ、誰も変革へのエネルギーや情熱を持つことはない。言うまでもなく、そもそも誰も変革への想いを持たないのであれば、聞き手の関心を引いても意味はないし、強化、定着を図るべき理由もない。変革への熱い想いがあってこそ、変革のプロセスは進展するのである。したがって、変革のリーダーがひとつのことしか為しえないとすると、変革への想いを呼び起こす手段を講じなければならないのだ。

この3つのステップは、テンプレートとして様々な場合に柔軟に活用でき、分かりやすくプレゼンテーションを行ってリーダーシップを発揮する良い方法となる。例えば、聞き手の反感が高い状況では、そうでない場合に比べより多くの時間を聞き手の関心を引くことに割くことが必要となる。反対に、〈エレベーター・スピーチ〉[5]のような場合は、最も重要な真ん中のステップ――変革への自発性を呼び起こすストー

表 1-1　効果的な行為へつながっていくプレゼンテーションの方法

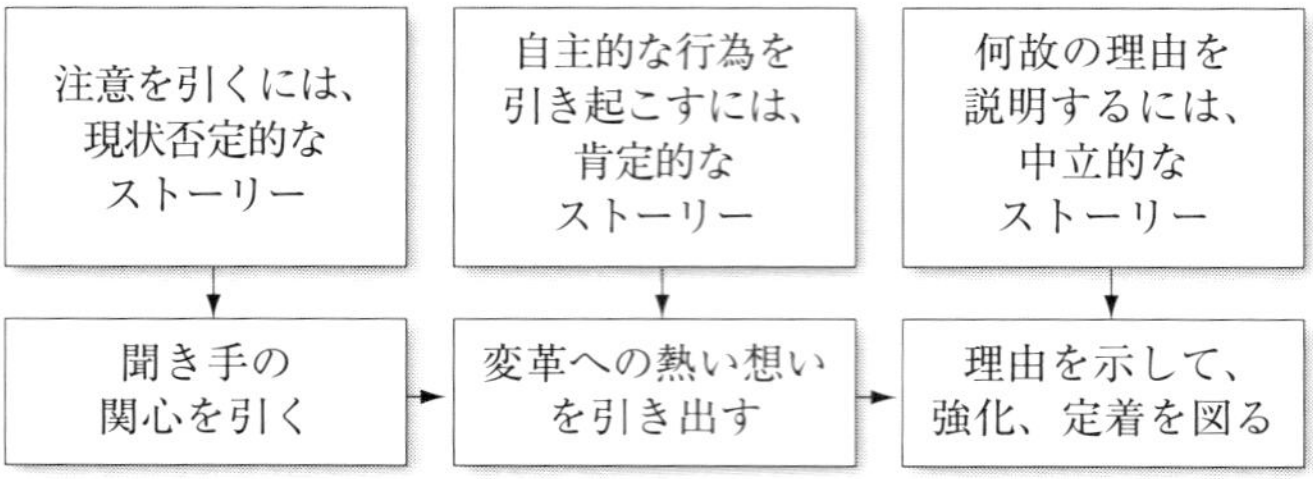
注意を引くには、現状否定的なストーリー
自主的な行為を引き起こすには、肯定的なストーリー
何故の理由を説明するには、中立的なストーリー
聞き手の関心を引く
変革への熱い想いを引き出す
理由を示して、強化、定着を図る

リーを語るステップ——のみに時間を費やしてもよいであろう。十二分に時間がある時には、話し手は変革を必要とする理由を幾つも提示することもできる。３つのステップは、聞き手の状況や時間の幅に合わせて、適宜、一部を拡大、あるいは、縮小したり、省略することができる。

こうした話し方ができるようになると、リーダーは、これまでの多くの管理者、教師、両親あるいは政治家といった権威の塊のような人たちとは、全くかけ離れて聞こえてこよう。もちろんそうした人々の中にも変革への自発性を呼び起こしてくれる人がいることも事実だが、その多くは、トップダウン型、家父長型、権威主義型、抑圧型等と呼ばれるコミュニケーションの手法、すなわち、過去2千年以上に亘って権威ある地位に就いた人々が用いてきた「私がその立場にあるのだ——だから、何が正しいかを知っているのは、私なのだ」という方式に頼っている。それらは、多くの場合、無意味で薄っぺらで温かさを欠き、尊大で非人間的と言えるものだ[xxii]。

本来のリーダーシップのことばは、それらとは対照的で、新鮮で、人を引き付け、活気を与えるとともに、チャレンジの意欲を誘うものだ。それでいて、仲間同士で話をしている時のように楽しく、人は活き活きとし、何よりも面白く、笑い声とエネルギーを生み出す。笑い声といっても、他の人に対する嘲笑ではなく、他の人と一緒になった明るい笑い声であることは言うまでもない。それは、可能性を発見したことから生じる爽快さなのだ。リーダーが示すものは、人々がもう行き詰まって出口がないと思っていたところで、実は、思いもよらぬ突破口があるぞ、ということなのだ。突然に眼の前が啓かれた人々が明るく笑い出すのは、当然なのである[xxiii]。

言い換えると、リーダーシップのことばは、新たな展望と地平線を広く切り拓いていく会話であって、そこに我々は引き込まれていくのだ。

重要な点は、こうした会話は、ひとたび始めると、継続しなければならないということだ。リーダーシップは、リーダーがプレゼンテーションを1回行って、聞き手が言われたことに大慌てで取り組むというのとは違うのだ。リーダーシップは常に開かれた対話であり、この対話を通じてはじめて聞き手の聞こうとする意志が確固たる決意に結びつくのである。

第5節　リーダーシップのことばが備えるべきイネーブラー

リーダーシップのことばが最大の効果を発揮するには、適切な条件が整っていなければならない。こうしたリーダーシップの発揮につながる条件をイネーブラーと呼ぼう。適切なイネーブラーを備えておかないと、リーダーが用いることば——実際にリーダーが口にするリーダーシップのことば——は、いかに流

5　例えば、たまたまエレベーターの中で出会ったＶＩＰに直接アポイントを取り付けるといった短時間で相手に要点を伝え理解を得るための話法。

暢であっても、うわべだけのものとなる。

第1のイネーブラー：明確な目標を提示し、新しい未来への熱い想いを引き出すこと

人間が熱い想いを持って明確な目標を追い求めている時には、内側から染み出してくる何かがある。それは、はっきりと捉えられるのだが、ことばで説明したり定義することはできない。それは、例えば、瞳の輝き、足取りの軽さ、声の張り、そして、外部の人であれ、誰であれ積極的に交流しようとする意志、イノベーションへの寛大さなどに表われる。これらは、いずれもがアイデアを追い求める熱い想いを反映している。そこには、興奮、期待、変化の予感、目的や方向性があり、今まさにどこかへ向かおうとしているという感覚がある。これらの特性を示さないものは、全く別のものだ。仕事は単なる仕事であり、愉しみではなく、苦痛にすぎないものとなる。

稀に自らの仕事に熱い想いを持ち続ける人はいる。しかし、大多数の人々にとって、仕事に対する溢れるような活気を維持することは、その仕事自体が目的として追求されるものでない限り、困難なことだ。仕事は、決して、単なるお金や地位、名声、権勢、あるいは、勝利といった手段的もしくは外的な利益を追求するものであってはいけない。根源的な問題は、自らが引き受け実践していく仕事の固有の価値をどう捉えるかという点なのである。

それ自体を目的として追求していく活動の一部として、手段的利益も位置づけられるかもしれない。しかし、手段的利益が仕事の主要な目的となってしまうと、もっと悪い場合には、仕事の唯一の目的となってしまうと、仕事自体の価値が失われることとなる。仕事の価値が失われると、エネルギーは失なわれ、熱い想いはしぼんでいく。

かくして、成功したリーダーシップには、次のような目標設定があったことを指摘できよう。例えば、2006年のアル・ゴアの目標は、CO_2の排出レベルを下げるという手段的な目標ではなく、地球を守るという道徳の上に設定されていたし、クレッグ・ダンの目標は、AMPの利益率を改善するという手段的目標だけではなく、コミュニティのために意義ある仕事を行う会社を守るという点に設定されていた。さらには、マイクロソフト社のJ・アラードとスティーブン・シノフスキーの目標は、より利益の上がるソフトウエアをつくるという手段的目標ではなく、ワールド・ワイド・ウェブですべてのソフトウェアを統合しようとする本質的に価値のある点に設定されていたのだ。

勝利すること自体を変革のリーダーシップの目標として設定できるだろうか？

変革のリーダーシップが発揮されるのは、様々な活動の中でも、その活動自体の追及を第一の目的とする活動であってはじめて可能となる。お金や地位、名誉、あるいは、勝利者とされるステイタスなどは、単なる手段的利益にすぎない。どこかの時点で手段的利益が活動の第1の目的になってしまうと、それは、もはや持続する熱い想いによるコミットメントの主題となる可能性はほとんどなくなり、雲散してしまう。違った見方としては、ジャックとスージー・ウェルチ（Jack and Suzy Welch）がその著書『勝利すること』で提示する次のようなものがある。

私は勝利は偉大なものだと考える。それは、単に「良い」にとどまるのではなく、「偉大な」なのだ。何故なら、企業が勝利した時にのみ、人々は栄え、発展が可能となるからだ。いたるところであらゆる人々に対しより多くの仕事が生まれ、選択の機会が拡大するのは、勝利があればこそである。人々は明るい将来に対しより積極的な期待を持つ。子供を大学に通わせる資源も得られるし、よりよい医療を受け、別荘を購入し、豊かな老後を確保することもできる。企業が勝利することは人々が社会へ貢献する機会を増やすということであり、ある意味では多くの税金を払う以上にはるかに重要なことだ（中略）勝利は関係するすべての人に利益をもたらす――勝利はまさに夢の世界をつくってくれるのだ。反対に、企業が損失を出す時、あらゆる人が急所を打たれたようになる。人々はおびえる。収入面での保証は減少し、他の人のために何かをするための時間や資金も限定される。不安に包まれ、家族にも辛い思いを持たせかねない。仕事を失えば、税金もほとんど払うことができなくなってしまう[xxiv]。

私はお金やステイタス、名声、名誉な賞、あるいは勝利といった手段的な目標の達成に集中することは、持続する熱い想いによるコミットメントの対象とはならないと考えるが、その理由をいくつか挙げておこう。

ひとつは実際的な理由だ。手段的なものを主たる目標としていては、人間の本質として、多くの人々にとって一定期間以上に亘って純粋に熱い想いを持続していくことは困難なことだ。何かを行う時、すべてが別の何かのために行われ、それ自体が目標となるものが何もない時、そもそも目標というものは存在しなくなってしまう。目標が存在しないと、生きることに意味はなくなる。意味が存在しなくなると、エネルギーは薄れ、熱い想いも存在しなくなる。

勝利するというような手段的な目標は、本来、「勝利者」という他の人々から一目置かれる称号を得ようとするものだ。自らが価値があると信ずることを行うのではなく、他の人々からの評価を引き出すために自らの生活を費やそうとしていると、行き着くところは他者のまなざしの牢獄である。自らの考えがないなら、人が熱意を持つことはほとんどない。

加えて、「勝利が関係するすべての人に利益をもたらす」というのは、決して真実ではない。勝者のあるところ、当然、また敗者がいるのであり、しかも、一般的には敗者の方が勝者よりもはるかに多いのである。勝利は、勝つか、負けるかという両側面の一方にすぎず、このことは、対象となるお金、ステイタス、名声、あるいは、「勝利者」という称号などの自らの外に位置する目標物が〈勝ち―負け〉のダイナミックスに支配された限りある資源である以上、必然なのである。従って、Aが勝てば、Bは負ける。もしCが有名になれば、他のすべての人々はCほどには有名になることはできない。もしDが社長になれば、他の人は誰も同時期に社長になることはできない。手段的な目標の世界では、両者がともに勝つという〈勝ち―勝ち（ウィン―ウィン）〉の結果は稀であり、おそらくは存在しえない。お金を得たとしても、お金を持つという絶対的な基準に照らしては、決して十分ということにはなりえない。つまり、そこでは常に他の人より多くのお金を得ようと競争されるだけなのである。こうしたゼロサム・ゲームでは、本来の活動の価値は、しばしば他の者に勝利するという目標に置き換えられ、ついには勝利するために必要なことなら何をやってもよいという考え方に従属させられてしまう。そうなってしまうと、人々はラット・レースに取り込まれることとなる。つまり、本来熱い想いを持たせてくれるはずの仕事は喪失感をもたらすものに、面白くワクワクするものから退屈なものへ、活気に溢れたものから重荷になってしまうのだ。対照的に、仕事自体が目標として追求されているとき、多くの場合、誰かが行うイノベーションは共有され、すべての人々に利益があるものとなる。ある個人が一歩先んずることは、すべての人々に役に立つことなのだ。ここでのダイナミックスは、本来、ウィン-ウィンなのである。

最後に、勝利することにフォーカスすることが第1であるという主張には、その結果は巡り巡って「社会に貢献する」価値を持つことになるのだという考え方が暗に含まれているのかもしれないが、こうした含意は支持するには十分な根拠はない。「勝利者」の成立にともない、社会に貢献できない多くの「敗者」の誕生が避けがたいということを脇に追いやっておくとしても、現実には、第1の目標としての勝利は、麻薬となるのである。勝利することには、決して満足するということはなく、人々はさらに勝利を求め、追い続けていく。従って、勝利することを第1に自分の人生のすべてを捧げる人は、通常、それ自体に価値のあることを行おうとは決してしないのである。彼らが自分自身を見出すのは死の床であり、自分の命がどこに行ってしまったのか、をいぶかしむのである[xxv]。

変革のリーダーシップは、人々に自らの命を後回しすることをやめさせ、今本当に意味のあることを行わせようとするものであり、その意味あることを一緒に実践しようと仲間になるように招くものなのである。

第2のイネーブラー：リーダー自らのストーリーを語り、目標にコミットすること

マネジャーを指名するのは、自分ではない。しかし、リーダーを指名するのは自分自身だ。リーダーになると決断することとは、我々自身が自ら下さねばならない選択である。代わりになって決断してくれる人など誰もいない。リーダーになると選択することは、自らがそれ自体において価値のある活動を追求し、そして他の人々にも同様に行動するように働きかけようとする自らの立脚点を選択することである。従って、それは世界に対応する姿勢を選ぶという内的な意思決定なのである。我々は、本当にリーダーシップの挑戦を受ける準備はできているのだろうか。目標のために心も身体も、そして魂までも捧げる用意はできているのだろうか。

この点が、2000年のアル・ゴア氏と2006年のアル・ゴア氏の重大な相違なのだ。2000年のゴアは、まだこの橋を渡っていなかった。2006年には、彼は自らがすべてを賭けて取り組もうとする

目標について語った。その結果として、彼は全く違って見えたのである。彼は、もはや、仮面を被って、聞き手へのアピールをねらったペルソナを演じているのではない。彼は、アル・ゴア氏個人として、本当に信じていることを有権者に語っていたのである。

リーダーは、自らを変革に捧げると決意した時、リーダーとなるのだ。リーダーは、リーダーという立場を選び取るのである。ルビコン川を渡る者をリーダーと言うのだ。変革の必要性を十分に理解し、変革によって失われるものをも承知した上で、リーダーは変革を起こそうと身を委ねるのである。彼は、変革の価値を確信し、何が起ころうとも、変革を達成することを決意する。こうした内的なコミットメントがリーダーの使うことばに命を吹き込み、リーダーが提起する新たな生き方の物語の中心となるのだ。

第3のイネーブラー：聞き手のストーリーを理解すること

ストーリーは、一方で、聞き手を十分に理解するために多くの示唆を与えてくれる。自分が言いたいことについては、我々は多くの時間を費やして考えるが、それに劣らず重要なことは、聞き手が今を生きているストーリーを理解することである。これまで述べてきたようなスタイルで話しかけても、聞き手のストーリーを理解できていないならば、人々と共鳴する新しいメッセージをつくることは難しい。

聞き手の心の中を理解しようとする努力は、往々にして過小評価される。しかし、アブラハム・リンカーン（Abraham Lincoln）が、かつて「誰かを説得しようとする時、準備の時間の3分の1は、私自身について考え、また、何をどのように話すかについて考えるのに使うが、残りの3分の2は、説得する相手について考え、その人が何を言うかについて考える」[xxvi]と述べたことを想起してほしい。

こうした配慮が必要なのは、リーダーたるものは、心理学者の言う原因帰属の基本的錯誤傾向に打ち勝たなければならないからだ。これは、他人の行動はその人の性癖やパーソナリティに起因すると考えるのに対し、自分の行動の原因は自分の置かれた状況にあると考えがちだという人間の性質を言う。例えば、多くの人間は、「私が今日多くの仕事を片づけられなかったのは昨日の夜が遅かったせいだが、あなたが今日多くの仕事を片づけられなかったのは生来の怠け癖によるものだ」と考えてしまうということだ。事実、我々は、根拠もなく他者の行動を社会的なそして環境からの力の結果というより、「その人の人柄」を反映したものとみなす傾向にある[xxvii]。

こうした原因帰属の基本的錯誤傾向を克服するのは、決して容易なことではない。リーダーは、様々な聞き手たちが持つ固有の長所、短所のみならず、ある種の扱いがたい個性まで含めて、彼らの世界を理解しなければならない。我々はよくある特定の人々を邪魔者と考えたり、敵であるとか、抵抗者や不平分子などと思い込むことがあるが、リーダーはそういうことがあってはいけないのだ。同様に、能力の劣る者、頑固で無責任な連中、悪意ある輩などと思ってもいけない。リーダーはそういう人たちの置かれた状況をも深く理解しないといけないのであり、彼らも、たとえ不完全であったとしても、独自の意味の世界を持つ人々であると考えなければならないのである。それを行う一番良い方法が、聞き手のストーリーを理解することなのだ。

そのためには、リーダーは、まず、自身が置かれた状況から考えるのではなく、聞き手が置かれた状況から考えことができなければならない。最初は、何故フォロワーたちが、リーダーと同じように、変革のアイデアを積極的に捉えることができないのかを理解することだ。フォロワーは、いったいどのようなストーリーを作り上げて、自らを追い詰めているのだろうか。リーダーと同じ未来を見ることができないのは、自分の周りにストーリーで壁を築き上げているからではないか。心の中にどのような制約があって、これまでとは異なる新しいものを想像することを妨げているのだろうか。迷信でビジョンが歪められているのではないだろうか。フォロワーが抱く多くの夢の中で満たされていないものはどれだろうか。こうした聞き手のストーリーの様々な側面を理解することができたなら、聞き手と共鳴する新しい物語を作ることは比較的易しいこととなろう。

しかし、聞き手の世界を知っているのは、聞き手自身に他ならない。では、リーダーが聞き手の世界を理解し、共鳴できるという根拠はどこにあるのだろうか。人間のパーソナリティのありようを包括的に説明する理論にまだ十分な一致はないが、多くの心理学者は主観的な意味の世界を構築する方法がストーリーであるという見方に傾きつつある。ストーリーは、人間が意識や意図を持って行動する以上、どのように欲望や信念をイナクトし、目標を時間をかけて社会的なコンテキストの中で追求するか、を理解するのに最適であるということとなる[xxviii]。

リーダーは、聞き手のストーリーを理解することによって、その主観的な意味の世界に入り込み、そこで変革の道を探るとともに、新たな世界のありようを理解し、その論理や力、秩序、人を動かさずにはおかない美しさの感触を得るのである。

第4のイネーブラー：ナラティブ・インテリジェンスを養うこと

リーダーは、ストーリー以外にも様々なレトリックの道具を用いることができる。例えば、後の章で触れるが、質問、メタファー、イメージ、提案、挑戦、会話、議論、データなどを挙げることができる。しかし、これらのコミュニケーションの道具の中でも、行動を引き起こすという点では、ストーリーが最も効果的だ。

特に、変革のコミュニケーションにおいては、ストーリーテリングが卓越した力を発揮する。このことは、特段に驚くべきことではない。人間は、ストーリーにおいて考え、ストーリーにおいて夢を見るものだからだ。希望や恐れはストーリーの中にあり、人間のイマジネーションはストーリーからなる。人間はストーリーによって計画を立て、ストーリーによってうわさ話をし、愛し、そして憎むものである。人間の感情は、本質的にナラティブなのだ[xxix]。哲学者のアラスディル・マッキンタイアー（Alisdair MacIntyre）が、「『私は何をすべきか』という問いに答えることができるのは、これに先だって『自分はどのようなストーリーの一部となっているか』という問いに答えることができた場合に限られる」[xxx]と明言しているように、人間の意思決定は、ナラティブに依存している。ストーリーテリングは、極めて自我の概念と密接に関係しているのだ[xxxi]。

ストーリーテリングはリーダーシップのコミュニケーションにとって重要であるという考え方が本来驚くべきものではないとはいえ、実際のところは驚きを禁じえない。それは、そうした考え方が、一見したところでは、多くのビジネス・エグゼクティブたちの常識と大きく異なるからだ。学校で教わってきたものと全く異なるし、いろいろな場所で習ってきたやり方でもない。フォーマルな組織における会議の規範とも合致しない。分析的であることは良いことで、逸話的なことは間違ったことだというのが、これまでの我々の呪文なのだ。すなわち、あるひとつの特殊なストーリーをすべての人々について一般化することはとても論理的とは言えないとされてきたのである。従って、我々は、多くの抽象的知識を使い、弾丸のように的の中心を射抜こうとパワーポイントによるプレゼンテーションを行うのである。それは、中世の医者が余分な血を取り除くために血管を切開するのによく似ている。我々は、我々の行いや話すことのすべてが、状況をさらに悪くすることに気がついていないのだ。

ナラティブの理解を深めることが変革のリーダーシップにとって重要であるという考え方は、多くの人々にとって信じられず、ある意味で受け容れがたいかもしれない。しかし、ナラティブには、さらに驚くべき側面が伴っているのだ。

人間というものがストーリーにおいて考え、ストーリーを通じて意思決定を行うとすると、このことが含意することは、行動を引き出すことを目指すすべての形式のコミュニケーション――ストーリーだけではなく、質問、メタファー、イメージ、提案、挑戦、会話等々――は、聞き手の心の中に新たなストーリーを生み出す程度に応じて有効であるということである。聞き手の心の中に新たなストーリーが生まれたならば、その時、コミュニケーションは成功したこととなり、もし生まれなかったならば、コミュニケーションは失敗したこととなる。これらの様々なコミュニケーションの道具も、ストーリーと同様の働きをする程度に応じて、有効となるのだ。言い換えると、ストーリーは、行動を引き起こすことを目指して行われる様々なコミュニケーションの統合的な概念として、その成否、有効性を示すものとなる。

こうして、ナラティブ・インテリジェンス――世界について「ストーリーを用いて考える」能力――がリーダーシップの中心を占めることとなるxxxii。では、世界についてストーリーを用いて考える能力とは、いったいどういうものなのだろうか。ひとつには、言うまでもなく、ストーリーという形式で世界を捉える能力であり、ストーリーを構成する様々な要素や次元を承知するとともに、多様なストーリーのパターンを知り、どのパターンがどのような状況でどんな効果を持つかを知る能力である。次に、原因帰属の基本的錯誤傾向を克服し、聞き手のストーリーを適切に理解する能力を意味している。さらに、いかに聞き手が新しいストーリーに反応するかを予測し、特定のコミュニケーション・ツールによって聞き手の心にどのような新たなストーリーが生まれるかを決定するダイナミックな要因を知る能力である。

こうしたストーリーを用いて考える能力――ナラティブ・インテリジェンス――という能力を想定するのは、人間にとっては目標が何にもまして重要であり、ストーリーこそが目標のカプセルとなって目標を広げていくものであるという認識を反映したものに他ならない。世界をナラティブという側面から捉えることは、極めて重要なのだ。

従って、コミュニケーションで用いる様々なことばのパターンは、極めて重要だ。

読者諸氏が用いておられることばは、実践から抽象された冷たくて、何かに偏ることもなく距離を置き、客観的で、それでいて、緩慢で、人間を目標から隔てさせるものになっていないだろうか。それとも、聞き手と絆を築くことによって、人間存在の持つ豊穣さや具体的な肌合い感を持ち、人間の目的を近しく感じさせるものとなっているだろうか。

ことばのパターンの続き具合も重要だ。ある順序では興奮を生み出すのに対し、反対の順序では敵意を生み出す。

こうしたことばのパターンが聞き手の心の中に導き出すストーリーが重要なのだ。言うまでもなく、聞き手の示す様々な反応、理解できたのか、できなかったのか、同意したのか、しなかったのか、それをどういう表情や仕草で表現したのか、笑ったのか、不機嫌だったのか、といったことも重要だ。リーダーにとっては、聞き手の反応が勇気づけられるものであろうがなかろうが、リーダーがその反応に対しどういう行動をとるかが重要となる。ストーリー間の相互作用も重要だ。そうした相互作用はほんの一瞬のうちに起こるものだ。ひとつのことば、ひとつのフレーズ、それらの続き具合、あるいは、適切な時に発せられるか、場違いか、によって大きな相違が生じる。その結果は、いかなる形であれ、瞬時に決定される。こうした様々なストーリーが瞬時に相互作用し、次々と変化する世界で行動し、他者の行動に素早く反応する能力……これらが、ナラティブ・インテリジェンスの核となるものなのである。従って、ナラティブ・インテリジェンスを開発することは、リーダーシップのことばを最大限に発揮する鍵となるのだ。

第5のイネーブラー：真実を語ること

スパイ行為といったある種の人間の活動では、嘘が求められる。そこでは、策謀こそが神髄である。そうではないところでは、嘘は眉をひそめる行為であるが、広く行われている。政治家やセールスマンは日常的に当選するために、あるいは、売り上げを伸ばすために真実を隠している。

変革のリーダーの立場は、異なる。もし変革への持続する熱い想いを呼び起こしたいと考えるのならば、真実を話さなくてはならない。嘘をつくこととリーダーシップは水と油なのだ。それらは決して混ざりあうことはない。嘘が生む不信は、相互の信頼を破壊し、ことばへの疑惑を生み出してしまう。

もちろん、偽りのない失敗はありうる。失敗が分かった時、リーダーは、あたかも意図的に秘匿していたかのように結果が露呈するのを待つよりも、人々にありのままを話し、その失敗がどうして起こったかを説明することの方が重要だ。

リーダーが真実を語る時、重要なことは、事実に即して正確に話すかどうかという問題ではない。リーダーの語る内容は、事実か、そうでないかだけが問われるものではない。重要なことは、その話の内容に関連するすべてのことを含んで、その上で全体が納得できる正当性があるかどうかなのだ。特にリーダーの語るストーリーにインパクトがある時には、聞き手は、そのストーリーがすべての点に亘って正しいかどうかを検討してみるだろう。彼らは、たとえすべての点で事実に即して正確であると分かっても、「おおよそは、そういうことだったのかもしれないが……」と述べるにすぎないのだ。

簡単な例を挙げよう。次のあまりにも著名な出来事は、事実に即した正確性という点では、永遠に変わらぬ真実だ。しかし、正当性のある真実とは言えない。

タイタニック号は処女航海を終えて、幸せな700人の旅行者がニューヨークに着いた[xxxiii]。

誰もこの事実について争うことはないであろう。しかし、言うまでもなく、このストーリーは、タイタニック号が沈没し、1500人の旅行者が水死したことを、ほんの些細な出来事であるかのように省いてしまっている。こうした場合、隠しているということが露呈すると、たとえ既に周知のことであったとしても、その語り手に対する否定的な反発は極めて大きい。

この点が、アル・ゴア氏が、大統領選挙のテレビ討論で窮地に立たされた問題なのだ。彼は、立って授業を受けなければならなかった15歳の女子高生、ケアリー・エリスについてのストーリーを語った。ゴア氏の話したことは、事実としては正確であった。しかし、彼女が立ったまま授業を受けなければならなかったというのは、始業の日に限っての例外であり、しかも特別の設備を設置する準備のためであって、ゴアが示唆したように、設備の不足により立ったまま授業を受けるということが恒常化している訳ではなかった。このことが明らかになると、ゴア氏の大統領候補者としての資質に対する批判は、大きくなり、不可避なものとなっていったのである。

関連する事実を略してストーリーを語ることは、大変な間違いであるにもかかわらず、皮肉なことに、企業での多くのコミュニケーションは明らかにこのパターンとなっている。次の角を曲がれば……とか、水面下での準備が進み……といった具合にバラ色の絵が描かれる時には、多くは、何らかの略された否定的な要素が隠されている。何かが隠されている時には隠されていることが知られたその瞬間から、そして誰も知っていることを隠した時にはストーリーを語ったその瞬間から、そのストーリーや語り手に対するすさまじい反発が生まれるのだ。

第6のイネーブラー：リーダーシップの存在をはっきりと印象づけること。そのためにボディ・ランゲージを活用すること

シーザー・ミラン（Cesar Millan）は、犬のしつけをするのではない。犬にはリハビリを施すのだ。彼がしつけをするのは、飼い主である。彼が飼い主に教えるのがリーダーシップなのである。彼は、飼い主に対し、声に頼らずに身振りで指示を行う方法を教えるのだ。

ミランのもとへ連れてこられるのは、飼い主たちの手に負えなくなった犬である。血統やサイズはまちまちだが、いずれも主人たちを恐怖のどん底に、しかも、多くはかなりの長期間に亘って落とし込んだ猛者たちだ。連れてこられる犬は、温かさと愛情に溢れた仕草と、激しく吠え、噛みつき、時には、噛み砕き、飛び跳ね、引っ張り回し暴れ回るといった制御できない陰の部分を併せ持つ典型的な犬であることが多い。中には、ドッグトレーナーがあきらめて、さじを投げたものもいる。こうした犬は、飼い主家族を威嚇し、彼らの生活を悪夢に変える。多くの場合、家族はあきらめ、犬を捨ててしまおうとも考えている。彼らにとってはシーザー・ミランが最後のよりどころなのである。

例を用いて述べていこう。奇しくも、大きさで対照的なものだが、あるたくましい警察官と飼犬の小さなチワワの場合である。この警察官は大都会の荒れた街で犯罪者の取り締まりに当たる恐れ知らずの大男

だ。ところが、彼は、気に入らないことがあると些細なことでも噛みつく小さな犬には、からっきし駄目なのだ。怯えていると言ってもいい。犬が逃げたと分かった時、それは、まるで、警察官がチワワを飼っているというより、チワワが警察官を飼っているようだった。

一般に、こうした犬は、飼い主に対するよりも、知らない人に対していっそう攻撃的で扱いにくい。しかし、シーザー・ミランが部屋に入ると、概して犬たちは吠えるのをやめ、歯をむき出しにしてうなることも、人を引っ張り回したり、飛び跳ね暴れることもやめる。そして、犬は不思議な行動をとる。お座りをするのだ。ミランを穏やかなそして静かな眼で見つめ、彼が次に何をするのかが分かるまで待っている。犬は、ミランを眼にした瞬間に、これまで長い間威嚇してきたようないいなりになる相手ではないと認識するのだ。犬たちは、ミランにはちょっかいを出せないことを理解するのである。眼の前にいる人間は本気なんだということが直ちに分かるのだ。そして、この人間が100%信頼できることも嗅ぎ取るのである。犬たちは、リーダーシップのボディ・ランゲージを理解し、今ここにリーダーがいることをたちまちに悟るのである。

ミランの外見に犬の調教に有利な特別の何かがあるという訳ではない。彼は中背でがっしりとしているが、特に身体的に優れている訳ではない。メキシコ生まれで、物腰は柔らか、振る舞いは快活だ。彼の人への対応や犬への接し方を見ていると、彼の行動には穏やかながらも毅然としたところがあり、その毅然さは、表面的な真似事ではなく、内面から来ていることが明らかである。自らの制し方、身振り、視線の配り具合、そして、話し方にもそれは明らかだ。

しかし、さらに驚くべきことは、シーザー・ミランが体現しているリーダーシップの毅然さが、短時間にそして簡単に、普通の飼い主にもマスターできるという点なのだ。そうしたボディ・ランゲージを習得することは、実は、それほど難しいことではない。つまり、肩をまっすぐに保ち、身体を開いて構え、地に根を張るように立って、アイコンタクトをしっかりと行うことである。これが、聞き手に存在感を示すことになる。

おそらく最も驚くべきことは、普通の飼い主がこれらの行動を身につけるやいなや、たちまち犬からリーダーとして扱われるということである。このことは、家族についても同様で、直ちに飼い主としての地位を復権することができる。こうして、飼い主が飼い犬のために、飼い犬は飼い主のために、という関係が出来上がるのである。

ミランが飼い主に教えるリーダーシップのボディ・ランゲージは、リーダーが他の人々と効果的なコミュニケーションを図ろうとする時に、習得しなければならないボディ・ランゲージと同種のものである。リーダーシップの毅然さがなければ、口頭によることばの効果は、小さいものとなってしまう。

この点が、最初の大統領候補者のテレビ討論におけるアル・ゴア氏と2006年のアル・ゴア氏との違いのひとつなのである。すなわち、2000年の攻撃的な厚かましさと見られたものが、不都合な真実という主張を展開する毅然さに変わったのである。2000年のアル・ゴア氏が退屈を絵に描いたような人間であったのに対して、2006年の彼は人気の沸騰するロックスターとなったのだ。ボディ・ランゲージのわずかな相違が巨大なインパクトを持つのである。

第6節　リーダーシップのことばを習得すること

これまで我々は長期間に亘って、リーダーシップや変革は少数の例外的に優れた人物によって担われるものだと考えてきた。しかし、本書では、全く異なった考え方を提示している。すなわち、変革やリーダーシップには、実は、優れた人物など必要ないのだ。変革やリーダーシップは、ある特別の振る舞い方や話し方を知っていれば、普通の人々でも十分に担えるものなのだ。ひとたびそうした振る舞い方や話し方を理解し、骨身を惜しまず習得に努力すれば、誰でも変革を担うことができるはずなのである。

我々は、リーダーシップとは、天賦の才能、そして神秘的で遺伝的に受け継がれるカリスマ性であると考え、あまりに長すぎる期間を過ごしてしまった。しかし、今、リーダーシップのことばを解読し、イネーブラーを理解すれば、変革のリーダーシップはもはや神秘的なものではなくなる。リーダーシップのことばの隠れたパターンを明らかにすることができれば、リーダーシップは誰にでも発揮できるものとなるのだ。

しかし、リーダーシップのことばの主たる要素は比較的簡単で容易に理解できるが、それを実践するのは全く別である。本質的な要素は一瞬に理解されても、習得するには生涯を要するかもしれない。

階層を通じた命令と統制によるマネジメントのスタイルに慣れ親しんだ人々にとっては、リーダーシップのことばを習得するには、深淵を渡らねばならないであろう。リーダーシップのことばは、パーティ・トリックではないし、表面的なテクニックでもない――むしろ、これまでにない新たな考え方なのであり、決して単なる話し方の技術、行動の些細な作法などではないのだ。習得のためには、我々自身の価値観を理解しなければならないし、実践を通じて考えることができなければならない。加えて、然るべき謙虚さを備え、他の人々と腹蔵なく公平に接し、物事の本質を突いた話しができなければならない。こうしたことは、世界についての新しい見方を身につけることであり、リーダーであるということの意味について深みのある理解を持つということなのである。

リーダーシップのことばについての中心的な3つのステップ——聞き手の関心を引くこと、関心を新たな未来への自主性に変えること、理由を示して聞き手の自主性をさらに強固なものとすること——は、リーダーシップ・コミュニケーションを分かりやすく提示して見せる方法となる。それらは、それぞれの場に応じて、適切なリーダーシップのあり方を展開できる柔軟な仕組みを提供してくれる。本書の第Ⅲ部では、それらがいかに作用するかについて詳細に議論している。リーダーシップをうまく発揮するためのプレゼンテーションの方法の核心に直ちに迫りたいのであれば、先をとばしてそこから始めることもできる。付2には、本書で議論している様々なコミュニケーション・ツールの準備を容易に行うために、チェックすべき課題とテンプレートを提示した。

しかし、リーダーシップのことばを最大限に活用しようとすれば、イネーブラーを順次理解していくことがよいと思う。第Ⅱ部は、それらの問題を扱っている。我々の目標は明瞭に分かりやすく示されているか。それは変革への熱い想いを呼び起こす力を持っているか。我々自身が心身ともにコミットしているか。説得しようと思っている相手を十分に理解しているか。十分なナラティブ・インテリジェンスを身につけたか。コミュニケーションに際し、十分に正当性あるものとなっているか。形だけのリーダーシップになってないか。こうしたイネーブラーが満たされていないなら、そのリーダーシップのことばは何らかのインパクトを持つとしても、決して最善のものとはならないであろう。逆に、十分に満たされたならば、リーダーシップのことばは、着実に、真に永続性のある変革を引き起こしていくこととなろう。

[i] M. Gladwell, *The Tipping Point: How Little Things Can Make a Big Difference,* New York: Little, Brown, 2000, p. 258.（高橋啓訳『ティッピング・ポイント――いかにして「小さな変化」が「大きな変化」を生み出すか』飛鳥新社、『急に売れ始めるにはワケがある』ソフトバンク文庫）

[ii] R. Quinn, *Deep Change: Discovering the Leader Within,* San Francisco: Jossey-Bass, 1996.

[iii] J. C. Maxwell, *The 21 Indispensable Qualities of a Leader: Becoming the Person Others Will Want to Follow,* Nashville, Tenn.: Nelson Business, 1999.

[iv] M. Buckingham, *Now, Discover Your Strengths,* New York: Free Press, 2001.

[v] D. Goleman, A. McKee, and R. E. Boyatzis, *Primal Leadership: Realizing the Power of Emotional Intelligence,* Boston, Harvard Business School Press, 2002.

[vi] B. J. Avolio, "Authentic Leadership Development: Getting to the Root of Positive Forms of Leadership," *Leadership Quarterly*, 2005, 16, pp. 315-338.

[vii] R. Byrne, *The Secret,* Hillsboro, Ore. : Beyond Words, 2006.

[viii] C. Lord, L. Ross, and M. R. Lepper, "Biased Assimilation and Attitude Polarization: The Effect of Prior Theories on Subsequently Considered Evidence," *Journal of Personality and Social Psychology*, 1979, 37, pp. 2098-2109.

[ix] F. Bacon, *Novum Organum,* XLVI.

[x] D. Westen, P. S. Blagov, K. Barenski, D. Kilts, and S. Hamann, "Neural Bases of Motivated Reasoning: An fMRI Study of Emotional Constraints on Partisan Political Judgement in the 2004 U. S. Presidential Election," *Journal of Cognitive Neuroscience*, 2006, 18（11）, pp. 1947-1958.

[xi] この観察で脳が最も活性化した部位は、感情に関する情報処理に関連する眼窩前頭皮質、心理的葛藤の相克に関連する前帯状皮質、道徳的な妥当性に関連する判断を行い、そして、いったん結論を出すと、その判断を下すことで快感を得る後帯状皮質、報酬と快楽に関わる腹側線条体である。*Scientific American*, 2006, July 参照。

[xii] Schermer, "The Political Brain."

[xiii] Gladwell, *The Tipping Point*, pp. 216-252.

[xiv] Interview with Craig Dunn, December 2005.

[xv] B. Gates, *Business @ the Speed of Thought: Using a Digital Nervous System,* New York: Warner Books, 1999.

[xvi] この部分の記述は、*Business @ the Speed of Thought* pp. 160-174 による。

[xvii] Gates, *Business @ the Speed of Thought,* p. 169.

[xviii] T. Davenport and J. Beck, “Getting the Attention You Need,” *Harvard Business Review*, September-October 2000, pp. 118-126.

[xix] M. Gladwell, *Blink: The Power of Thinking Without Thinking,* New York: Little, Brown, 2005. ゲアリー・クライン（Gary Klein）は、こうした分野の古典となった著書 *Sources of Power* で、人々が困難な選択を行わねばならない時に実際にはいかに対処しているかについて、どのように明らかにしたかを語っている。この研究は、本来、複雑に入り組んだ問題に対処する際に、錯綜する様々な理由づけを整理するために合理性を活用する方法を向上させることを目的に始められたものであった。しかし、人々は、多くの場合、困難な選択にあたって葛藤することもなく、また、合理的過程を経て決定を下していく訳でもなかった。専門家は、複雑な状況をひとめ見て、即座に決定を下すことができた。選択肢を検討することもないように見えた。時間をかけて考えることもなかった。彼らには直ちにとるべき正しい方法が「分かる」ようであった。クラインは次のように述べている。「彼らの経験が、最初に検討すべき対応策として、十分に合理的な方策を思いつかせるのだ。彼らは決して強情に特定のやり方にこだわっているのではない。彼らは正しい対応策を知る技術を持っているのだ」*Sources of Power*, Cambridge, Mass. : MIT Press, 1999, p. 17.

[xx] 新たなストーリーを生み出すプロセスはナラティブ・セラピーの実践に類似している。K. Gergen and M. Gergen, “Narrative in Action,” *Narrative Inquiry*, 2006, 1, pp. 112-121 参照。

[xxi] R. Goffee and G. Jones, “Leading Clever People,” *Harvard Business Review*, March 2007.

[xxii] R. Levine, C. Locke, D. Searles, and D. Weinberger, *The Cluetrain Manifesto: The End of Business as Usual*, Cambridge, Mass. : Persus Books, 2000, p. xxvi.

[xxiii] J. P. Carse, *Finite and Infinite Games*, New York ; Random House, 1987, p. 31.

[xxiv] J. Welch and S. Welch, *Winning,* New York: HarperCollins, 2005. しかし、本当に勝利することがすべてであろうか。次のことばを参照。「ロンバルディ・コーチのことばとしてよく引用されるものに『勝つことはすべてなどではない。

勝つこと以外には何もないのだ』というものがある（実際の彼のことばは『勝つことはすべてではない。勝ちたいと思うことがすべてなのだ』であった）。ロンバルディ・コーチの指揮するグリーン・ベイ・パッカーズは、ハードな練習、自律、チームへの献身をモットーに5回のNFLチャンピオンに輝き、スーパーボウルも2回にわたって制した。今や多くのアメリカ人が勝利し第1位になることだけが唯一の受け入れ可能な地位だと考え始めている。我々の社会は勝つことに憑かれているのだ。我々がこうした姿勢の存在に気がついたのは、スポーツの世界においてだったが、すぐにビジネスの世界に、続いて法曹の世界でも、そして社会の隅々で見られるようになった。」（M. F. Wright Jr., "Is Winning Really The Only Thing?" *North Carolina Court System, State Bar Journal,* Fall 2001. Available online: www.nccourts.org/Courts/CRS/Councils/Professionalism/Winning.asp：２００５年1月アクセス）

[xxv] チクセンミハイは、その著書『フロー体験：喜びの心理学』（New York, HarperCollins, 1990, p.65: 今村浩明訳、世界思想社、1996、p.83）において、ある行為がそれ自体を目的として行われた時、すなわち、人が「相互作用——他者とであれ、舟とであれ、山や音楽とであれ——にすべての心理的エネルギーを注ぎ込む時、個人の自己は実際に今まで以上に大きな行為システムの一部になる。このシステムは、その活動のルールによって形作られ、そのエネルギーはその人の注意から生じる。しかし、それは現実のシステム——主観的には家族や共同体、チームの一員であると同じくらい現実的なシステム——であり、その一部である自己はその境界を拡張し、これまで以上に複雑になる」と述べている。原理主義者の相互関係や大衆運動、政治結社なども当人たちにとっては、自己の境界を超越する歓迎すべき機会となる。しかし、これらの場合は、こうした熱烈な敬神家というのは実は信念の体系と相互作用しているのではなく、単に自らの心理的エネルギーをその信念の体系に吸収させているだけなのである。チクセンミハイが言うように、「この従属からは新しいものは何も生じない。意識は喜ばしい秩序に至るのであるが、それは達成されたものというよりも、むしろ課せられた秩序である」。

[xxvi] Available at http://www.wisdomquotes.com/cat_reason.html.（２００７年5月15日アクセス）

[xxvii] F. Heider, *The Psychology of Interpersonal Relations,* New York: Wiley, 1958. また、以下も参照のこと。L. Ross, "The Intuitive Psychologist and His Shortcomings: Distortions in the Attribution Process," in L. Berkowitz (ed.), *Advances in Experimental Social Psychology,* Vol. 10, Orlando, Fla. : Academic Press, 1977, pp. 173-240 ; E. E. Jones and R. E. Nisbett, "The Actor and the Observer: Divergent Perceptions of the Causes of Behavior," in E. E. Jones,

D. E. Kanouse, H. H. Kelley, R. E. Nisbett, A. Valins, and B. Weiner (eds.), *Attribution: Perceiving the Causes of Behavior,* Morristown, N. J.: General Learning Press, 1972, pp. 79-94; E. E. Jones and V. A. Harris, "The Attribution of Attitude," *Journal of Experimental Social Psychology*, 1967, 3, pp. 1-24.

xxviii D. McAdams and J. L. Pals, "A New Big Five: Fundamental Principles for an Integrative Science of Personality," *American Psychologist*, 2006, 61, pp. 204-217.

xxix P. Goldie, *The Emotions: A Philosophical Explanation,* New York: Oxford University Press, 2000.

xxx A. MacIntyre, *After Virtue,* Notre Dame, Ind.: University of Notre Dame Press, 1981, p. 216.

xxxi D. P. McAdams, "The Psychology of Life Stories," *Review of General Psychology*, 2001, 5 (2), pp. 100-122.

xxxii 私の知る限りでは、ナラティブ・インテリジェンス（Narrative Intelligence）ということばは、90年代にＭＩＴ人工知能に関する諸問題の解決を目指す学際研究グループで最初に用いられている（M. Davis and M. Travers, "A Brief Overview of the Narrative Intelligence Reading Group," 1999. Available online: www.cs.cmu.edu/afs/cs/user/michaelm/www/nidocs/DavisTravers.pdf：２００７年４月14日アクセス）。しかし、ここでは違った意味で用いている。キャロル・ピアソン（Carol Pearson）は、*The Hero Within: Awakening the Hero within*, San Francisco: HarperSanFrancisco, 1991 の中で、原型ストーリーの性質、および、それらが自己、他者、社会システムに何を生み出すかについて理解するためにナラティブ・インテリジェンスを発達させる必要があると主張している。ナラティブ・インテリジェンスは、中でも、意図された結果を実現し、予期せぬ副作用を招かないように、リーダーシップのストーリーテリングに重要である。このプロセスを支援するため、彼女は、ヒュー・マー（Hugh Marr）とともに自己査定によるピアソン＝マー元型指標、また、組織文化についてチーム組織文化指標を作成している。

xxxiii Levine, Locke, Searles, and Weinberger, *The Cluetrain Manifesto*, p. 89.

第Ⅱ部

リーダーのためのストーリーテリング：6つのイネーブラー

第2章　明確な目標を提示し、新たな未来への熱い想いを引き出すこと

自分自身、素晴らしいと認めている目的のために使われる存在であること、スクラップの山に放り出される前に完全に使い果たされる存在であること、世界は自分を幸せにしてくれなかったと病気や苦痛の文句ばかり言っている自己中心の輩ではなく、世の役に立てる存在であること、これこそが、人生の真の喜びである。

——ジョージ・バーナード・ショー（George Bernard Shaw）i

１９８３年、ジョン・スカリー（John Scully）がアップルコンピューターのＣＥＯに就任した。アップルの創業者であるスティーブ・ジョブズ（Steve Jobs）のあまりに卓越した能力、そして彼の世間知らずがゆえに生じてしまったカオスに対処するため、ペプシコーラのスターマネジャーであったスカリーをアップルに招聘したのだった。そして、スカリーがアップルに入社した後の１９８５年、ジョブズはアップルから追い出されることとなる。ジョブズの退社後、スカリーは製品とサービスの合理化とアップルの安定化を早急に推し進めていった。そのような中、１９９０年代初頭には、アップルに新しい可能性が現れた。スカリーはアップルをデル・コンピューターのような安価なコンピューターメーカーか、パームのような手のひらサイズのポータブルコンピューターを作る会社にしたいと考えた。また、マイクロソフト

のようにオペレーティングシステム（ＯＳ）を法人へ販売することによって非常に大きな潜在的な収益源を獲得できるとも考えていた。何故なら、もしアップルがこれらの可能性をうまく活用できれば、財務的にとても輝かしい未来が見えると考えたからである[ii]。

スカリーはこれらの戦略の転換を実行するために様々な経営施策を試みた。旧来型のコンピューター企業から重役たちを雇用し、法人に対する攻勢を強化するため、これまで力を入れてきた一般消費者への販売部門を縮小した。アップルはどこにでもある企業へと変化し始めた。彼は、自らが思い描いた変革への協力を促進するため組織構造やシステム、さらには業務のプロセスに様々の修正や改善を加えた[iii]。

だが、これらの努力は無駄だった。アップルのメンバーたちは、まだ自分たちは、「クリエイティブで、クールで、イノベイティブな電子製品を開発する」というジョブズが打ち立てた――そして、自分たちがやりがいがあると感じている――目標の下で働いていると考えていたのだ。アップルが他のコンピューターメーカーのようになることなど、全く望んではいなかったのである。彼らはスカリーの目標に納得できず、その結果、スカリーは１９９３年にアップルから追い出されることとなった。

スカリーのマネジャーとしての力量では、リーダーシップの根本的な挑戦――すなわち、自らのスタッフに新たな目標の達成に向けて熱い想いがほとばしる自主性を引き出すこと――を受けて立つには、十分ではなかった。メンバーたちにとっては、アップルの元々の目的の方がよほど心を揺さぶるものであり魅惑的だったのだ。そのため、彼らはこれまでどおりの目的を遂行し続けた。スカリーによって展開された管理ツールとしてのコミュニケーションは、メンバーの心に存在していた以前の目的を取り除くことはできなかったのである。

その後、スカリーの後継者たちは同じ運命をたどることとなる。アップルの取締役会は、スカリーの後継のＣＥＯとして、まず、当時非常に業績の良かったアップル・ヨーロッパ社長のマイケル・スピンドラー（Michael Spindler）を指名した。3年後、彼はアップルの売却に失敗し、解雇された。次に、取締役会は、ナショナル・セミコンダクターを再建させたギル・アメリオ（Gil Amelio）をＣＥＯに任命した。彼は収入を向上させ、品質を改善させ、そしてコストを大幅に削減した。しかし、従業員の中には、彼を渡り者と見る者が少なくなかった[iv]。実際、彼はわずか18カ月で退職した。そして、アップルのトップには、以前に追い払われたアップルの創業者であるスティーブ・ジョブズが、暫定的ではあったが、ＣＥＯに復帰することとなった。戻ってきたジョブズは企業の目的を変えようとはしなかった。その代わり彼は、iMacやiPodのような「クリエイティブでクールで、イノベイティブな電子製品」の開発に力を入れた。しばらくの後、ジョブズの「暫定」という肩書きは取り除かれ、そしてアップルは再びコンピューターと音楽の業界で輝きを取り戻すこととなった。

第1節　価値ある目標を明確に提示すること

変革のリーダーシップには、メンバーたちに目標に対する熱い想いを自ら持ち続けてもらうことが不可欠である。何故アップルのメンバーは、スティーブ・ジョブズの「クリエイティブで、クールで、イノベイティブな電子製品」には熱中し、一方でジョン・スカリーの経営目標に対してはそうではなかったのだろうか。熱い想いを抱く背景には何が存在しているのだろうか。

そもそも熱中・情熱（enthusiasm）ということばは、ギリシャ語の「en theos」、すなわち、〈内在する神〉が語源となっている[v]。すなわち、語源に従うと、変革のリーダーシップが「熱い想いを呼び起こす」

とは、「フォロワーたちの内部に神を呼び起こす」ということになる。〈内在する神〉とは、溢れんばかりのエネルギーの源として、人々を活気づけさせ、気持ちを高ぶらせ、そして興奮させるものなのだ。それは、休むことを知らず、ダイナミックで、決して抑制が効くものではない。また、心の充足や満足、安らぎ等とも異なり、飛躍し、沸き立ち、溢れ出す想いなのである。伝染力もある。さらに、アイデアをどんどんと発展させ、触媒となって、他の人々の行動を喚起するのである[vi]。

　こうした熱い想いは、壊れやすく色あせやすいものでもある。しかし、一方で、長期間に亘り持続するものも存在する。そこで次に、この事例について説明していくことにしよう。

　ふたりの子供がピアノの練習をしているとしよう。一方の子供はピアノが好きで、その音にドキドキワクワクしている。彼女は楽しくてしょうがないのでいつも練習している。ピアノが彼女の生活を意味あるものにしているのだ。また、彼女は友達の気持ちを奮い立たせるような演奏をする。彼女は、努力の甲斐があり表彰を受けることができ、先生からも賞賛された。だが、そのようなことは彼女にとってそれほど重要なことではなかった。彼女にとっては、ピアノを演奏することによって得られる楽しさこそが重要だったのだ。一方で、もうひとりの子供もまたピアノを練習していた。しかしその練習は、両親からピアノをやるようにと命令された結果であった。彼女は従順にも指示された曲を練習し続けた。彼女は音楽に対する天賦の才があったので、非常にうまく演奏することができた。しかし彼女はピアノの演奏に何ら楽しさを覚えることがなかった。彼女はピアノの練習を単調で孤独なものと感じていた。

　このふたりの子供の例は、同じ行動ではあるが、その姿勢には大きな違いがあることを示している。一人は熱心にかつ熱い想いを持って取り組み、彼女のその姿勢は他者を活気づけたりもする。しかし、もうひとりの子供はピアノを面白くなくウンザリするものとして捉えている。

次に、様々な組織で行われた知識共有について考えてみよう。これはナレッジ・マネジメントとして知られるアプローチである[vii]。1990年代半ばに、このムーブメントが始まって以来、企業の担当者たちの中にも、熱い想いを持ってこの目標の達成に努力を重ねてきた者が少なくない。彼らは、知識を必要とする人が必要とする時にその最良の知識をその人に提供しようと一生懸命であった。彼らは、誠実さとオープンさの美徳を実践してみせたのだった。それぞれがこの実践を通じ成長を実感しただけでなく、様々の組織の壁を越えてナレッジ・マネジメントの専門家の大きなコミュニティに貢献したのだ。ナレッジ・マネジメントを実行することにより企業は業務上の利益を拡大させただろうが、ナレッジ・マネジメントが単に利益の向上を目指すという点は、そこで働く人々にとっては、知識を共有すること自体に内在する価値に比べて決して大きなものとはならない。もし仮に企業がナレッジ・マネジメントに協力しなくなったならば、彼らはそこを離れ、彼らの目標を追い求めることが可能な他の場所に移ることとなろう。

さて、ここで、上述したような人たちと、利益を上げることのみを求めてナレッジ・マネジメントに取り組む人を比べてみることにしよう。利益を上げることを目的とする人にとっては、ナレッジ・マネジメントは単に数ある経営手段のひとつにしかすぎず、あくまでも利益向上のために企業のキャパシティを向上させる限りにおいて使われるものだ。彼らは、利益の向上が続く限りは、ナレッジ・マネジメントを追い求めるだろうが、リターンが見込めなくなったら、さらに利益が上がる他の実行可能な方法を用いることになろう。つまり、彼らにとって、ナレッジ・マネジメントとは、固有の価値を内在させるものではなく、手段としての価値を持つものでしかないのだ。

同様のことは、他のタイプの諸活動においても示すことができよう。例えば、教育、法律、医学、建築、小売、レストランやホテル経営、工学、農業、そしてスポーツの世界などにおいても上述のように区分することができよう。

同じ活動を捉えるこうしたふたつの視点の最大の相違は、活動が持続的な熱い想いを生じさせる時には、その活動は、金銭、ステイタス、名声、権力や成功といった手段的、あるいは外在的な価値によって追求されているのではなく、それ自体が目的として追求されているという点にある。つまり、内在的な価値を認めることができるかどうかが、根本的な問題となるのである。

『ビジョナリー・カンパニー』において、著者であるジム・コリンズ（Jim Collins）とジェリー・ポラス（Jerry Porras）は、〈社運を賭けた大胆な目標（Big Hairy Audacious Goals: BHAG）〉と名づけたミッションが持続的な熱い想いを生じさせる核心であると指摘している。このことについて、私は部分的には同意する。壮大でかつ大胆な目標は、理解するのが困難で、かつ覚えるも難しいミッション・ステートメントよりエキサイティングである。しかし、彼らが掲げるＢＨＡＧは、ボーイング７０７を製造するというボーイング社の目標などのように、時と場合が限定されており、また、その達成後どのようになるのかといった問題を置き去りにしている。そのため、ＢＨＡＧが大胆で、困難で、向こうみずな計画であるというだけでは、真の熱い想いを生み出すには不十分である。それらに加えて、ＢＨＡＧは、進行のプロセスを通じて動機づけしていくことができるように、まず価値あるものでなければならないのだ。

外部的または手段的な目的ではなく、それ自体の追求が目的であるような活動は、実は、幅広く存在する。『フロー体験――喜びの現象学――』で著者のミハイ・チクセントミハイは、うんざりするような反復的な仕事を行っている労働者でさえ、一時的であったとしても、そのうちの幾人かは、その仕事を価値あるものとして作業効率を改善させるよう思い巡らしていると述べているviii。

また、ヴィクトール・フランクル（Viktor Frankl）やアレクサンドル・ソルジェニーツィン（Alexander

Solzhenitsyn）などの作品は、たとえ強制収容所に入れられている囚人という立場に置かれていても、監獄の恐怖を味わいながらも人生の意味について確固たる方向性を見つけだすことができるということを説得力を持って示している。彼らは、客観的に見れば奴隷に等しいが、主観的に見れば自らの人生の意味を創出できる十分な精神的な力を持っているのだ[ix]。

一部に、何を行うにしても、その行い自体に固有の内在的な価値を見出すことができる人々がいる。こうした人々のことを、時に〈自己目的的パーソナリティ（autotelic personalities）〉と呼ぶことがある。彼らは、いかなる活動であっても、ほとんどの場合、その活動のプロセス自体に内在する要素に動機を見出すというある種の才能を持っている。たとえ険しく酷な外部環境であったとしても、彼らは何とかして改善のための新たな切っ掛けを探そうとするのだ。もちろん、こうした人でも持続的な熱い想いが挫かれることもある。活動によっては、熱い想いを持続することが難しい場合もあることは否定できないが[x]。

従って、自ら持続する熱い想いを生み出していく自主的な活動とそうでない活動があることとなり、前者には次の4つの特徴を指摘できる。

●そうした活動への参加者たちは、その活動がこれまでにはない新たな状態をもたらすことを主たる理由として参加しているのではなく、その活動自体が持つ価値のために参加するのだと考えている。言い換えると、そうした活動は、活動を行うこと自体が同時に報酬なのである。従って、通常以上に努力するとしても、それは負担ではなく、喜びなのである。つまり、彼らは、その活動を通じ、今、この瞬間に、この場から、世界が良くなっていると実感しているのだ。

●参加者たちは、活動の一環を担うことによって、自らの成長や発展を経験している。彼らが自らの成長や発展を感じ取れない場合には、大いに動機づけを失うことになる。ある研究では、こうした活動の参加者が活動の過程で成功や失敗に関するフィードバックを受けると、自らの行動を修正し、求めに応えられるようになることが示されている。能力のレベルとチャレンジする課題のバランス――その活動が易しすぎず、また難しすぎもしないということも、熱い想いを持った自主性を喚起し、維持していくひとつの要因となる[xi]。

●活動を通じて、参加者たちは、同じ活動を行う他の人々に対し協力し、気を配り、その努力がうまくいくよう援助する存在として、自らを考えるようになる。参加者が自分自身のみにしか注意を払わず、自身の経験のみを高めることにのみ注力するとしたら、その熱い想いを持続するのは易しくはない。

●手段的な利益が中核的な推進力とはならないとはいえ、そのもたらす結果は決して筋違いなものではない。理想的には、こうした活動も幾つかのポジティブで手段的な利益――例えば、所得、ステイタス、そして名声――をもたらすべきものだ。しかしそうでなくとも、少なくともネガティブな手段的な影響が伴うものであってはならない。たとえ、医療行為や、司法行為、あるいは教育行為、ナレッジ・マネジメントであったとしても、コミュニティを破綻させたり、身体的な損傷を生じさせるリスクを伴い、そのことがやがて眼に見えてくると、強力な抵抗に直面することとなる[xii]。

以上の4つの要素が伴っているならば、熱い想いを持った自主性や活力が持続的なものとなる見込みは十分だ。一方で、これらの4つの要素のうちどれかが欠けると、その活動にはエントロピーへとつながる危険が生じることとなる[xiii]。

もちろん、リーダーシップのことばが単なる手段的な利益を目指して熱中する活動を誘発する試みとして用いられることもある。当座は上手くいくかもしれない。しかしながら、いずれかの時点で、目標それ自体が価値あるものとして明確化されないと、熱い想いを持続することは難しい。

上に述べたとおり、変革のリーダーシップにおいては、それ自体が価値あるものとして追求される目標が重要であるからといって、手段的な利益が全く重要でないということにはならない。実際には、手段的な利益が、それ自体が価値あるものたる目標の追求を促進する。すなわち、芸術であれ、法律であれ、あるいは、医学、ジャーナリズム、ナレッジ・マネジメント、教育等々のいかなる活動であれ、手段的な利益が存在する時、それ自体、価値がある活動として追求することも容易になる。それにより、活動を通じて生計を立てることも可能となるし、また、尊敬や名声を得ることも可能となる。逆に、その活動自体以外にいかなる価値や利益を享受することなく、活動それ自体を変化することのない熱い想いでもって追求できる人は、例外中の例外と言えよう[xiv]。いずれにせよ、手段的な目標に焦点を合わせ、活動自体の価値を無視するならば、活動の本質は大きく変化する。その時、熱い想いは死に絶え、人生はうんざりとした退屈な労働となるのだ。

それゆえ、変革のリーダーシップのことばの中心となるべき特徴のひとつは、目標や活動が手段的利益を導くがゆえに追い求めるのではなく、参加者自らが目標や活動自体に価値があるのだということを理解できるように、分かりやすく明確化することであると言えるのである。次の事例を再度思い起こしておこう。

●ジョン・スカリーの提示したハードウェアとソフトウェアにより利益を稼ぐのだという手段的目標とは異なり、スティーブ・ジョブズの「クリエイティブでクールでイノベイティブな電子製品を開発する」という目標は、アップルのスタッフにとって、それ自体価値のあるものであり、理解できるものであった。

●クレイグ・ダンの提示した目標は、ＡＭＰの利益を改善することに焦点を当てた手段的目標ではなく、コミュニティにとって価値あることを行う企業を保持しようというものであった。

●マイクロソフトのジェイ・アラードとスティーブン・シノフスキーは、さらに利益が出る製品を製造するという手段的な目標を設定するのではなく、ワールド・ワイド・ウェブにすべてのソフトウェアを関連づけることが本質的に価値ある目標であることを示した。

同様のロジックは、他の多くの企業に適用できる。企業というのは、それ自体に価値ある大きな目標を追求する時、最も奮い立つのだ。幾つかの例を見ておこう。

●トヨタの目標は、〈乗用車やトラックの生産を通じて社会を豊かにする〉ことにある。社会を豊かにするという考えは、新しい工場、技術、そして従業員に利益を投資・配分するだけにとどまらず、信頼性とよりよいモビリティを顧客に提供することを意味する。よりよい車を作り続け、長期間に亘る財務的、技術的、そして総合的な計画を作成することは、トヨタという企業に浸透した文化なのだ。自動車産業についてグローバルに調査を行っているCMS Worldwide副社長のマイケル・ロビネット（Michael Robinet）は、「トヨタは、月ごとや四半期ごとではなく、数年、そして数十年先のことを考えている」とニューヨーク・タイムズ紙に語っている[xv]。

●1940年代中頃、ジョンソン・アンド・ジョンソン（Johnson & Johnson）はロバート・ウッド・ジョンソンが作ったクレド（信条）を取り入れた。そのクレドでは、ジョンソン・アンド・ジョンソンが第1に責任を負わなければならないのは、顧客と自社の製品を使用する医療の専門家に対してであるとしている。次に負わなければならないのは、従業員やマネジャーに対してであり、第3に、従業員が働き生活している場となるコミュニティに、そして、最後に、株主に対してであるとしている[xvi]。

●コストコ（Costco）の目標は、会員に対し品質の良い商品を低い利幅で提供することである。1983年に共同で創業したジム・セネガル（Jim Sinegal）の下、コストコはこの目標を全力を挙げて追求し続けた。その結果、コストコの利幅は小売業の中で最も少ないものとなった。顧客の喜びと、ウォール街の投資家たちを不快にするために、コストコは商品の価格交渉を通じて得た利益を、タナボタのように自社のものとするのではなく、顧客に直接に低価格で還元している[xvii]。

●上場企業が、本来価値のある業務であるかどうかにかかわらず、成長し、利益が上がるあらゆることに取り組むよう常に圧力をかけられているとすれば、時には、そうした業務の追求は、非上場企業の方が容易となる。ボー・バーリンガム（Bo Burlingham）は、『小さな巨人（*Small Giants*）』という書籍に14の非上場の企業を登場させている。それらの企業は、それ自体において価値のある目的を追求するために、意図的に企業規模を他社に比べ相対的に小さいままに維持し、ローカル・コミュニティに密接に関与し続けるようにしている[xviii]。これらには、サンフランシスコにあるアメリカの元祖地ビール醸造企業であるアンカー醸造所（Anchor Brewing）や、ミシガン州アナーバーで食品を販売している企業グループのジンガーマン・コミュニティ・オブ・ビジネス（Zingerman's Community of Businesses）がある。バーリンガムは、これらの企業は大きさ（big）ではなく、偉大さ（great）を選んだ企業のケースであるとしている。非上場企業を選択したことがこのことを可能にしているのだ。

●政治の世界においては、マハトマ・ガンディー（Mahatma Gandhi）の例を挙げることができる。彼は、英国をインドから追い出すという単なる手段的な目標を示したのではなく、非暴力を通じて政治的、そして経済的に自立するという本質的に価値ある目標をインド国民に認識させたのだ。また、ジョン・F・ケネディ（John F. Kennedy）の目標も、また、（手段的な目標として）平和部隊を作ったことにとどまるものではなく、（本質的に価値のあることとして）国民は国に対して何ができるのかということを国民に尋ねることで、人々の心を揺り動かしたのだ。またエイブラハム・リンカーンの目標も単に南北戦争に勝つため、または連邦を守るためというものではなく、自分たちの国に新しい自由を構築することであった。

変革のリーダーというものは、ある特定の業務、ある特定の企業、あるいは、ある特定の時代等の時間をはるかに超越した目標を提示するものだ。リーダーがこうした目標の提示に成功する時、そうした目標は、リーダーと目標として設定される契機となった時代との間の断絶を乗り越えることができる。リンカーン自身は暗殺されたが、新しい自由の構築を追求するという国家に関する彼のビジョンは生き続けた。ケネディは銃撃されたが、アメリカ合衆国の人種問題を解決するという彼のビジョンは後継者たちによって実行されていった。マーティン・ルーサー・キング・ジュニア牧師も殺されたが、彼がスタートさせたことは全米に広がっていった。スティーブ・ジョブズはアップルを首になったが、クールな製品を作るという彼のビジョンはアップルのメンバー、そして顧客の心の中で生き続け、彼らがそのビジョンの伝道者となったため、ジョブズの後を引き継いだCEOたちにもそれを変化させることはできなかった。乗用車やトラックの製造を通して社会を豊かにしていくというトヨタの目的は、誰かひとりの経営者によるものではなく、組織全体に浸透したものである[xix]。もし、両親や教師がリーダーとして成功するならば、彼らの子供や生徒たちは、彼らが人生を通じて生み出した価値を受け容れるだろう。たとえ両親や教師が亡くなり、長い時間が過ぎ去った後であったとしても。

それ自体において価値があるものとして目標を明確化することは、熱い想いを持続させる可能性を高め、変革のリーダーシップの可能性を高めることにつながる。しかし、聞き手のすべてが必ず同じ見方をするとは限らない。反対する者、皮肉屋、疑り深い人は、うがった理由を読み解こうとする。示された価値ある目標を、表面的で、人を欺くものであり、単なるプロパガンダにすぎず、個人的な野心を隠す政治的な策謀であるなどと解釈する者もいるかもしれない。こうしたことが本当にリーダーのモチベーションであり、リーダーの実際の行為に現われたとすると、その事実はすぐさま明らかになり、直ちに熱い想いを持ったコミットメントは崩れていくこととなろう。だが、リーダー自身が自ら明確化した目標に対し真摯に取り組み、その価値を絶えることなく自らの行動で示す時、それらは変化へのとどまることのない力へと姿を変えていくこととなる。こうなると、反対する者、皮肉屋、疑り深い人はもはや〈人〉と争うのではなく、〈考え方〉と争うことになるのだ。

人々がそれ自体において価値あることを目標として追求している時、時には、うまくいって〈成功する〉こともあれば、時には、後退を余儀なくされ〈失敗する〉こともあるかもしれない。だが、もっと大きな視点で考えてみれば、そこに成功や失敗などは存在しないのだ。何故なら、それ自体が価値あるものとして活動が追求される時、究極的な成功者や失敗者というものが存在しないからだ。言い換えると、そうした活動には決して終わりは存在しないのだ。参加者にとっては、その活動に取り組むこと自体に意味があるため、活動を継続させ、常に従前を超えようと全力で取り組む。また、彼らは、他の者たちに活動に参加するよう誘い、協力して新たな卓越した水準へ到達するよう努力する。こうした活動は、ほとんどの場合、特に定められた規則や制限を伴う訳ではなく、また、何らかの形での組織として設置されている訳でもない。活動の内容や方法、規則は、常に進化しているのであって、人々のネットワークの中で様々な組織の壁を越えて形成されるのである。参加者は、そうした出会いを通じて、常に彼らの活動に新たな驚きと変化が生じることを予期し、楽しみにしているのだ。これらは面倒で労力を要し、時には同じことの繰り返しという単調なものであるかもしれない。しかし、彼らは、努力と困難をそれ自体価値のある挑戦であり、よりよくするための機会であるとみなしている[xx]。

第2節　目標間の優先順位づけ

ここまで、リーダーシップが失敗するひとつの大きな理由として、新しい未来に向かって人々に熱い想いを抱かせる目標が明確に述べられていないことについて述べてきた。リーダーシップが失敗する今ひとつの大きな理由は、そうした目標を複数に亘って持っていることである。時に、多くの人々、あるいは、多くの企業が、追求すべき目標をあまりに数多く、それらをどのようにして同時に追求するかについては明確にしないままに、挙げている例が見られる。

確かに、世界中に解決すべき課題が無限に存在する以上、人々が努力を払うべき目標も無限に存在する。だが、私たちが直面し、そして私たちを当惑させる数多き問題や、私たちがとりうる可能性のある行動を、ただじっと座って眺めているだけでは、私たちは決して長続きする変化を起こすことはできない。ハムレットに以下のような文章がある。

生き生きとした決意の色が、分別の蒼ざめた色に塗りつぶされてしまう。
昂然たる思いつきも、このために進路を曲げ、行動の名に値いしなくなる[xxi]。

言うまでもなく、一挙に数多くの目標に取り組もうとすると、必ず失敗する。リーダーシップとは決して簡単なことではなく、どのような状況であってもせいぜいほんの2、3の重要な変化しか追求することはできない。そのため、目標間の優先順位づけが必要不可欠なのである。

我々がリーダーシップの課題として取り組む難問は、常に、複数の領域――例えば、企業、コミュニティ、家族、町、国家、または地球規模――に関わるものだ。

そのような中、組織という論点に着目することは、多くの場合、それらの問題の改善のための共通した基盤を提供してくれる。例えば、人々を奮い立たせる明確な目標が存在しないというのは、組織としての課題であると言えよう。このことは、組織のパフォーマンスの妨げともなるし、組織の持つ価値観が、あるべきほどには、組織全体を通じてメンバーに反映されていないということともなる。加えて、知識が共有されないということにも関連し、イノベーションが十分なスピードでもって展開されないということにもつながる。さらには、現在、世界経済で起こっている劇的な変化に組織が適応できないということにも関連するだろうし、世界のマーケットにその企業の持つ製品とサービスの本当の素晴らしさを告知できないということとの要因ともなろう。

時には、コミュニティに少なからぬ問題があって、変革をもたらさねばならないこともあろう。家族という場合もある。例えば、社会から隔絶した10代の息子を再び人々の輪に向かわせることや、絶えず口答えする10代の娘、冷却化した夫婦関係、やたら干渉してくる親戚、等々といった場合だ。修理の必要のある路面のくぼみが存在する町の場合もある。あるいは、国家という場合もある。平和や安全の希求と広範囲での繁栄の実現のためにかけられるコストと予算のバランスや、公益追求と公務員数のバランスはその1例だろう。さらに大きなグローバルな挑戦、地球温暖化、国際的テロ、世界貧困などへの対処を挙げることもできる。

いかなるリーダーといえども、同時にこれらのすべての領域で成功することなどありえないであろう。そのため、我々は必然的にそれぞれの領域でそれぞれのリーダーを選ぶこととなる。従って、変革のリーダーにとっては、ひとつの目標を設定し、あるいは、最大でもせいぜい数個の目標にとどめ、それらに徹底して追求していくことが成功のための必須条件となる。

目標を絞り込み、その実現にひたむきに取り組むことが大きな力を持つ例として、ロナルド・レーガン（Ronald Reagan）の大統領としての取り組みが挙げられよう。一部の人々にとっては、レーガンのような男がリーダーと政治家の両方の役割を果たせたというのは、ミステリーであるらしい。クラーク・クリフォード（Clark Clifford）は、彼を「人当たりのいいまぬけ」と評している。こうした酷評にもかかわらず、レーガン大統領は、2回の大統領選挙に簡単に勝利し、冷戦、小さな政府、そして減税の積極的追求をもって、アメリカ合衆国の保守革命を断行した。彼の成功の理由を解く鍵のひとつは、リーダーとして目標を絞り込み、その実現にひたむきに取り組んだことにある。彼の目標は、対ソビエト連邦での勝利、税金の軽減、そして政府のスリム化、と極めて限られており、彼はそれらに集中していたのだ。

どの目標を追求すべきかを決定する際には、タイミングを考えることが重要である。「期を熟するのが何よりです」と、シェイクスピアは『リア王』で示している。成功するための現実的なチャンスが来るよりも前に、早まってリーダーシップ活動を開始してしまうと、かえってその活動の成就を妨げることになる。だからといって一方で、ひたすらに完璧な機会を待ち続けると、変化は決して起こらないということになる。従って、リーダーにとっての課題は、変革を要する様々な領域の中で、適切なバランスでもって、当面は何もしないところと、進展する可能性があるところを区分し、リーダーシップを発揮すべき領域を少なくとも幾つか選択することなのである。

本章で示したことは、明確な目標を示し、新しい未来への自主性を引き出すことであった。しかし、そのことと人々がそうした目標を受け容れることとは別のことだ。目標を適切に選択しても、リーダーが心からそれにコミットしない限り、ほとんど誰にも影響を与えることはない。この問題について、次の章で検討することとする。

---

i バーナード・ショー『人と超人』、岩波文庫、１９５８年（G. B. Shaw, *Man and Superman*, "Epistle Dedicatory to Arthur Bingham Walkley," cited in A. Quiller Couch (ed.), *Oxford Book of English Prose*, New York: Oxford University Press, 1925, p.952）。（訳者注：ここでは、マイケル・J・フォックス『ラッキーマン』ソフトバンククリエイティブより引用）

ii C. M. Christensen, M. Marx, and H. H. Stevenson, "The Tools of Cooperation and Change," *Harvard Business Review*, 2006, 84 (19).

iii C. M. Christensen, M. Marx, and H. H. Stevenson, "The Tools of Cooperation and Change."

iv J. Heilemann, "The Perceptionist: How Steve Jobs Took Back Apple," *New Yorker*, September 8, 1997.

v K. R. Jamison, *Exuberance: The Passion for Life*, New York: Knopf, 2004, p. 5.

vi K. R. Jamison, *Exuberance: The Passion for Life*, p. 5.

vii 更に詳しい内容は http://www.stevedenning.com/knowledge_management.htm を参照のこと。

viii チクセントミハイ『フロー体験――喜びの現象学――』、世界思想社、１９９６年（M. Csikszentmihalyi, *Flow: The Psychology of Optimal Experience*, New York: HarperCollins, 1990, pp.39-40）。チクセントミハイは、リコ・メデリンのストーリーを語っている。リコは、アッセンブリーラインで、１日に６００回も同じ作業を行っている。多くの人々はこのような仕事に疲れてしまうが、チクセントミハイによると、リコは違っていた。リコはそれを楽しみながら行っていたのだ。リコは、オリンピック選手のような方法でそれに臨んでいたからである。すなわち、「どうすれば、これまでの記録を破り、最も速く作業できるか」とリコは考え、日々、自身のパフォーマンスを向上させるように努力し、単純な作業の中にチャレンジを見つけ出していた。しかし、リコにも限界は存在する。そのためリコは、その仕事を楽しむ一方で、夜間に電子工学を学び、学位を取ったらもっと複雑な仕事を探そうとしていた。

viii チクセントミハイ『フロー体験――喜びの現象学――』91頁、ソルジェニーツィン『収容所群島――１９１８－１９５６文学的考察――』、ブッキング、２００６年（A. Solzhenitsyn, *The Gulag Archipelago: 1918-1956*, New York: Harper Perennial. 2001）、フランクル『夜と霧―ドイツ強制収容所の体験記録』みすず書房、２００２年（V. E. Frankl, Man's Search for Meaning, New York: Pocket Books, 1997; originally published in 1946）。

x チクセントミハイ『フロー体験――喜びの現象学――』39－40、67、91－92頁。

ix チクセントミハイ『フロー体験――喜びの現象学――』41頁。

xii A. MacIntyre, "Social Structures and Their Threats to Moral Agency," *Philosophy*, 1999, 74, pp. 311-329. 歴史上最も不愉快なファナティシズムやカルト――宗教裁判所からナチズム、クー・クークス・クラン、イスラム・テロ――は、これらに参加する人々にとっては良いものと理解されてきた。参加者が十分の注意を払わなかったのは、それらのファナティシズムやカルトによる殺戮、暴力、拷問等々の手段的目標の持つ否定すべき側面なのである。

xiii このような視点から活動を考察する場合、マッキンタイアの〈実践（practice）〉や、ジェームズ・カースの〈無限ゲーム（an infinite game）〉、またはチクセントミハイの〈フロー体験（state of flow）〉に近似性を見ることができよう。しかし、これらの概念と私が提示した考えとは異なっている。マッキンタイアは時に実践を特定の活動に固有のものと考えているようだ。例えば、１９８１年の著書では、「レンガ積みは実践ではないが、建築は実践である。カブラを植えることは実践ではないが、農業は実践である」と述べている（マッキンタイア『美徳なき時代』みすず書房、１９９３年（A. MacIntyre, *After Virtue*, Notre Dame, Ind.: University of Notre Dame Press, 1981, p. 187)）。本書で用いる見方では、レンガ積みやカブを植えることも実践になることがある。このことは、マッキンタイアが言うように、現代の経済においては建築や農業でさえも多々実践とはみなしえないと考えることと同様である。すなわち、ある活動が実践として行われるかどうかは、その活動の行われ方の問題だと考えるのである。

[xiv] マッキンタイア『美徳なき時代』196頁。

[xv] Gertner, J. "From 0 to 60 to World Domination," *New York Times Magazine*, February 18, 2007.

[xvi] コリンズ、ポラス『ビジョナリー・カンパニー――時代を超える生存の原則――』日経BP社、1995年（J. Collins and J. I. Porras, *Built to Last: Successful Habits of Visionary Companies*, New York: Harper Business, 1994, pp.58-61）。

[xvii] A. Barry, "Everybody's Store," *Barrons*, February 12, 2007. http://online.barrons.com/article/SB117106867214804322.html から入手可能。2007年4月14日アクセス。

[xviii] B. Burlingham, *Small Giants: Companies That Choose to Be Great Instead of Big*, New York: Portfolio, 2007.

[xix] GEやコストコのような企業の目標に関しては、「それらの企業が示した目標は、現在のチーフエグゼクティブの在任期間を超えて存続し、企業全体で浸透したものであり続けることができるだろうか」という疑問がよく提起される。

[xx] マッキンタイアは1964年の論文で次のように述べている。「消費を創り出すことは、生産されたものを消費することと同様、現代の私たちの社会を特徴づける要素となっている。従って、それぞれがもう片方への手段になっているのであり、ここで、再び、我々は、すべてのことが、それ自体のために行われるのではなく、別の何かのために行われるという連鎖を眼にするのである」（A. MacIntyre, "Against Utilitarianism," in S. Wiseman (ed.), *Aims in Education*, Manchester, UK: University of Manchester Press, 1964, pp.1-23）。その結果は、目標の喪失である。これは、多くの現代の組織やそこで働く人々をを特徴づける条件となっているものだ。目標が消えてなくなると、操作的行動と操作可能な行動との間の違いは消えうせることとなる。

[xxi] シェイクスピア「ハムレット」『シェイクスピアV』（W. Shakespeare, *Hamlet*, Act 3 Scene 1）。

第3章　リーダー自らのストーリーを語り、目標へコミットすること

人間は、自分が持つ力について、真珠を内に持つ牡蠣やダイヤモンドを含む岩石に劣らず、無知であることをほとんど自覚していない。けたたましい呼び声に叩き起こされるまで、あるいは、非常の事態によって奮起させられるまで、人間は、あまり使うことのない思いがけない才能に気がつかない。このことは、人間が時に突如として才能を爆発させることからも明らかである。全く無名だった人が、ある日、何かの生気を与える強い直観を得て、広く社会から賞賛を受けるようになる。しかし、それは、人間が持つ力の大きさを考えれば、さほど大きな驚きではない。

——エドワード・ヤング（Edward Young）[i]

エイブラハム・リンカーンは、最初から変革のリーダーであった訳ではない。1861年2月23日に行われた大統領就任演説においては、彼は、合衆国憲法に定められた現況を維持する意思があることを強調していた。大統領候補だった頃の初期の演説を参照すると、彼に奴隷制度廃止の意思がなかったことは明らかである。

「私は、直接にも間接にも、合衆国に今ある奴隷制度に干渉するつもりはありません。私には奴隷制度

に干渉する合法的な権利も、また、そうしたいと思う気持ちもないのです。私を指名し選出した方々は、私がこれまで多くの類似の宣言においてそう述べてきたことをご存知でしょうし、今後もそれを決して撤回することはないでしょう。私は今ここで再びその気持ちを述べておきます」

リンカーンの明らかな目標は、合衆国を維持することであった。奴隷制度廃止のコンセンサスが得られていなかったため、思慮深い政治家にとってこれは極めて道理にかなったことであった。だからリンカーンは奴隷制度廃止の計画がないということを熱心に主張し続けたのである。加えて、影響力のある多くの北部市民が南部への軍事的対応を支持していなかった。従って、彼は、議会の休会にサムター要塞で両陣営の敵対心が暴発したのを利用して軍事行動を開始したのである。彼は戒厳令を発し、人身保護令状の一時停止など法的には疑義のある幾つかの措置を講じた。こうして連邦政府自らが合衆国憲法の正当な履行を妨げることによって、リンカーンは南部諸州が離脱しようと南北戦争を仕掛けたように見せることができたのである。

やがてリンカーンは、奴隷制度の廃止なくして合衆国の維持はなしえないとの見解に至った。1862年7月22日、リンカーンは閣僚を集めて奴隷解放宣言の草稿を読み上げ、彼らを驚かせた。

リンカーンは、彼らとの私的な話しあいのレベルでは、その目的が合衆国を維持するという実利的なものであると主張し続けた。しかし、社会的、歴史的に認められたレベルでは、リンカーンがリーダーとなりえた理由は倫理的なものである。彼の計画は、穏健派の共和党員の支持を失うこととなった。だからといって、急進的な共和党員から全面的な支持を得られた訳ではなかった。彼らは、法とは時間的・空間的な制限を受けるべきものではなく、より着実な手続きを必要とするものと考えていたのである。

1862年12月1日の議会への年次教書において、彼は自らの立場が変化を求めるものであることを明らかにした。

我々は合衆国のために戦うのです。このように我々が言うのを世界は忘れないでしょう。我々は合衆国を救う術を知っています。世界も我々のその立場を知っています。今日、ここにある我々こそが、その力を握り、そしてその責務を負っているのです。奴隷に自由を与えることにより、我々は自由な者に自由を確保することになるでしょう。かくて与える者、保持する者の双方ともに栄誉ありと言えるでしょう。我々は、全世界の最後にして最高の希望を、崇高にも救うか、あるいは卑怯にも失うかのいずれかなのです。他に成功の方法があるかもしれません。しかし、我々のとったこの道は失敗しないでしょう。この道は明瞭、平和的、寛大かつ正義にかなうものです。この道を選べば、世界は永久に我々を讃え、神は永久に祝福するに相違ないのです。

この新たな倫理的なことばの中に、政治家としてサナギの状態から変革のリーダーとしてのリンカーンが出現している。大統領就任演説を含む初期の演説において、リンカーンは道具的・法的な根拠に基づいて自分の行動を正当化していた。しかし今、彼は未来に対する新たなビジョンを示しているが、それは倫理的根拠に基づくもので、それ自体において大いに価値のあるものである。リンカーンは聞き手に対して、これまでの世界観を超越し、これまでとは異なる未来を受け容れることを要求したのである[iii]。

変化を志向する主張は、1863年11月19日のゲティスバーグ演説でさらに明示的なものとなった。その中で彼は、国家に対して「新しい自由の誕生」を求めたのである。

我々の前に残されている大事業に身を捧げるべきは、むしろ我々自身なのです。それは、名誉の戦死を遂げた方々が自らを捧げた大義に対してよりいっそう献身的であること。戦死者の死を無駄にしないということを高らかに決意すること。神の下で国家に新しい自由の誕生をもたらすこと。そして、人民の、人民による、人民のための政治をこの地上から絶やさないことなのです。

ロナルド・ホワイト（Ronald White）は『雄弁な大統領』という示唆に富む書物の中で、「大統領就任演説で古い合衆国を守ろうとしていたリンカーンはもはやおらず、新しい合衆国を宣言しているリンカーンがそこにいた。古い合衆国には奴隷制度が組み込まれており、その抑制を図りつつ保持しようとしていた。新しい合衆国は自由の約束の地を実現しようとするものであった。それは、建国者たちがなしえなかった将来への極めて重大なステップなのであった」と指摘している[iii]。リンカーンが変革のリーダーと称されるのは、人々を刺激し、これまでとは異なった何かを達成したいと思わせ、より高い志や行動を触発したからである。

ゲティスバーグ演説は、彼のすぐ前に座った聞き手を変革に導くことを意図したリーダーシップ・スピーチとして捉えると、決して大きな効果があった訳ではない。エドワード・エバレット（Edward Everett）の大演説は2時間8分に亘って行われたが、その後に続くリンカーンの演説はたった3分間であった。聴衆は、マラソンのごとく長いエバレットの講演に当惑させられており、リンカーンもより長い演説をするであろうということを信じて疑わなかった。演説は公式のカメラマンが彼の写真を撮影する前に終わってしまった。おそらく、リンカーンは、彼が聴衆の注目を得る前に着席してしまったのだろう。もし、演説が誰にも書き留められず、出版されることがなければ、それはいかなる影響力も持たなかったはずだ。

ゲティスバーグ演説は、印刷されてもなお当初は大きな注目を受けることはなかった。ほとんどの新聞が、エバレットの後に行われたリンカーンの演説について大したコメントを付けずに扱っていた。何人かの編集人がリンカーンの述べたことの非凡さを指摘し始めたのは、その翌日のことであった。ジョシア・ホランド（Josiah Holland）は、スプリングフィールド・リパブリカン紙においてそのことを「完全な宝石」と呼び、また、ジェームズ・バリル・アンジェル（James Burrill Angell）は、プロビデンス・デイリー・ジャーナル紙の中で「最も雄弁な演説だった」と書いたiv。

その一方で、リンカーンに敵対する人々はその演説を激しく非難した。シカゴ・タイムズ紙は「分別に欠けた、取るに足らない、皿洗いの後の水のような意見だ」とし、また、ハリスバーグ・パトリオット・アンド・ユニオン紙は、「大統領の馬鹿げた発言が二度と繰り返されないことを望む」と書いたv。

もちろん、それらとは全く逆のことが生じたのである。「人民の、人民による、人民のための政治」という考えが合衆国が向かうべきビジョンを表わすようになり、またその達成に向けた熱い想いを刺激し続けるものとなったため、演説は家族、学校、教会、裁判所、議会などにおける際限のない復唱と再引用を繰り返し、大きな影響力を持つこととなった。

第1節　政治家とリーダーの相違

我々は政治家に対してリーダーシップを求めるが、現代の政治の中に変革のリーダーシップを見ることは極めて困難だ。現代の政治は、人々の高い倫理的価値に訴えて変化への粘り強く熱い想いを触発するというより、むしろ、政治的な地位や役職の獲得とその保持に焦点が当てられている。

その理由は強力だ。また、実際的なものだ。すなわち、権力の獲得とその保持に注力しない政治家は、そもそも政治的地位を得られないし、何とかしてその地位を得たとしてもそこに長くとどまることができないからである。

政治は、実のところ、変革のリーダーシップとは異なる目的、力学、行動様式、成功の尺度を有している。成功した政治家とは、選挙で何度も再選された人物のことである。政治的地位を獲得し保持する手段はリーダーシップとは異なるものである。この原則は、約500年前にマキャベリによって著されたものとさほど違わない。

成功する政治家とは、自ら進んで戦い、確立された秩序を攻撃し、権力の追求に断固とした姿勢で臨む人物のことである。そのような戦いを好まない人々（多くの場合、それらは善良な人びとである）は、決して高い地位を得ることはない。

政治家として成功するためには、しっかりと武装しておく必要がある。それは現代においては〈資金力〉を意味する。財源をよく備えておくことは、政治的成功の必要条件であり、候補者はこれによって選挙に勝つために大々的なキャンペーンを行うことができるのである。マキャベリが、「武装を解くことによって得られる評価は、軽蔑に他ならない」と語っているように[vi]。

政治家は、自ら進んで政治的圧力を加えなければならない。これは、違法すれすれのところで物事を遂行したり、必要なら自己の利益のために法を曲げることを意味する。対立候補への攻撃的広告や普段の平穏な時に何気なく流す悪意ある情報、秘密の経費、当てつけや噂の流布、これらは現代の政治家の標準的なやり方になってしまった。熟練した人物は指紋を残さずにこれらのことをやり遂げるのである。つまり、候補者は、勝利のために自分の手口を見せずに残忍な戦術をやってのけるのである。

政治家は柔軟性を持ち、予期せぬ状況の変化を反映して、アジェンダを調整しなければならない。これは、柔軟性の保持のためには、選挙キャンペーンの公約（それらは曖昧かつ一般的である場合が多い）を時に喜んで反故にするということを意味する。このことは、変革のリーダーシップに必要とされる鋭く、明示的で、レーザービームを照射したかのごとく焦点化された価値ある目的に対するコミットメントとは明らかに反するものである。不変の目的に基づいたリーダーであろうとする政治家は、押し付けがましい観念論者（例えば独善的、非実践的、強情、非現実的）というレッテルが貼られる危険にさらされるのである。

成功する政治家は、選挙に勝つために公約を反故にしたり、敵対する相手を中傷したりといった非道徳的な振る舞いを含む戦術をとる一方で、「誠実で、同情的で、倫理的で、思いやり深い」といったような公式イメージを維持しようと努めなければならない[vii]。そのため、汚い仕事は手下によって行われることも少なくない。

成功する政治家は、これまでのやり方を変えるように有権者を説得しなければならない問題ではなく、有権者の中に既にコンセンサスがある問題を追求する。これは、マキャベリが説いたように「イノベーターは、古い秩序から利益を得る人々の敵となるが、新しい秩序から利益を得る可能性のある人々にとっては、擁護者となる」ということである[viii]。時には政治家が隠れたコンセンサスを有し、ともに一体となる問題を見出すかもしれない。しかし、彼らは概して強力なリーダーシップの発揮（すなわち、人々の倫理的見識を高めるように説得したり、何らかの根本的な変化に同意させること）を避ける傾向にある。

結果として、権力を保持するとは、第一義的には有権者の意見に耳を傾けることに関わるのである。かつてアメリカの上院において民主党リーダーだったトム・ダッシュル（Tom Daschle）は、「もし選挙で勝ちたければ、話すことを学びなさい。続けて勝ちたいなら聞くことを学ぶことです」と述べている[ix]。

アメリカにおける権力の大転換、例えば1994年の民主党から共和党への転換、2006年の共和党から民主党へ転換は、いずれも権力の座にある党がその権力を濫用したり、有権者の関心事に対して無関心であったことへの反応として現われたものである。ジャーナリストであるマット・バイ (Matt Bai) は、「与党と大統領職は、政策論争だけによって倒されることはほとんどない。むしろ、政治権力を揺るがすのは、混沌の認識が、リーダーがもはや確固たる支配力を有していなかったり、選挙民を統合する信用力を失うことにより、ゆっくりと忍び寄り、広がっていくからなのだ」と述べている[x]。

かくして、政治家は、多くの場合、変化に対する自らのコミットメントを曖昧にするのである。同様に、候補者は自分を「変革の候補者」としてアピールできる程度にしか変革を捉えないのである。言い換えれば、彼らは既存のコンセンサスの範囲内か、何が公約されているのか具体的には分からないような曖昧なレベルでしか変革に言及しないのである。彼らは、「この国に活気を取り戻そう」「前政権の混乱を一掃します」などと言う。政治家にとって識別可能な形でコンセンサスが得られていない段階で特定の変化を促すことは、そもそも権力を獲得できないという危険を冒すことである。従って、特定の変革を明示的に約束して成功した政治家はほとんどいないのである。

現代の政治家が「リーダーシップへのニーズに十分に対応できない」と批判されることはよくあることだ[xi]。しかし、我々は、政治におけるリーダーシップの不在に本当に驚くべきなのだろうか。政治学のいかなる専門用語においても、人々が「リーダー」を選出しているとは述べていない。言い換えると、頂点に立つ政治家は、リーダーになるためではなく大統領になるために人々に選ばれ、この人物は変化について何ら示唆することなく国家を治めるのである[xii]。

ナンバーワンの政治家が総理大臣と呼ばれる国々においても、状況は同じである。大臣は政府の高い役職、とりわけ各行政部門の長として指名、あるいは、選出される者である。総理大臣は政府全体を率いる大臣の中のであり、ここでも、変革や変革を導くという考え方は、本質的に含まれていない。

合衆国の国会議員は、ひとつには下院、すなわち代表する人々の集まりの場《ハウス・オブ・リプリゼンティブ》の一員として選出される。つまり、彼らはそれぞれの地域を代表する人々の集まりなのである。今ひとつ、上院議員は助言および同意を行う人々の集まりとして選出される。再び繰り返すことになるが、いずれの議院においても、政治活動がリーダーシップを行うのに必要なものを有しているということを示唆する明示的な政治用語はそもそも存在しないのである。

実際、大統領、市長、知事、上院議員、下院議員といった役職にある人々は、多種多様な問題に対処しなければならない。もし、彼らがリーダーとして問題を絞り込み、そこにのみひたすら焦点を当てたとしたら、他の問題に対して注意を向けよ、とわめき立てる人々が出てくるだろう。

どのような場合においても、政治家がリーダーではないとしても、政治的共同体を保つことによって、有用な政治的機能を遂行することができるのである。成功する政治家は、様々な境界を設定し、価値観や規範、規則を確立するという貢献を行う。すなわち、彼らは、現状の上に地位を確立しながらも、様々な種類のエネルギー（既存の価値を擁護するものや変化を追求するものなど）が繁栄しうる余地を維持するのである。

彼らは、問題を定義し、そして、それらを解決するにあたって、互いに異なる様々な意見を招き入れることができる。彼らは、コンフリクトを取り込むことによって、問題が解決される可能性を開く。また、彼らは、変革を生み出す力に対し、方向づけや価値観、目的を与えることによって、進みつつある変化に安定感を与える。たとえそれらが必ずしも変革のリーダーの特質を示すものでなくても、決して軽んじられるべき役割ではない。

第2節　CEOとリーダーの相違

ミネソタ州デュルスを本拠とする自家用飛行機メーカー、シーラス・デザインの共同創業者アラン・クラップマイヤー（Alan Klapmeier）が航空ショーで飛行機をより直観的にかつ安全に操縦できる新しい飛行パネルディスプレイ（彼が業界を変えると信じていたイノベーション）について聴衆に話し始めた時、彼の会社の役員たちは、クラップマイヤーがその製品を発表するのをやめさせようとしていた。彼らにはそれをやめさせるまっとうな理由があった。クラップマイヤーは、すべての製品開発案件について市場調査を完了したが、その飛行パネルディスプレイは、最も市場の関心を引かなかった案件のひとつだったのである。

クラップマイヤーは、その市場調査の結果は当てにならないと主張した。「設問を理解しない人に質問できないし、そのような回答に基づいて意思決定することもできない。彼らは、この製品がどのくらい良いものなのか分からないのだ。これがどれほど飛行方法や安全性、利便性に変化をもたらすのかを理解できないのだから。彼らは間違っている」[xiii]。

やがてクラップマイヤーは役員たちを納得させた。その革新的な製品が発表されると、それは大きな利益をもたらしたからだ。しかし、役員たちは、組織や株主に対する義務を果たそうとしたにすぎないのである。つまり、公開企業の役員にとって決定的に重要な問題は、そのイノベーションが価値あるものかどうかではなく、重要な制度上の優先事項、すなわち会社の利益に貢献するのかどうかであったのである。

ミルトン・フリードマン（Milton Friedman）のような伝統主義者は、公開企業という制度には、たとえ会社に対する株主の暴力的なキャンペーンから会社を守るためだけだとしても、〈企業の社会的責任〉ということばに示される価値観への対応能力を示して見せなければならないという政治的必要性を嘆いたが、マイケル・ポーター（Michael E. Porter）のような戦略思想家は、クラップマイヤーの例の中にも企業にとって競争優位の可能性を見出した。もし、企業がそれ自体に価値のある活動に努力を集中できるか、あるいはそれを発展させることができるのならば、競合相手に対する優位性や社会的責任は会社の収益性を妨げるものではなくむしろ戦略的なビジネスチャンスになるのである。業務を立派にこなす企業は、良いこともうまく達成できるのだ[xiv]。

しかしながら、クラップマイヤーのように才能に富んだ勇敢なリーダーや、ポーターのような聡明な理論家が適切な目標を見出すことができたからといって、それ自体において価値ある活動の追求といっそうの収益性の向上の間にある緊迫した対立を取り除くものとはならない。公開企業の世界においては、企業はご都合主義の企業市民に陥りがちだ。彼らが価値あることと収益性の両方を追求している時、彼らは善き企業市民として自らを見せることができる。しかし、企業がその二者の間のコンフリクトに直面している時は、ウォール街は利益を優先することを主張する。もし、クラップマイヤーのイノベーションが市場において失敗していたら、彼は職を失っていただろう。

従って、価値のある目標であっても、公開企業の枠内で追求するリーダーは、時に突然に意図せざる窮地に立たされることがある。そうした窮地に立たされたのが一介のマネジャーであるなら、彼のキャリアはそこで事実上の終わりだ。企業はページをめくり、別の人物へと舵をきるだろう。つまり、マネジャーの終身在職権など実質的には取るに足らないものなのである。それに比べて、真の変革のリーダーにとっては、企業で陥る窮地など事態がまだ始まったばかりだということを示すもの以外の何ものでもない。概して、ビジョンに触発されたリーダーは義務に反することへと踏み込み、実践する。あるいは、リーダー自身がその企業や組織を飛び出してビジョンを実践するかもしれない。

現代の風潮においては、公開企業は収益をどれだけ伸ばすかに対する強いプレッシャーを受け続けており、企業の目標が何であるかには無頓着である。通常は非公開企業の方が価値ある目標を追求するのに容易だと言えよう。ボー・バーリンガム（Bo Burlingham）の著作『小さな巨人』において論じられた14の企業は、彼らが価値ある目標だと認識するものを追求している。彼らにとっては、非公開企業であることが重要であり、まさに欠くことのできない要件であることに気づいたのである。クリフ・バー（有機栄養食品および健康食品メーカー）のゲイリー・エリクソン（Gary Erikson）といったような何人かのオーナー経営者には、自分の会社を売却することによってより多くの利益を稼ぐ機会があった。しかし、彼らは、結局、価値ある目標を追求するために非公開企業のままにしておく方がよいと決断したのである。企業の私的保有は企業の目標に集中しやすくするのだ、もちろん株主の同意があれば、のことだが。逆に、株主が同意しない場合には、会社を解散させなければならないかもしれない。クリフ・バーの事例では、ふたりの共同所有者のうちのひとりが非公開企業のままにしておくことに同意せず、もうひとりの共同所有者が6500万ドルを支払って買い上げた。これは一個人や一企業が価値ある目的にこだわっている顕著な例である。

第3節　CEOと会話すること

結局のところ、いかなる変化であれ、大きな変化が組織に根を下ろすためには、組織のまさにトップの地位にある者がその変化を支援しなければならない。では、それはどのようにして成し遂げられるのだろうか。どのようにすれば、権力者に対し、彼らに馴染みがない、混乱させるような考えを伝達し、耳を傾けさせることができるだろうか。権力者はしばしば尊大で、威圧的で、しかも話に耳を貸す時間がない。そのような彼らをどのようにすれば変化へと説得できるのだろうか。

ＣＥＯや上級管理職、大統領、上院議員、下院議員といった強大な権力を持つ人々は、性格やスタイル、問題を取り上げる時のアプローチ方法などすべてが異なっている。にもかかわらず、彼らは地位に伴う重荷の性質から生じるいくつかの共通の特徴を有している。

このセクションで大きな権力を有する人々について議論するにあたり、私は彼らのことを「ＣＥＯ」という一般用語で呼ぶが、これは特定の仕事や肩書きにかかわらず誰にでも当てはまることであるという理解の上で用いている。

あらゆるコミュニケーションと同様に、ＣＥＯとのコミュニケーションにおける第1段階は、彼らの置かれている状況を理解することである。このことは、彼らの一見したところ極めて攻撃的な行動は、強大な権力をもつことに伴うありふれたことであるにもかかわらず、あなたという個人を脅していると解釈してしまう傾向を克服するのに役立つだろう。

ＣＥＯであることは、骨の折れることなのだ。あなた自身がＣＥＯの靴を履いて彼らのストーリーを理解すれば、彼らの行動は理解できない訳ではない。ＣＥＯは組織の成功や失敗に対して責任を負っているが、しかし成功の鍵となる要因の多くは彼らがコントロールできる範囲の外にある。彼らは組織の中の誰よりも大きな権力を持っているが、しかし実は権力を使うことはかえって逆効果になることもある。多くの情報が洪水のように押し寄せてくるにもかかわらず、彼らは実際に何が起こっているのかを把握するのに苦労する。彼らのもとには、組織の内外から助けを求める要望が殺到する。加えて、さらにひどいことには、彼らは最終意思決定者ですらないのである。つまり、役員会がＣＥＯの行動を精査するし、居並ぶ投資家、株主、規制者、司法長官、さらにはＮＧＯ等々誰もがその組織がいかに経営されているかについて発言することを要求するのにも対処しなければならないのである。おいしいスクープに貪欲で、ニュースを捜し求めて潜んでいるジャーナリストたちも意識しなければならない。ＣＥＯが絶えず包囲され誰かの攻撃を受けていると感じたとしても不思議ではなく、従って、ＣＥＯへの対応も簡単ではないのである[xv]。

彼らへのプレッシャーの結果として、ＣＥＯの行動は直観に頼ることが多くなる。彼らには悠長に構えている時間はないのだ。彼らが望むものは答えであり、それも、今直ちに欲しいのだ。しかも、彼らは、その答えを自分が信頼できる人びとから、自分が好む様式で受け取ることを要求するのである。

ＣＥＯの明らかな攻撃性の多くは、必ずしも個人に向けられたものという訳ではない。彼らは、彼らが直面する困難な状況に対応しているだけなのである。時には彼らには物事を論じている時間もなく、行動を要求する。そのことには一般的には誰かを傷つける意図はない。大抵の場合、彼らはただ仕事を遂行しようとしているだけである。

ＣＥＯの個人的慣習、好み、希望、偏愛、恐れ、崇拝物などについて知りうる範囲で学習すること（これは、事実上、ＣＥＯ個人のストーリーを理解することとなる）は、ＣＥＯと効果的にコミュニケートし、彼らを変革へと説得する最良の機会を与えてくれる。ゲアリー・ウィリアムズ（Gary Williams）とロバート・ミラー（Robert Miller）による１６００人の経営幹部を対象にした最近の研究によると、経営トップの80％は「カリスマ」「懐疑論者」「フォロワー」のどれかに該当し、残りの20％は「経理部長」と「思想家」であるという[xvi]。もし自分が対処しなければならない人物がどの種類に当てはまるのかが判明したなら、その人物のマインドセットに適合するようにコミュニケーションのやり方を調整することができる。著者たちによると、「カリスマ」は考えの大胆さが特徴であるという。リスク回避的な「フォロワー」は、他人も同じことをしているという安心感を求める。「懐疑論者」は、彼らが信用する人々からのメッセージを聞きたがるかもしれない。「経理部長」と「思想家」は、より細かい点にまでこだわりたがるようだ。

メッセージをもたらす人が誰かという点は重要だ。もし、あなたがＣＥＯの信頼する内なるサークルのメンバーではなかったとしたら、新たなアイデアに着手する有望な人物としてではなく、敵対者や取るに足らない人物として受けとめられるかもしれない。このような状況においてもうまくやることは不可能ではなく、ＣＥＯの注意を引き付けることが大きな課題となる。考えてみてほしい。もし、あなたが敵対者だと思われているとしたら、ＣＥＯは罠ではないかと心配するだろう。もし、あなたが取るに足らない人物であると思われているとしたら、ＣＥＯはあなたの言うことに全く耳を貸さないだろう。従って、既にＣＥＯの内なるサークルのメンバーである人物か、ＣＥＯに信頼されている人物を見つけることが重要なのであり、せめてＣＥＯとのやり取りを支援してくれる人を見つけることができれば、事は多少は容易に運ぶかもしれない。

普通の人々の場合でも、注意を引き付けることが一番の鍵なのである。ましてや相手がＣＥＯの場合には、それが戦いのほとんどすべてなのである。ＣＥＯの注意を引くためには、大抵の場合に有望なアプローチは、彼らが現在関心を持っている問題に焦点を当てることだ。通常、CEOは、自ら自身の考えに関わりのないアイデアを受け容れることはない。そこにグレーゾーンは存在しない。つまり、CEO自身のアイデアか、あるいは全く価値のないものなのか、どちらかしかないのであるxvii。第5章で述べるように、間接的なナラティブは、話し手のアイデアを聞き手自身のものにすることを可能にする。CEOを相手にする場合でも、このことは極めて重要だ。

CEOを相手にするあなた自身のストーリーが明快であることは重要だ。そのことは、権力を持たない者が権力を持った者の前に立った時にしばしば感じる無力さに起因する畏敬の念に打ち勝つことを助けてくれるだろうxviii。権力を持たない者にとって精神的な権威をもたらしてくれるものは、自分自身のストーリーの持つ真実性と信頼性であるということを十分に認識しなければならない。CEOを納得させようとするよりも、CEOがこれまで無視してきた隠れた可能性を理解できるように努めるのである。それは、CEOが新しいストーリーのレンズを通して、より正しい光の中で世界やその他のものを見ることができるように助けることを意味しているのである。

第4節　リーダー自身のストーリーを語ること

以上を換言すると、リーダーにとってのリーダーシップの重要な基盤は、自分自身のストーリーを固めることなのである。リーダーシップに伴う挑戦課題に対して準備はできているか。価値ある目標に対してコミットする覚悟はできているか。これらの質問に対する答えは、リーダーが当初に考えているほどには明白ではない。

リーダーは目標に対してコミットしているのか？

私がここで述べようとしているコミットメントとは、単に気持ちの上でのコミットメントにとどまるものではない。それは、何かを起こそうとする〈頭〉、〈体〉、そして〈魂〉のコミットメントなのだ。この考え方においては、目標へコミットするとは、些細な用件を引き受ける《コミット》こととは根本的に異なる。デイビッド・ホワイト（David Whyte）が述べているように、「揺るぎなく納得するということは、自己認識の一種である。（中略）それは発見され、育まれるだけでなく、我々自身が掴み取らねばならない」のである[xix]。

もし、リーダーが十分なコミットメントに到達していないのであれば、その目標は、人々の眼には、小さく退屈なものと見えてしまう。懸命に達成に向けて多大なエネルギーや努力を費やしても、全体としてはほとんど変化をもたらすことはできない。その時になって、リーダーは、自らが要点に触れず、問題を避け、自ら実行の意思のないことを口に出していたにすぎないことを悟るのである。

逆に、ひとたびそうしたコミットメントに至れば、その目標はより大きく、大胆で、そしてよりエキサイティングなものに見えてくる。リーダーは、本気になって話し、真に力を注ぐべきことについて話し、時には、自らが知っているとは知らなかったことまで話しているのに気づく。彼らは、目標に対してはっきりと焦点を合わせることができたのだ。つまり、将来のためにその目標を達成することが重要であるから、達成しなければならない、ということがしっかり議論されるのである。

リーダーは、ひとたび自らのコミットメントを確信すれば、レーザービームのごとくねらいを定めなければならない。じっとねらいをつけ、取りつかれたように目標を見定めるのだ。眼を見張れ。耳を澄ませ。

匂いを感じ取れ。指先で感じ取れ。舌で触れてみよ。それこそがリーダーの一部であり、まさに彼らのアイデンティティになるのである。何故なら、それは、彼らがどんなことがあろうと実行すると約束したことなのだから。

コミットすることが変化を起こす

以上に述べてきたことから、リーダーであろうと決心することは、我々が我々自身で下さねばならない決断だと申し上げたのが理解されたと考える。リーダーとは、例えば管理職に任命される時のように、他の誰かに指名されてなるものではない。それは、自らの世界への関与の仕方を決断することであり、自らをそれ自体において価値ある活動を追求するものと位置づけ、そして、それを行うために他者を引き込むことを決意し、その活動を今から始めることを決意するという、内なる決断なのである。

しかし、こうした決断は、誰もが為しうるものではない。

ひとつの理由は、先にも述べたように、リーダーになることは危険と隣り合わせであるという点だ。というのは、マネジメントの伝統的な機能は安定を壊す変化を回避することであり、従って、リーダーになるとは権力との潜在的な衝突の道に自らを置くこととなるからである。

リーダーには、他のリスクも存在する。彼らには、自らの生活が破壊されるリスクも伴っている。ストレスに満ちた新たな責任も負わなければならない。慣れ親しんだ仕事をやめ、不慣れな業務に取り組まねばならない。彼らは、未知の領域へ冒険の足を踏み出し、失敗を犯しながら多くを学ぶのである。リーダーには、成功の確信はなく、失敗の前例があったとしても、前進しなければならないのである。

リーダーになることは、他者との関係、とりわけ変化を支持しない人々との関係に変化をもたらすかもしれない。リーダーに同意しない友人や同僚の感情を傷つけてしまうことになるかもしれない。変革は時には妨害されるという事実にも直面しないといけない。こうした妨害に友人や同僚が加担していれば、一時的には彼らとの関係を解消しなければならない。

さらに痛々しいことに、リーダーは変革を達成したからといって、必ずしも個人的な賞賛を与えられるとは限らない。彼らは、成功によってかえって虐待に遭わされるかもしれないのである。偉大な改革者ほど、強い抵抗に遭う。成功するリーダーであることは、時に大義のために自らを犠牲にする。ガンディーやマーティン・ルーサー・キング牧師、ジョン・F・ケネディといったリーダーが受けた暗殺という制裁ほど深刻ではないとしても、変革を成功させたという功績を認められないというリスクは重大だ。彼らは、変化を起こすために自分のエゴだけでなく、人生の希望や、プライドですら犠牲にしなければならないのである。

変革が失敗すれば、リスクはさらに高まる。角部屋の広いオフィス、部下の採用や解雇に関する人事権、賞与や昇進についての決定権、高収入、休暇、健康保険、飛行機のビジネスクラス、そしてペブルビーチの福利施設といったマネジメント上の特権を失うリスクは言うまでもない。

実際、リーダーであろうとコミットすることは、順風満帆なキャリア形成には緊張をもたらすことになる。楽しく、人間らしく、感情の機微に満ち、また、世俗的な成功の獲得のために自らのキャリアがあるのだとすれば（つまり、組織の先頭に立つということ）、その人の意思は変革への徹底的なコミットメントには向かうことはないだろう。そこには純粋のリーダーになる余地などは全く存在しえない。

リーダーシップは臆病者には向いていない。リーダーになろうと考える人は、乱闘に加わる前に、以上のリスクをよく理解しなければならない。しかし、一方で、リーダーになろうとすることは、その挑戦を受け容れるすべての人々に対し開かれている。しかし、現実的には、それを受け容れようとする人はあまり多くない。

　リーダーになろうとする人は、結局、自分はリーダーシップに伴う様々な挑戦に取り組む覚悟があるかどうかを問われるのだ。そうした覚悟を持てない人もいるだろう。ある問題に際して、自分のキャリアや家族、友人、経済状況を危険にさらしたくないと決心する人もいるかもしれない。それでいいのである。しかし、彼らは、その決断を意識的に行わなければならないし、その決断の持つ意味をしっかりと理解しなければならない。

　これに対して、リーダーがそれ自体に価値のある目標に対して明確なコミットメントを示した時、世界は鋭くかつスリリングに焦点化される。彼らは自分が本当に信じていることを語ることができ、真に自分のものだと思える人生を送り、あるがままの満たされた思いを感じることができよう。それは、駆け引きや立身出世主義、物事のやり繰りを超えた新しいレベルにゲームを引き上げる機会なのである。彼らは、自分らしい人格、精神、体、行動、価値観を持つようになる[xx]。

　リーダーになると決断することは、軽々しくなされる決断ではない。歴史上の多くの英雄たちは、リーダーシップをとるかどうかという問題に直面した時に躊躇した。ホメロスのオデュッセウスは、女神カリュプソとともに暮らすオギュギア島を発つのを7年間もためらっていた。ハムレットは、生きるべきか死ぬべきか絶えず思い悩んでいた。そして、クリス・ヴォグラー（Chris Vogler）が映画『冒険への呼び声』で描いた一場面が浮かぼう。「部族は焚き火のまわりに集められた。年長者が煙の中から現われ、そして、あなたを指差してこう言うのである。『我々の部族は危機の只中にある。冒険の旅を引き受けるべく選ばれたのは、若者よ、君だ。君は、部族の存続のために人生を賭けることになったのだ』と」[xxi]。

ジョン・ミルトン（John Milton）は、英国の内戦の真っ只中であった1644年に出版されたエッセイ『アレオパジディカ』の中で、変革をリードすることを決心する時の感情を雄弁に語っている。その時彼は、言論の自由を体現しようとしたのである。

私には、つわものが眠りから覚め立ち上がるように、高貴で強力な国民が、今、起き上がり、無敵の銃門を開くのが見える。私には、国民が鷲のように羽換えしてたくましい若さを取り戻し、真昼の陽光の中で眼をらんらんと輝かせ、長く使い古した視力を天界の光源そのもので清めているのが見える。見よ、今、臆病で黄昏を好む鳥たちが群れをなして騒ぎたて、鷲が何をもたらすのかと驚き、嫉妬に満ちたおしゃべりをし、異端派や分派の年を予言しようとしているではないか[xxii]。

目標へのコミットメントは、リーダーシップにとって、中心的な重要性を持っている。つまり、変革の物語に没入し、執着することが極めて重要なのである。しかし、変革それ自体がもし聴衆の物語の深い理解と結びついていなければ、それは問題をはらむものとなる。この問題について、第4章にて議論する。

---

[i] E. Young, "Conjectures on Original Composition," R. H. Fiske, *101 Elegant Paragraphs*, Rockport Mass.: Vocabula Books, 2005, pp. 6-7.

[ii] R. C. White Jr., *The Eloquent President: A Portrait of Lincoln Through His Words*, New York: Random House, 2005, p. 189.

[iii] White, *The Eloquent President*, p. 251.

[iv] White, *The Eloquent President*, p. 256.

[v] White, *The Eloquent President*, p. 257.

[vi] N. Machiavelli, *The Prince*, New York: Bantam, 1966, p. 99（初版は１５１３年）.

[vii] Machiavelli, *The Peince*, p. 99. アメリカにおいては、たとえ強硬な政治の実行が主要な宗教の教義と折り合いをつけることが困難であっても、政治家が外見上は敬虔さを有するように見せることが特に重要である。ある意味で現代の政治家は宗教の実践者でもある。時に、政治家が政治上での成功のために必要な行動をとる場合、宗教的価値が顧みられない場合もありうる。

[viii] Machiavelli, *The Prince*, p. 31.

[ix] M. Bai, “The Way We Live Now: The Last 20th-Century Election?” *New York Times* Magazine, November 19, 2006.

[x] Bai, “The Way We Live Now.”

[xi] J. M. Burns, *Leadership*, New York: HarperCollins, 1978, p. 1.

[xii] 最高位に就く、仕切る（preside）とはふたつの意味を持っているが、そのどちらも明示的にはリーダーシップとは関係がない。ひとつは、「権威、あるいは、統制する地位に就く」ということである。これは全く活動的ではない。それは、長を務めたり、統率したり、監督したりといった象徴的な役割である。もうひとつは、「管理や統制を実践する」である。これは活動的ではあるが、管理的でありリーダーシップではない。大統領は、進行中の事業の運営、遂行、監督、統治、舵取りなどを行う人物である。ここには変革や変革を引き起こすという意味は明示的には含まれない。

[xiii] A. Klapmeier, “Passion,” *Harvard Business Review*, 2007, 85（1）, pp. 22-23.

[xiv] M. E. Porter and M. R. Kramer, “The Competitive Advantage of Corporate Philanthropy,” *Harvard Business Review*, 2002, 80（12）.

[xv] M. E. Porter, J. W. Lorsch, and N. Nohria, “Seven Surprises for New CEOs,” *Harvard Business Review*, 2004, 82（10）.

[xvi] G. A. Williams and R. B. L. Miller, “Change the Way You Persuade,”*Harvard Business Review*, 2002, 80（5）. また下記の文献も参照されたい。G. A. Williams and R. B. L. Miller, *The Five Paths to Persuation: The Art of Selling Your*

Message, New York: Warner Business Books, 2004.

[xvii] S. L. Katz, *Lion Taming: Working Successfully with Leaders, Bosses and Other Tough Customers*, Naperville, Ill.: Sourcebooks, 2004, p. 32を参照されたい。CEOへの対処とライオンを飼い慣らすことの類似性が興味深い。

[xviii] D. Keltner, D. H. Gruenfeld, and C. Anderson, "Power, Approach, and Inhibition," *Psychological Review*, 2003, 110 (2), 265-284.

[xix] D. Whyte, *Crossing the Unknown Sea,* New York: Riverhead Books, 2001, p. 8.

[xx] S. Scott, *Fierce Conversations: Achieving Sccess at Work and in Life One Conversation at a Time*, New York: Viking Penguin, 2004, p. 74.

[xxi] C. Vogler, *The Writer's Journey: Mythic Structure for Writer*, Studio City, Calif.: Michael Wiese Productions, 1998, p. 99.

[xxii] J. Milton, *Areopagitica,* Chicago: Henry Regnery Company, 1949, pp. 55-56.

第4章　聞き手のストーリーを理解すること

私は知っている、私が言ったとあなたが思っていることについて、あなたは理解できたと信じていることを。しかし、私が確信を持てないのは、あなたが聞いたことが私が意図したことではないということにあなたが気がついているかどうか、なのだ。

――ロバート・マクロスキー（Robert McCloskey）i

2001年9月5日、ハウエル・レインズ（Howell Raines）は、大胆な変革の戦略を胸中に抱え、ニューヨーク・タイムズ紙の編集局長を引き継いだ。彼はとても多忙な人間であり、また、自信に満ち、その自信には十分の根拠があった。

彼の戦略は、一貫性のある包括的なもので、極めて明確であった。彼は、〈グレイ・レディ〉と愛称される歴史ある新聞の責任者として、同紙が当時あまりにも自己満足に陥っていることに気がついていた。彼はこのことに対し揺さぶりをかけることで、早急にニューヨーク・タイムズ紙を単なる記録媒体として権威のある新聞ではなく、エキサイティングなものにしようと考えていた。彼は、〈新陳代謝を高め、競争力を付ける〉ための戦略を立案した。事態は急を告げていた。彼の戦略が実行されなければ、ニューヨーク・タイムズ紙は激しい生存競争に飲み込まれることが彼の眼には明らかであった。

レインズは、自身の戦略プランを実行するために詳細に亘る具体案を作成していた。彼は、もはや化石と化していた第1面にもっとオリジナルな物語を掲載したいと思っていた。彼は、〈圧倒的な力〉を持つ〈大きなストーリー〉を掲載するつもりだった。彼は新聞のマストヘッドたち——社説面の編集局長の下に名前が掲載される上席社説委員たち——に紙面構成に対しさらなる発言権を持たせようと考えていたのだ。彼は印刷版の新聞と新しいオンライン・メディアとの間にこれまで以上に密接な統合性を持たせようとも考えていた。レインズにとっては、ニューヨーク・タイムズ紙はニュース報道のナンバーワンでなくてはならず、その責任を回避するための昔ながらの言い訳には耳を貸そうとはしなかった。彼は、「ニューヨーク・タイムズ紙が伝えるまで、ニュースはニュースではない」と考えていたのだ。新聞とは、すべての地域のすべての世代に亘るすべての潜在的な読者の本当の興味についてもっと注意深く耳を傾けるべきものであり、それらのすべての人々にとってのトップ記事を掲載しなくてはならない、のだ。彼のねらいは、この〈世界で最も偉大な新聞〉がさらにこの上なく偉大になることであった。

レインズには、ニューヨーク・タイムズ社という会社自身やその従業員をよく知っているというアドバンテージもあった。彼は、ニューヨーク・タイムズの様々なオフィス——ニューヨーク、アトランタ、ワシントン、ロンドン——で20年以上も働き、しかも、記者、特派員、支局長、そして近年では社説の責任者など様々な仕事を経験してきた。

加えて、彼には、今回のポジションに就くにあたって、贅沢と言えるほど十分の準備時間があった。2001年5月の時点で既に編集局長に就くことが内定していた。そのため、彼はひと夏をニューズ・ルームを知るための時間に費やした。例えば、マネジャーやスタッフたちとは何度も朝食や昼食を一緒にとり、議論を重ねてきた。実は、彼は、1990年代の初めからこの地位への準備をしていたのだ。彼にはわが家に戻ってきたかのような感覚であった。新たな仕事がとても楽しいものになると心から大きな期待を抱いていた。

また、彼には、同紙の発行人であるアーサー・サルツバーガー・ジュニア（Arthur O. Sulzberger Jr.）が後ろ盾となっていた。同氏は、レインズが攻撃的なアプローチを社説面に持ち込んだ点を高く評価し、クリントン大統領やジュリアーニ・ニューヨーク市長から苦情が持ち込まれた際には、レインズを徹底して擁護した。さらに、同氏は、レインズの大胆な変革の戦略に同意するだけでなく、早急に実施に移すよう強い指示も出していた。

そのためレインズには従業員の雇用と解雇に関する幅広い権限も与えられており、彼はこの権限を大いに活用した。彼の唯一のライバル、ビル・ケラー（Bill Keller）――隔週コラムの担当であり、ニューヨーク・タイムズ日曜版の編集権を持っていた――を閑職へ追いやった。一方で、レインズは、鍵となる補佐役としてこれから何をしなければならないかについて彼の考えを共有できる人物を登用することができた。彼は、ジェラルド・ボイド（Gerald Boyd）を副局長に選任した。また、アンドリュー・ローゼンタル（Andrew Rosenthal）を次長に就任させ、ロジャー・コーエン（Roger Cohen）を外報部長代理に指名、さらにマイケル・ゴードン（Michael Gordon）をロンドンから呼び戻した。また、パトリック・タイラーを〈リード・オール（Lead-alls）〉――様々な分野に亘るニュースの糸をつなぎ合わせて新たな時代の大きな流れをひもとくストーリー記事――を書かせるためにワシントン支局に異動させた。

巡り合わせも、また、彼の好調な滑り出しを後押しすることとなった。レインズは、〈ウサギのような小物ではなく、大きな獲物を獲得する〉[ii]という気概を持って、２００１年9月5日に就任した。彼にはジャーナリストとしての素晴らしい幸運が伴っていた。彼は、就任直後に世界中で最も語らなければならない出来事に遭遇することとなった。それは、就任のわずか6日後に生じた9・11の悲劇であった。この事件は、〈圧倒的な力〉を持つストーリーで第1面を飾るという彼の戦略を実行する完璧なる機会となった。ニューヨーク・タイムズ紙は、9・11関連の記事で多くの観点で文字どおり圧倒的な力を発揮し、世界的な賞賛を得た。翌年には、史上はじめて7つのピューリッツァー賞を獲得、「古ぼけたビュイックのようなニューヨーク・タイムズでも、グランプリ・レースを走る馬力があったのだ」[iii]とレインズが言うように、就任初年度は素晴らしいものであった。

レインズは、こうして経営上のアドバンテージをことごとく獲得していった。しかし、やがて、彼は、右腕のジェラルド・ボンドとともに解雇され、変革の戦略もぼろぼろになって潰えることとなる。ニューヨーク・タイムズ紙の発行人は、「より多く、よりよく、より早く」というレインズの戦略を撤回することを約束し、スタッフの大部分をなだめざるをえなかった。彼はニューヨーク・タイムズはいかなる自己満足にも陥っていないとして、「自己満足など、本紙のどこにもいまだかつて存在したことはないし、これからも生じてくることもない」と述べた[iv]。

編集局長に就任後わずか19カ月のレインズの更迭は、ジェイソン・ブレア（Jayson Blair）という若い記者が犯した盗作と虚偽の報道が暴露されたことが引き金となっている。

しかし、ジェイソン・ブレアの悪事は、レインズの失敗とはほとんど関係の無いことであった。編集局長であるレインズが一介の若い記者の振る舞いなど知る術はなかったし、また、見習いから記者へのブレアの素早い昇進によるプロフェッショナリズムの欠落やたびたびの失敗についてレインズが相談されることもなかった。むしろ、レインズは、何らかの問題にスポットライトが当てられたならば、進んで完璧なるディスクロージャーを求めてきたのだ。

レインズ解雇の隠された理由は、彼が〈編集室を失った〉[v]点にあるとされている。彼は、リーダーとしてスタッフの〈心〉を掴むことができず、大胆な変革の戦略を実施できなかったのだ。

それは、何故だろうか。

言うまでもなく、レインズの失敗には様々な要因が関係している。レインズ自身も、その一部分しか理解していないようだ。彼は、もっと他人の話を聞くべきであったし、大切なことを話す際に〈憤怒するタカ〉のような形相になることについても自らを振り返るべきであった。彼のアグレッシブな経営スタイルに萎縮してしまったメンバーに対してももっと注意を払うべきであったし、たびたび用いるアメリカ軍のメタファーや独裁的なアメリカンフットボールの監督であるベアー・ブライアント[1]を引用することが役に立たないということも認識すべきであった。おそらく、彼がアイビーリーグ出身者ではないことも不利に働いたかもしれない[vi]。

しかし、そうしたテクニカルな点よりもはるかに重要な問題が存在している。それは、レインズがリーダーシップの核心を達成できなかったということだ。すなわち、彼は、マネジャーやスタッフたちに自らがニューヨーク・タイムズを是非とも変革したいと思わせるには至らなかったのだ。レインズは、読者数を増やし収益力を上げることを至上命題と考えたにすぎない。彼が失敗したのは、マネジャーやスタッフに対し、変革することはジャーナリストとしての彼らの人生をよりよいものにするのだと説得できなかったのである。

---

1 アラバマ大学のカレッジ・フットボールチームの監督であり、監督在任中に六度、全米チャンピオンを獲得している。

第1節 「マネジメント」とは私たちが理解しているほど有効なものではない

レインズが適切な戦略を持ち、それを実行するマネジメント・ツールをうまく活用したとしよう。それでも、レインズが到達する結論は、多くのCEOの例に漏れず、マネジメント・ツールはほとんど効果がない上に、根本からの変革を求めるリーダーシップにとっては、邪魔な存在だということになるはずだ。

レインズのようなマネジャーにとって理解できないことのひとつは、いかに誠実な意図を持ち、良いアイデアを持って臨んでも、メンバーの眼には必ずしも建設的で有益な措置とは映らないということだ。トップマネジメントのような権限を伴うポジションは、文化的にも、心理的にも、また、政治的にも、複雑で錯綜しており、状況は決してイノセントなものではない。マネジャーは、自らの行為において自らが意図したことが、聞き手に間違いなく理解されていると思っていると、レインズの轍を踏むことになる。

マネジャーの第1の権限は、命令を出すことであり、従わせることである。マネジャーは厳然と世界の支配者のように話をし、スタッフに対しては静かに話を聞き、従順に命令に従うことを強く要求する。レインズは、編集委員たちに対し、日々ミーティングを実施し、次号で何を特集するかについて命令を出した。しかしながら、彼の命令は、記者や各セクションの編集者たちにとっては、ジャーナリストとしての知的誠実さを妨げるものと捉えられることが多かった。

マネジャーには多くの場合コーナー・オフィス[2]を得る権利がある。しかし、その権利がマネジャーがリードしなければならない人々とマネジャーをつなぐ手助けになるとは限らない。実際に、コーナー・オフィスによって空間的にも感情的にもメンバーとの間に大きな乖離が生じることが間々ある。レインズに対する不満のひとつには、彼がコーナー・オフィスに閉じこもり、編集室をぶらつくことをやめ、スタッフと会話をしなくなったことが挙げられている。編集委員たちとの朝のミーティング会場はいつしか〈非武装地帯〉と呼ばれるようになっていた。というのは、そこは、彼らのオフィスのあるニューズ・ルームとレインズのコーナー・オフィスの間に位置したからである。オフィス空間のレイアウトが心理的隔たりの発生を助長させることとなるのだ。

レインズには、マネジャーとして、適切な人を雇用する権限が与えられていた。『良い企業から突出した優良企業への道』[3]を執筆したジム・コリンズによると、リーダーが為すべき第一のことがらは適切な人の雇用であるとされる。レインズはこのアドバイスに従い、重要なポジションには彼自身が指名した人物を据えたのだが、そのほとんどはこれまでの彼のスタッフからの登用であった。そのため、彼の人事は不公正だと非難されることとなった。レインズは〈ベストな人々〉を選んだと正当化するのだが、そうした行為は、かえって彼が選んだ人々が最高の人々でなかったと認識されてしまい、さらに多くのスタッフを怒らせることとなった。このことは、彼の変革に対するスタッフの支持を徐々に蝕むこととなる。

レインズにはもちろん適切でない人を解雇する権利も与えられており、彼もそれを積極的に行使した。しかし、その権利の行使は彼がリーダーとして人々を変革へと導くことをサポートしただろうか。誰かを解雇すると、通常、会社というシステムを適切に操作する術を知っている人間だけが生き残る。そうした人々には、組織内のポリティクスを体現し、コネやゴマすりに長け、既存のやり方にどっぷりと浸かり、

2 ビルの四隅の角部屋は窓が多く、広く設計され、幹部職員のオフィスに当てられることが多い。コーナー・オフィスを得ることは、昇進と成功の象徴とされる。
3 J. Collins, *From Good to Great*. Harper Business, 2001.

上司が聞きたいことのみを報告する人々が少なくない。先述したジェイソン・ブレアが活躍できたことは、単なる偶然ではないのだ。彼は、レインズの要求を反映した分かりやすく視覚に訴える記事を書いていた。結果としては、問題はブレアの記事が真実でなかったということだったが、彼は社内でゴマすりと呼ばれていた。

また、インセンティブの問題を忘れてはならない。言うまでもなく、マネジャーにはボーナスや昇進を与える権利が与えられている。しかし、これは、一般に賄賂と呼ばれるものと大きな相違はない。マネジャーがそのようなことをするならば、メンバーは面従腹背をすることになる。自らの行動に対して熱い想いを抱くということは全くなくなり、いやいやながら命令に従うことになる。彼らは、「しばらく頭を引っ込めておけば、そのうち嵐は通り過ぎるさ」と考えるのだ（時には、あからさまにそう主張する）。インセンティブは、結局のところ、システム自体を掛け金にしてしまい、そしてそれを台無しにしてしまう。いつの間にか出来上がってきた企業ランキングや格づけ、そして報酬システムなどは、復讐の女神ネメシスにも擬せられよう。インセンティブは、はぐれ者をつくり出すことはあっても、人々を奮起させるようなことはない。熱い想いでは誰にも負けないというチャンピオンを生み出すこともない。ましてや、変革のために必要な持続するエネルギー、強い興味、そして熱い想いを生み出すこともない。

マネジャーには、他にも多様な権限が与えられている場合がある。時には、そうした権限をめぐって部下たちと議論になり、時には交渉ともなる。交渉となった場合、問題となることは、窮屈で隘路をたどる法律のような文言至上主義に陥ることだ。そうした姿勢でよりよいパフォーマンスを求めても、一切の報酬がなくともいっそうの努力をしたくなるような熱い想いを生じさせることはない。マネジャーにしても、優れた成果を得るために必要なことのすべてに何らかのインセンティブや報酬を出していると、そんなインセンティブや報酬はたちまちに底をついてしまうこととなる。ニューヨーク・タイムズにおいて、レインズは計り知れないパワーを持っていたが、彼が計画した変革のすべてに対して報酬を支払うには、全くもって不十分であった。

以上をまとめると、階層上のリーダー、すなわち、マネジャーの持つ様々な特権――命令権、オフィス・スペースの設定、雇用と解雇、インセンティブとディスインセンティブの設定と提供等々――は、マネジャーがメンバーと一体となることを必ずしも手助けするという訳でもなく、本物のリーダーが行うべき最も重要なこと、言い換えると、これまでとは根本的に異なる新たな変革を実行するための持続する熱い想いを人々に持ってもらうこと、を達成することに対し役立つとは限らないのである。

レインズは2001年の夏にスタッフと多くの昼食をともにしたのだが、たとえマネジャーが民主的であろうとして尊敬の念を持ってスタッフに接点を求めたものであったとしても、スタッフからは脅迫的であるとか、何か下心があるのではと見られてしまうのだ。

第2節　今日の聞き手の特性

皮肉なことに、かつてレインズがニューヨーク・タイムズのCEOとして行ってきた様々なことは、今、実を結び始めている。

かつての人々は自分が生まれたところで生活し、仕事をしていた。その結果、彼らは一般常識、信念、価値観を共有していた。その頃は、世界には大きな変化はなく、静態的であった。男性が仕事をし、女性は家事を行い、子供の世話をした。組織の中でのコミュニケーションはトップダウン型で、人々には権力を持つ者の指示を受け容れる以外にはほとんど選択肢がなかった。しかも、そうした指示そのものも、時が流れてもほとんど変化することのないものであった。そもそも、資産を持つごく少数の支配者が取り仕切っており、ボトムアップのコミュニケーションは存在していなかったに等しい。言い換えると、静態的な世界においては、変革のために自らの上役を説得する必要性も可能性も存在しなかったのだ。政治は特定のある一部に人々によって担われたのであり、その決定事項を一般の人々に受け容れるよう説得することなどはせいぜい付け足しにすぎなかった。市場には選択の幅などほとんどなく、寡占状態であった。家族内では親たちのことばが法であった。こうしたこれまでの世界においては、権力を持つ一部の人々が業務の執行に当たり、リーダーシップもまた不要だった。圧倒的多数の人々は言われたことに従うだけだった。コミュニケーションはトップダウン型で、常に命令によって仕事をコントロールしていたのだ。

今となっては、このような世界は、はるかなるいにしえの時代の話である。まず、第1に、今日の聞き手は、かつての人々よりもずっと複雑だ。彼らは、毎日明けても暮れても新しい指示を聞かされており、演出され脚本に従ったメッセージに慣れっこになっている。命令を受け、コントロールされ、服従を求められ、強要され、指示され、押し付けられ、引っ張り回され、脅され、威嚇されることにも、もう、辟易としているのだ。彼らは、むしろ、一人前の大人らしく扱われることを望み、同等の知性を持った存在として話しかけられたいと願っている。今日、マネジャーが対処しなくてはならないのは、こうした人々なのである。現代経済では知識が生産の重要な要素を占めるようになっており、労働者はその一端を担う重要な存在であり、彼らの要求を無視することはもはや許されないのだ。

また、多様性の進展も、コミュニケーションの円滑さをさらに難しくしている。古代ギリシヤでは、驚いたことに、アリストテレスは、アテネとスパルタの中年の男性からなる聞き手を多様な聞き手と呼んでいたvii。だが今日では、アテネとスパルタなどはまるで同じようなものだ。職場や市場での今日の聞き手は、同年代のアテネやスパルタの男性といったようなものではなく、異なる性別、異なる民族、異なる国籍、異なる宗教、異なる生活習慣、異なる年代、そして異なる土地に住む人々なのだ。様々な前提、価値観や信念を共有するということは、当たり前なことではなくなっている。あらゆることがらについて異なった視点が存在する時代において、私たちはどのように他の人々と関係を持つことができるというのだろうか。

第3節　根本的な変革とは、本質的に、破壊的なものだ

今日、私たちがメンバーに引き受けさせようとしている変化は、以前には考えも及ばなかったほど大きなものだ。

ハウエル・レインズがこれまでとは異なった方法――より迅速な業務処理、組織の壁を越えた親密な相互協力、新たな話題の提供、新しい読者の獲得、オンラインでの情報提供に対するプライオリティづけ、タイムリー性の重視――をスタートしようと指示した時、彼が求めていたことは、ニューヨーク・タイムズのスタッフ自らが自らの行動を大きく変化させることであった。しかし、マネジャーや記者たちはそれぞれが慣れ親しんだ現状に深く根ざした利害関係を持っているものだ。このことは決してほめられたものではないにせよ、定着してしまっており、少なくとも彼らに安心感を与えるものではあった。言うまでもなく、そこにも不平や悩みの種は存在した。しかし、ハウエル・レインズが提示した見知らぬ新世界の脅威と比較すると、合理的で、賢明で、安全な場所のように見えた。

問題は、リーダーが根本的な変革を提案する時、人々に対して期待していることの重大さに気づかない

ことにある。

ちょっと考えてみてほしい。1993年にルー・ガースナー（Lou Gerstner）が典型的なハードウェア企業、IBMのCEOに就任した時、将来、IBMは異なるコンピューター・システムをネットワーク化し、サービス業務から多くの利益を獲得しようとスタッフに語りかけたが、このことは、多くの社員に対し、過去と決別することを求め、全く異なった行動をとるよう命令しているのと同じことなのだ。長い間IBMで働いていた人々にとって、彼らのアイデンティティはハードウェア企業での仕事の内容と堅く結びついていた。従って、ガースナーがIBMに入社し、これからはサービスを提供する企業の一員として業務を行ってもらうこととなると話した時、彼が求めたのは、単にこれまでとは仕事が変わるというだけではなく、新たな役割を果たすことなのである。このことは、事実上、メンバーに対し新たなアイデンティティを確立するように求めたに等しい。これはボスが社員に求めるにしては、あまりにも大きすぎる課題ではないのだろうか。社員一人ひとりのあり方にまで言及するガースナーとは、いったい何者だというのだろうか。

今ひとつ例を挙げよう。2001年にはジェフ・イメルト（Jeff Immelt）が代表的な加工メーカー、GEに入社している。彼は、加工や組み立てに懸命になっていた社員たちに、これからは〈環境にやさしい企業〉の一員として〈仕事に想像力を加えること〉に携わってもらいたいと話しかけた。このことは、社員にとって、これまでとは異なる仕事を引き受けるというだけにとどまるものではなかった。それは、新しい役割を引き受け、新しい価値観に従うことを意味していたのだ。ここでもトップは社員に対し事実上これまでとは異なる人々になるように求めていたのである。トップといえども、社員に対し、ここまで大きなことを求めることができるのだろうか。

第4節　リーダーは聞き手のストーリーを理解しなければならない

リーダーが、以前より対応が難しくなった聞き手に対し、根本的な変革について持続する熱い想いを持ってもらいたいと願うならば、自らの意志に従ってもらうとかあるべき状況へ向けて然るべき行動をとってもらうといった考えは捨て去る必要がある。むしろ、リーダーの仕事は、聞き手にこれまで誰も思いもつかなかった可能性を見せることができるかどうかという点にある。このことは、聞き手自らが新たな価値観を見出し、世界や他者への関わり方を捉え直す能力を創り出すことを意味している。また、このことは、現在の生活が何らかのストーリーにとらわれ行き詰まっていると感じている人々に対し、出口への方向性を提示することでもある。それによって、聞き手はこれまで何らかの理由で見えてこなかった生活を、新しく、これまでとは異なる、より有望なストーリーを通じて認識できることとなるのだ。

リーダーが聞き手にこうした新しいストーリーを発見し、これまでにない新しい将来を想像してもらいたいと考えるならば、まず、聞き手が現在を生きているストーリーを理解する必要がある。そのストーリーの世界では、今、どんなことが起こっているのだろうか。それらの出来事はどのように関連し、聞き手にどのように理解されているのだろうか。もし受け容れ可能な意味をなしているのであれば、それは、彼らのどんな態度や信条、望み、夢、恐怖などがどのように関連しあって受け容れ可能となっているのだろうか。一部に、実現されない夢、不満、あるいは、理想と現実の矛盾など様々な緊張があったとしても、全体的に見れば、多くの場合がそうであるように、世界が一貫したものであるとするならば、それは、何故、どのように達成されているのだろうか。

表面的に見るならば、この世界は我々が慣れ親しんだとおりに、日常のルーティンに従い、人々の行動は予測可能だ。しかし、その背後にはより深い感情の領域が存在する。そこは、生きていることの喜びや興奮、愛し愛されたいという欲求、心の奥底にある願いごとを実現できないことの痛み、自分の目標と他者の目標との間のジレンマ、免れえない死の恐怖などが存在する世界である。変革に対する持続的な熱い想いが生まれる源泉はこの深い感情の世界なのだ。リーダーが理解しなければならないのは、この世界なのである。

しかし、この世界は、直接的に観察できるものではない。では、リーダーは、どのようにしてこの世界について理解するのだろうか。ある種の推測や類推、憶測といったことも必要だ。しかし、彼らは、何よりもアーティストのようにこれらのことを理解しなければならないのだ。リーダーは、質問を重ね、探索を重ね、直観を働かせ、あてもなく彷徨し、迷いに迷いを重ねるのだ。リーダーは、野生動物の跡を追うハンターのように、視覚を研ぎ、聴覚を磨くのである。やがて、彼らは、その世界の生態を理解し、その一部となる。そうして、その世界の何に本当に価値があり、何に価値がないかを身体に染み入らせて知るのだ。リーダーは、忍耐強く、粘り強く、そして磨かれた技術で探り棒を入れるように慎重に探求を続けなければならない。そうしてはじめて、この世界の中に尊厳にたるものを見出し、ユーモアや人間らしさ、道理、エネルギーを発見することができるのだ。それらを通じて、ようやく、様々な境界を笑い飛ばし、多くの障害を越えて新しい未来を拓く道を見つけるのである。

こうした探求は、この世界について様々なデータを集め分析するとか、そこで行われる諸々の活動に費やされる時間のパーセンテージを計算するといった定量的調査を行うこととは異なった作業だ。また、科学者ように鋭い観察力で人々を観察するという作業でもない。もちろん、そうして集められたデータが全く役に立たないという訳ではないが。

むしろ、想像力を広げて、変革を必要としている人々の主観的な意味の世界に入り込んでいくという問題なのだ。リーダーは、その世界で〈生きている〉ということがどういうことかを理解し、その論理、力、道理、そして全体が織りなす、抵抗しがたいまでのハーモニーを感じ取らねばならないのだ。こうして、彼らはこの世界との関係を築くこととなる。そうした時、マルティン・ブーバー（Martin Buber）なら、人々は〈それ〉ではなく、〈汝〉へと変わることとなると言うかもしれない[viii]。このことが、リーダーが人々のストーリーを理解するということなのである。

リーダーがこれらの根本的な特性を見誤り、メンバーを邪魔者と思ったり、敵や反抗者、不満分子と考えたり、あるいは馬鹿で頑固、無責任で心の捻じ曲がった人と捉えるならば、メンバーと関係の絆が断たれるリスクは大きなものとなる。

従って、リーダーには、たとえ、どんなに奇妙で風変わりでひねくれていると思える相手であっても、その世界を理解することが必要となる。そのための最善で、おそらく唯一の方法が、聞き手が自らそこに参加していると感じ取れるストーリーを再構築することなのである。心理学者であるダン・マッカダムズ（Dan McAdams）は次のように述べている。

> 人間は、会話の中に自分自身についての多岐に亘るストーリーを持ち込んでくる。これらの話は、より大きく相互に重なりあった様々なストーリーの一部であり、最終的には自分自身についてのアンソロジーを構成する。ひとつの物語が、ひとりの人間の人生を意味づける数多くの物語のすべてを包摂するという訳ではない。しかし、中には、他の物語より広い範囲を扱い、大きな統合力を持ったものがあり、それがその人のアイデンティティを形づくるものとして機能することとなる。アイデンティ

ティは、一人ひとりに単一の壮大なストーリーとして存在するとは言えないが、ストーリーとしてまとめ上げることを通して構築されるのであるix。

我々は、通常、聞き手にどのようなストーリーを語るべきかを考えるのに多くの時間を費やしているが、コミュニケーションにとって難しい点は、むしろ、聞き手が現在どのようなストーリーによって生きているかを理解することにある。我々が創造力に富んだ飛躍をし、聞き手のストーリーに入り込むことができたならば、伝統的な階層的マネジャーとは大きく異なった関係を構築することができる。我々は、人々を見下すのではなく、一緒に話をしなければならない。リーダーは、自らがリードしようと思っている人々と会話をしなければならないのだ。

我々は、会話を通じてこそ聞き手の世界で何が起こっているかを学び、どんな話が新たな熱い想いを生み出すかを知ることができる。このことは、客観的な観察ではなく、むしろ聞き手との積極的な交流を必要とする問題だ。客観的な観察は、聞き手を遠ざける装置として機能する。我々がリードする相手と絆を築こうとしている時、相手を遠ざけることは行なってはならない。ストーリーの交換という経験を共有することを通じてのみ、何が聞き手の世界で生じているのかを見出すことができるのである。

第5節　新しいリーダーを探し出し、自信を与える

このような一連の会話を通じて、CEOは組織内で既に変革の必要性を発信し、実行している潜在的なリーダーを見つけ出すことができる。

ラリー・プルサック（Larry Prusak）やトム・ダベンポート（Tom Davenport）が、大規模組織で大きなイノベーションが成功するのはどのような場合かを調査し、変革の原動力はCEOから出されたものではないということを発見している[x]。イノベーションは、多くの場合、経営に関して何らの公式の権限を持たないミドル層から始まる。彼らが変革の伝道者となって、最後にCEOが実質的な承認を与えるのである。例えば、アラードとシノフスキーは、1993年のマイクロソフトにおける変革の伝道者であった。彼らの行為は1995年にビル・ゲイツの〈津波メモ〉によって承認を与えられたのである。

プルサックとダベンポートは、これらミドルレベルの変革の伝道者を〈実践的アイデアマン〉と名づけた。こうした事例は、デル・コンピューター、ゼロックス、ジョンソン・アンド・ジョンソン、インテル、ヒューレット・パッカード、ブリストル＝マイヤーズ・スクイブ、イーライ・リリー、BIC、GORE、そしてカナダ帝国商業銀行等々の企業で見出すことができるが、いずれも、新しいアイデアの背後で原動力として機能したのは、CEOではなく、実践的アイデアマンであった。彼らは、熱い想いがほとばしる自主性でもってイノベーションを信じ、トップマネジメントではないが、結果としてトップから支援を得ることができた人々なのである。

CEOがこれまでとは異なった新しいことを始めている人々を見つけた時には、その努力を承認し、他のスタッフにも参加するよう支援することができよう。このことは、新しいリーダーたちを動機づけるという仕事を省くことができるということでもある[xi]。

第6節　レインズの失敗

では、ハウエル・レインズは、実際のところ、どうすればよかったのだろうか。レインズとスタッフとのコミュニケーションは、双方向の会話と言うよりも、一方的な指示であった。彼は、重要事項について話す時に、〈憤怒するタカ〉のような形相になることについて振り返ってみることもなかったし、2001年の夏に多くのスタッフと昼食の席を共にしながら、スタッフがあまり話さないことについて十分な注意を払わなかった。これでは、本当の会話とは言えない。レインズは、スタッフのストーリーを十分に理解するには至らなかったのだ。

昼食の席でレインズが考えていたことは、将来の方向性の具体化に向けて、誰を登用するか、どのニュースを優先するか等についてばかりであった。彼は、ニューヨーク・タイムズのスタッフの中から、将来を掘り起こすような仕事に貢献する素晴らしい才能を見つけ出すことには全く注意を向けなかった。レインズは、これまで自らが作り上げてきたやり方で素早い意思決定を行っていた。その際、レインズは、部門責任者やスタッフが、将来、会社に貢献できるように、と腹を割った話しあいをするということがなかったので、彼らを動機づける機会を潰してしまった。そのため、危機に陥った際、「編集室を失う」こととなり、それを取り戻すことができなかったのだ。多くの仲間たちと同様、レインズもマネジャーの業務に忙しく、リーダーであるということに対し配慮できなかったのだ。彼は彼自身のビジョンをメンバーに押し付けることに忙しかったが、そのビジョンは決してメンバーのものとはならなかった。

レインズは、ニューヨーク・タイムズのスタッフに、この会社が生き残っていくためには、これまで誰も思いつかなかったような、新しく、そして他には見られない、将来性のあるストーリーを作成しなければならないことを認識してもらいたいと考えていた。しかし、彼らの現在のストーリーを理解することなく、どのような新しいストーリーが彼らに力を与えるか、を知ることができるのだろうか。また、どのようにして彼らを触発して新しい世界に対する視点を持ってもらうことができるのだろうか。

レインズは、「社内に巣食う既得権意識と自己満足」に不満を述べ、「日常レベルのルーティン業務でも素晴らしいと賞賛し、ずさんとしか言いようのない仕事でもそれなりの出来だと認めてしまう」風潮に対して嘆いてみせたが、彼らに新しい熱い想いを染み込ませるにはどうすればよいかについては、理解することができなかったのだ[xii]。レインズが、彼らと共鳴するメッセージを考えつくには、彼らのストーリーをより深く理解しなければならなかったのである。

変革の理念についてストーリーを作成し、聞き手のストーリーを理解するためには、一定程度のナラティブ・インテリジェンスを必要とする。このナラティブ・インテリジェンスとは何だろうか。どのようにそれを獲得するのだろうか。ナラティブ・インテリジェンスの構成要素は何だろうか。そしてそれは人々の心を変化させる他の方法とどのように関わるのであろうか。次ではこれらの問題について説明していくこととしよう。

---

i ThinkExist.com(http://thinkexist.com/quotes/robert_mccloskey/：２００７年４月16日アクセス)における引用より。
ii K. Auletta, "The Howell Doctrine," *New Yorker*, June 10, 2002.
iii H. Raines, "My Times," *Atlantic Monthly*, May 2004.
iv Raines, "My Times."

[v] Raines, "My Times."

[vi] Raines, "My Times."; A. H. Eagly, "Achieving Relationship Authenticity: Does Gender Matter?" *Leadership Quarterly*, 2005, 16, pp. 459-474.

[vii] Aristotle, *The Art of Rhetoric*, New York: Penguin Books, 1991, p. 249.

[viii] マルティン・ブーバー『我と汝・対話』岩波文庫、１９７９年（M. Buber, *I and Thou,* New York: Scribner, 1970, p. 58. (Originally published 1923))。

[ix] D. P. McAdams, "The Psychology of Life Stories," *Review of General Psychology*, 5, June 2001, pp. 100-122.

[x] L. Prusak and T. Davenport, *What's the Big Idea? Creating and Capitalizing on the Best New Management Thinking*, Boston: Harvard Business School Press, 2003.

[xi] R. T. Pascale and J. Sternin, "Your Company's Secret Change Agents," *Harvard Business Review*, 2005, 83 (5).

[xii] Raines, "My Times."

第5章　ナラティブ・インテリジェンスを養うこと

人間というものは、何の苦労もなく
自分の好みを正当化するものだ。
――ジェーン・オースティン（Jane Austen）i

1965年1月24日（日曜日）の夕方、ある24歳の医師がシドニーからゴールバーンに向かう二車線の田舎道を車で走っていた。彼はシドニーで晴れた気持ちのよい1日を母親や姉や弟とプールサイドでリラックスして過ごし、ゴールバーンの病院へ勤務に戻るところだった。ゴールバーンの病院というのは、彼がようやく医師の免許を得て、最初に勤務に就いたところであった。夕方のまだ早いうちだったが、車を走らせていくうちにオーストラリアの田舎の緑色のオリーブ畑が、夜の闇に静かに溶け込んでいった。その日の夕方は、道路はあまり混んではいなかった。対向車線の車に特段の注意を払うほどでもなかった。ヘッドライトはついており、よく見える状態だった。しかし、突然、ほんの数ヤード先に迫った車の陰から、猛スピードで追い越しをかけた車が飛び出した。2車線道路を2台の車が並行して向かってきたのだ。彼は正面衝突を避けるため砂利の路肩に車を寄せようとしたが、ちょうどそこに深いコンクリートの排水溝があった。車は、コンクリートの排水溝に落ち、壁に激突し停止した。その若い医者はシートベルトをしていたが、余りにも激しすぎる衝撃に、大動脈が破裂し即死した。

その若い医者というのが私の兄だった。突然の彼の死は我々の家族——両親、妹、私を悲しみのどん底に突き落とした。我々にとって、前途有望な若者の一生がかくも無残にかき消されうるという事実と向き合うことは、あまりにも恐ろしいことだった。思いもよらないこの事故は、我々家族を打ちのめすには十分であった。

母は、数カ月深い悲しみに沈む日々を送った。だが、次第に絶望から立ち直るにつれて、交通安全について考え始めた。オーストラリアでは、あまりにも多くの若者が交通事故で死亡しているという事実を彼女は知った。ほとんどの交通事故死は、無駄な死であった。シートベルトは義務化されておらず、スピード制限も守られていなかった。飲酒運転は、広く蔓延していた。多くの道路は安全性を考慮して作られておらず、非常事態になることに気がつかないドライバーたちを罠にかけるようにコンクリートの排水溝が待ち受けていた。兄の死に関しては何もできなかったが、母はオーストラリアの道路で無駄に失われている命に対して何かできるのではないかと思うようになっていった。

その後10年間、彼女は交通安全に没頭し、情熱をつぎ込んだ。シートベルト着用の義務を法制化するために休みなくロビー活動に勤しんだ。ドライバーがより安全に運転できるようなあらゆる政策について辛抱強く説いて回り、資料を準備し、様々な意見書を発表し、政治家に質問を出し続けた。いくら努力しても彼女には十分ということはなかった。

母の心は、この現実の出来事によって大きく変化した。事故の前には交通安全についてほとんど興味を持っていなかったが、息子の事故死をきっかけに、彼女はリーダーとなった。交通安全の推進という領域はリーダーを必要とし、まさに何を賭しても推進に当たってくれる強力なリーダーを待ち望んでいた。残りの家族である、父、妹、私にとっては、兄の事故はショックではあったが、生活を一変させるものではなかった。我々は以前より高速道路における安全に気をつけるようになったが、このことに自分たちの残りの人生を直接捧げることはなかった。

私にとってこの事故は、思いもよらぬ影響を与えた。当時、私は、夜間はシドニー大学で法律の学位を目指し、昼間はシドニーのある法律事務所で司法修習生として働いていた。兄の死は、自分の人生で最もやりたいことは何かについて真剣に考えるきっかけとなった。人生は短い。もし、今死んだなら、自分の人生は価値あるものだったと思えるだろうか。

数カ月後、ある出来事をきっかけに、様々な物事に焦点が合い始め、それまでぼんやりとしか見えなかったものがはっきりと見えるようになった。

法律事務所で、訴訟に上げる予定の事案の補助業務を行っていた時のことだ。この時の我々のクライアントは、私がこれまで出会った中で最も好きになれない人物のひとりであった。彼女は、中年の女性で、気難しく、批判的で、器量も狭く、極めて不愉快な人物であった。彼女にとっては、ちょうど良いなどというものがこれまで存在したためしは全くなかった。常に、明るすぎる、暗すぎる、暑すぎる、寒すぎる、乾燥しすぎている、湿度が高すぎる、静かすぎる、うるさすぎる等と、文句ばかり言っていた。そして、いつ何時もサングラスをかけて過ごしていた。彼女は、大きな財産を残して亡くなった富豪の娘であった。ところが、その財産のほとんどは、父親が考案した速記システムの普及のために信託されていた。彼女は我々の法律事務所に、父親が財産のほとんどを彼女から取り上げる証文を書いた時は心神喪失の状態であったことを証明するように依頼したのである。

私が、彼女の父親の手紙や文書を読む限り、精神障害でないことは明らかであった。時折、彼の文書の中には誤った結論が見受けられたものの、それは年老いた紳士によくある程度のことだった。しかしながら、自分の娘の性格に関してはまともな認識を持っており、その問題点を注意深く考慮していたようだ。彼は、お抱えの弁護士に適切な信託を作成するように依頼していた。その署名の日、ふたりの男が昼食に出かけた。彼らは、この是非について食事をとりながら協議した。その後、弁護士の事務所に帰ってきて、証書は署名された。誰に聞いても、彼女の父親の振る舞いは、冷静で慎重なもので、行動に衝動的なものは何ひとつなかった。弁護士も、そのことがらに対して何の個人的な利益を持たなかった。彼は、自らの行為の意味を十分に承知をした上でサインをしていた。私から見て、彼の財産に関する行動は、実質的に彼のまともさを保証するものであった。

我々の法律事務所の担当弁護士は、そのクライアントに訴えても勝てる見込みはないと告げたが、彼女は法廷に立つことを望んだ。法的に侵害を受けたと感じ弁護料を払う余裕のある人には、法的手段をとるという道が開かれているので、我々は訴訟手続きを継続したが、明らかに無理な案件であった。

私は、この訴訟に、公判が始まる少し前から補助業務に就いた。せいぜい数日の公判で終わると見込まれていた。私は司法修習生だったので、誰も私に自分たちの主張について意見を求めることはなかった。私の仕事は、鞄を持ち歩き、文書を整理し、ちょっとした調べ物をする程度のことだった。

ところが、公判も中盤に差し掛かった頃、私はたまさかクライアントの父親が自分の娘の相続権を奪った証書のコピーを眼にした。その文書に目を通して、即座に技術的な問題があることが分かった。この信託は、連合王国法においては、永久拘束の禁止として知られる曖昧で複雑な原則に照らして妥当性のないものであった。この原則は、財産を無制限に信託して凍結させてしまうことを防ぐために導入されたものだ。案件となっている信託は、法的に定められた信託期間の限度を上回って締結されており、その法律に従えば、信託期間を合法的な範囲に短縮するだけでは収まらず、信託自体が無効とされ、結果として、クライアントの父親の財産は、彼自身が選択した方針に反し、彼の娘に相続されることとなるのであった。担当弁護士は、私が文書中に法律手続き上の誤りがあると指摘すると、もっと早く自ら指摘できなかったことの困惑とともに、これで訴訟に勝てるという見通しが立ったことの高揚感が大きく感じられた。

この論点に気がついたのは、その頃偶々この曖昧で複雑な原則についての勉強をしており、まだ脳裏に残っていただけのことだったが、それでも、見事な法的勝利をもたらしたということで認められた。

私は、難しい案件に勝利した名誉を得たことに喜んでいたが、苦悶も感じた。私は、ふたつの曖昧な考え方で法曹の世界に入った。ひとつは、映画の『情婦』でチャールズ・ロートンが演じた見事な法的勝利をもたらす弁護士にあこがれたということ。もうひとつは、社会的正義に関する一般的な関心があったということである。私は誰も勝利を期待しなかった訴訟で事実としては勝利を得たのだが、自分としては、勝利を収めたのではなく、落胆を得ただけだったことに気づいていた。もしこのように人生を過ごすなら、正義を守るというよりも妨害することに人生を捧げてしまうことになるのではないかと思えた。

兄の死は依然として心の中に鮮烈に残っており、いかに人生を生きようかという問いは、いまだに頭から離れず、何をすべきか分からないままに、法律の世界を出る決意をした。かといって、その当時、実現可能な選択肢を持たなかったので、弁護士の資格を取るために勉学は続けることにした。だが、いつでも何か他のことを探し求めていた。

その後、私は法学の課程を修了し、シドニーで弁護士の資格を取得したにもかかわらず、依然として代替の選択肢は見つからなかった。そこで、オックスフォード大学に法学の修士号を取得するために留学した。これまで以上に法律のプロとして深く関わることになるのだが、それでもなお、価値あるものとは何かに迷っていた。

オックスフォード留学中のある日、私は、仲間の学生が発展途上国の貧困対策を支援する世界銀行という組織の面白そうな仕事について話しているのを耳にした。意外に思われるかもしれないが、事実、オックスフォードの談話室で偶然に耳にした些細な話にすぎない。当時、世界銀行について聞いたことがなかったし、国際開発のキャリアについて考えたこともなかった。だが、その会話は興味をそそり、国際開発についてできる限り情報を集め始めた。この世界銀行とは、発展途上国が経済問題を解決しようとする際に支援の融資を行う国際的組織であることが分かった。折しも、世界銀行では、若い専門家を積極的に探していた。そこで、応募書類を提出し、その後ロンドンとパリで面接を受けて、正式に採用された。31歳にしてようやく自身のキャリアを世界銀行でスタートさせることができたのである。

私の心を変えさせたもの、法律のプロをあきらめさせたもの、そして、国際開発に人生のほとんどを捧げさせたものは何だったのだろうか。私の場合、最終的なきっかけは、取るに足らないような出来事、すなわち、世界銀行の面白そうな仕事について偶然に耳にしたという些細な出来事にすぎなかった。しかしながら、それ以前に起こったふたつの出来事、ひとつは人生の意味について考えさせるきっかけとなった兄の死、もうひとつは勝訴するに値しないクライアントに法的な勝利を勝ち取ったことによる落胆、これら2つの出来事がなければ、その時の話し自体はおそらく影響力を持つものではなかっただろう。これら3つの出来事によっていろいろと考えるプロセスに導かれ、変化に至ったのだと考える。

第1節　心が入れ替わる時

リーダーシップの核心は、どんな時に人間の心が入れ替わるかを理解することに他ならない。何故、我々は、他の様々なことがらを後にしてでも、ある特定のことがらに自らの人生を捧げるよう決意するのだろうか。何故我々は、他の様々な目的はさておき、ある特定の目的の達成者たろうとするのだろうか。

高速道路における交通安全意識の普及に10年の人生を捧げた私の母の決断や国際開発業務に人生の大部分を捧げた私の決断を振り返ってみると、我々は自分たちが自らの人生で行うことができるすべての可能性について腰を落ち着けて合理的に考え、一連の行動を決定する訳ではないように思える。むしろ、我々は、まず、注意を引かれた特定の行動に眼を向け、それから直ちにその行動に何故注意を引かれたか、何故その行為に意味があるかについての理由を後づけするのだ。

実際に、人々は3つの方法、経験、観察、象徴的学習を通じて心を変える。これらの方法は、ミツバチの学習方法と同じ道筋を辿るものだ。

ミツバチが心を入れ替えるとは？

ミツバチは、人間と同じ3つの学習方法で学ぶ。

まず、第1に、ミツバチは、経験から学ぶ。あるミツバチが、午前中、様々な種類の花から蜜を採っていたとしよう。その中である特定の種の花に十分な魅力があり、その種からいい蜜が採れたとすると、蜜が出なくなるとか天候が変わるといったことがない限り、1日のほとんどをその種の花から蜜を採ることに費やす。

ミツバチは観察からも学ぶ。実験によると、簡単な迷路を出ることのできたミツバチは、ふたつの経路の間で一方を選択する様子が観察されている。一方の経路は餌に通じるもので、入り口には迷路の入り口と同じ色のしるしがあり、他方には違う色のしるしがしてある。ミツバチは、正しい経路を選ぶことを学び、目印の色が変わった時は知識を更新することができる[ii]。

動物は直接的な経験や出来事を観察することからしか学ばないと時に指摘されるが、ミツバチは象徴的コミュニケーションを通じて学ぶこともできる[iii]。ミツバチは、蜜源について自ら学んだことを他者へ伝え、同じ巣の仲間の働きバチに蜜のある場所を教える。このコミュニケーションは、尻ふりダンスと呼ばれる奇妙な踊りによってなされ、ミツバチが蜜の採取に成功して巣に戻ってきた時に行われる。蜜を運んでいるハチは、巣の周りを、円を描くように踊り、時にジグザグまたはクネクネして巣の周囲を横切ったりする。この現象は、紀元前３３０年にアリストテレスが『動物誌』の中で記述している。１９７３年にカール・フォン・フリッシュ（Karl von Frisch）は、ミツバチが尻ふりダンスで走ったり、ターンしたりしているのは、巣から蜜のありかまでの距離と方角と関連しているということを証明した研究でノーベル生理・医学賞を受賞した[iv]。

実体験による場合

まず、第1に、人間においても、ある出来事を実際に体験することは、心が入れ替わる大きな契機となる。その多くは、実体験に伴う感情が、伴わない場合に比べて、はるかに強いことによるもので、我々の人生への影響は大きい。強い感情を伴う経験はより強く関心を引き、他の経験よりも容易にかつ長く記憶に残るとともに、実際の意思決定に影響する[v]。

これは、私の場合にとてもよく当てはまる。法律家になり、難しい訴訟に勝つということがどういうことかを経験した時、『情婦』の中のチャールズ・ロートンを見て希望を持ったような高揚した感情はなかった。その代わり、不正に手を貸したことに失意を覚えた。このことで、私は法律家には向いていないと結論づけ、何か違ったことをしたいと考える契機となり、やがて、国際開発の道に進むという意思決定につながっていくことになる。その後の世界銀行での実際の仕事の体験は、期待におおよそ応えてくれるもので、その道を続けるように導かれることとなっていくのである。

観察から得られる経験による場合

人間が様々な出来事から学ぶためには、必ずしもそれらを実際に経験しなければならないという訳ではない。それらの出来事を観察することで、経験するのと同じ感情的効果を引き起こすこともある。例えば、大きく社会的な影響のあった出来事として、9・11テロは多くの人々のテロに対する見方を変えたし、1941年の真珠湾攻撃はアメリカが日本を脅威とみなすように見方を変え、当時の世界戦争に対する見方も変えた。母と私は、交通事故の痛ましさを理解するのに自分たち自身が交通事故に遭う必要はなかった。我々と近しい誰かの交通事故を見ることで、十分に我々の人生の歩み方に変化をもたらしたのである。

象徴による学習による場合

人間が学んだことを伝達するには、ミツバチの尻ふりダンスの複雑なステップは不要である。人間は、独自の象徴によるコミュニケーション方法、すなわち、言語を開発しているからだ。言語は、実際の経験や出来事の観察を必要とせずに、様々な経験の感情的特性を理解することができる。象徴による学習からもたらされる身体の生理的反応は、直接経験することや他者の経験を観察することに類似しうるものである[vii]。

我々が、あることについて何らかの観念を持つのは、他者からそれについて聞かされるか、自ら創出するか、あるいは、両方の組み合わせ以外にはありえないが、いずれにせよ、ことばを通じてであることに違いはない。

しかしながら、象徴によって伝達された観念のインパクトは、大抵の場合、直接的な経験ほどは強くない。交通事故を一般的に知ることと、自分の家族の車の損傷を調べ霊安室で遺体の確認をするという経験とでは、全く異なる。ウィリアム・ジェームズ（William James）も、「経験することから受ける印象は、脳組織に傷跡を残すのと同様の強い感情的な興奮を伴うことがある」と述べている[viii]。

これは、私の母の場合にとてもよく当てはまる。交通事故という息子に無意味な死をもたらしたものについて観察を通じて経験することによって、高速道路がどれほど危険なものか、深く印象づけられたのである。この経験からもたらされた感情的な深い傷が、時とともに、交通安全の大切さに関するアドボケイトとしての情熱に変わっていったのだ。いわゆる知的な理解においては、彼女がこの事故から新しく学んだことは何もない。交通事故で多くの人が亡くなっている事実は、彼女も十分に承知していた。しかし、そのことの意味を十分に理解するのは、息子の死を直接的に観察するという辛い経験があってこそなのだ。その結果として、彼女は、交通安全運動のアドボケイトになったのである。

私の場合は、直接の経験（法律事務所での実際の仕事）と観察による経験（兄の死）そして象徴的学習（世界銀行での仕事についてのざっくばらんな意見）が積み重なって、自らの人生の大半を国際開発に捧げるよう導かれたと感じている。

第2節　他の人々の心を入れ替えることは可能か？

これまで自分の心を入れ替える契機について考えてきた。それらを他の人々の心を入れ替えるのに応用できるだろうか。他の人々にこれまでとは違ったように行動してもらうためにはどうすればよいのだろうか。しかも1回限りではなく、情熱を持って自主的に続けてもらい、真剣にかつ喜びを感じつつ自らの意志で人生を根本から変化させてもらうには、どう説得すればいいのだろうか。このように他の人々の心をどう変えるかについても、同様に3つの手段が可能である。

直接の学習または観察による学習を通じて心を入れ替えてもらう方法

人々に実際の出来事や出来事の観察により深くコミットしてもらうことができれば、より深い経験が可能となり、インパクトはより大きくなる。

マネジャーは人々に新たな仕事の経験を与え、様々な仕事上の出来事を通じて新たな観察の機会を与えることができる。このことは、人々の心を変えることに貢献できるということでもある。また、人々の経験を変えることについては、マネジャーがロール・モデルとして振る舞うということでも可能であり、したがって、マネジャーは人々に促そうとしている行動を具現化した人たちだと言うことができる。さらに、会話を通じて人々が新たな考え方を採用するように背中をひと押しする経験を提供できるし、導入しようとしている変化を先駆けとなって既に実践している人々や組織を訪問するという研修を企画すれば、人々の経験を広げ、新たな変化について活き活きとした理解を持ってもらうこともできる。異なる立場を演じ、経験してみるロール・プレーイング演習やシミュレーションも、そうした例のひとつである。シミュレーションでは、実際の経験よりもより多くのフィード・バックを得ることもできる。コーチングによる支援は、参加者に先入観を克服する行動をとるよう勇気づける[viii]。大まかに試作した新製品を人々に体験させ、実際の使い心地や操作性などの感覚を得るようにするクイック・プロトタイピングも同様だ[ix]。研修に直接的な経験を取り込むことも可能である。例えば、新たな変化に基づいた行動が実際にどのようなものになるかを思い描いてみるという取り組みなどを挙げることができよう。

親や教師たちは、言うまでもなく、自分の子供たちや生徒たちの日々に行う経験や様々な出来事の観察を通じて行う経験に対して重要な影響力を持つ。健全で楽しくかつ積極性を与えてくれる経験を提供することは、日頃からの親や教師としてのリーダーシップが問われる課題である。また、親や教師たちは、子供たちにとって、具現化されたロール・モデルとして観察の対象となり、成長してどのような大人になるかについて重大な影響を与えよう。さらに、子供たちと交わす会話は、子供たちのものの考え方に深い影響を与える。

積極的に多くの経験を積み重ねていこうとすることは、実体験であれ、あるいは、観察を通じた経験であれ、いくつかの長所がある。ひとつには、感情にも関わるものであり、人生を豊かにするという点だ。今ひとつは、経験を積み重ねようとすることは、単に与えられたものを吸収するだけではなく、自ら決心できることにつながるという点である。自ら決心するということは、自身のライフ・ストーリーを紡ぎ出し、また情熱を生み出す機会を増やすことになる。最後に、経験による学習は、受動的な学習よりもより効果的であることが研究によって示されている[x]。

リーダーは、マネジャーや親や教師たちと異なり、経験による学習に介入することはできず、時にリーダーを通じた観察による経験には限界があるとされる。したがって、リーダーが人々の心を入れ替えるとは、多くはことばでどう説得するかという問題となる。

ことばによる説得で人々の心を入れ替える方法

表5－1に示したように、ことばによって人々の心を入れ替えるよう説得するには、4つの主たる方法——ひとつは抽象的な論理を用いるもの、次に何故変化すべきかについて間接的にヒントとなる断片や既存の幾つかの経験則で示して、直観に訴えるもの、さらに、聞き手を直接に物語に巻き込むもの、最後に新しい物語を作るように人々を促すもの——がある。これらの4つの方法に関して、それぞれの長所と短所を示しながら、以下に検討していこう。

①論理に訴える　これは、説得に関する古典的なアプローチであり、王道とも言えるものである。理由を分かってもらえば、人々は言うとおりにするだろう、という訳である。もっとも現代においては、この古典的な説得手法は人々の心を変えるように説得する方法としては債務不履行に陥っているようだ。この手法には、古代ギリシヤ以来の長い歴史があり、プラトンやデカルトそしてカントのような知的巨人の誇りであり、喜びであった[xi]。このアプローチのエッセンスは、「最良の結果を得るためには、感情は排除しなければならない。論理にかなったプロセスは、情熱や感情などに妨げられることがあってはならない」ということにある[xii]。

このアプローチの長所は、誠実であること、また、オープンであり、操作の介在を許さないといった点にある。また、この手法は、人間は意思決定において合理的であるという理念に結びついたものでもある[xiii]。

しかし、聞き手の行動を改め、新たな行動への情熱を呼び覚まし、持続してもらうということとなると、

表5-1　人々の心を入れ替えるよう説得する方法

	抽象的議論	ナラティブ
直接的または明示的	詳細な論拠と論理の構築を通じて理性に訴える。	聞き手が進んで包括的に受容し、それに従って生きる語り。
間接的または暗示的	ヒントとなる断片、経験則やある種の演出を通じて、聞き手の直観に訴え、自らに発見させる。	聞き手を触発し、新しいストーリーを生み出させる語り。

この手法は、非効率というだけではすまず、時には、全く逆方向にも働きかねない。人々が行動を根本的に変化させるべき理由を示されると、確証バイアスが作動することが知られている。第1章で見たように、聞き手がしたたかで懐疑的な人々である時には、感情脳が変化の論拠を退けたり、あるいは、再解釈するので、既存の観点にとって脅威となることはない。人々は、これまで以上に既存の見方を強く支持することはあっても、揺らぐようなことは全くないのである。

仮に合理的な理由が与えられて意見が変化したとしても、そのことが必ずしも行動につながるとは限らない。例えば、HIVへの感染のしやすさという命を脅かすような行為のパターンを変えさせる方法に関する研究で、行動を変化するとき時、何が作用し、何が作用していないかについて厳密な検討が行われている。1985年から2003年のコンドームを用いるように求めた354件の個別の介入例を徹底的に検証した結果、抽象的な理由のみではコンドームの使用に関して目立った増加は見られなかった。行動に目立った変化が観察されたのは、理由をアピールすることだけでなく、より積極的なアプローチと結びついた時にのみであった[xiv]。

②直観に訴える　実際のところは、人間の意思決定のほとんどは論理を積み上げて行われるのではなく、直観によることが多い。直観はその場で

瞬時に行われる意思決定で、ある意味では自動的に行われると言ってもよい。特段の努力も不要で、思いつくまま自然に行われ、そもそも多くは意識すらされない。対照的に、論理による意思決定は時間をかけた慎重な努力を要する。直観は排除することも難しく、また、修正も困難である。時に確証バイアスや原因帰属の基本的錯誤傾向といった認知バイアスに陥るが、ほとんどの意思決定には直観で十分である。有効性が正確さより重要であるというのもひとつの事実なのだ。あらゆる意思決定に意識的で論理的な根拠づけをしようとすると、毎朝ベッドから出ることもできなくなり、結局のところ、何にも手を付けることができなくなるだろう。

直観は、論理や証拠を用いるのではなく、コンテキストや類似性に基づく道筋をたどることで素早く結論に至る。そこには、感情や感覚がうまく組み込まれている。したがって、感情で満たされている直観は、行動を起こすために焦点を定めるべき項目を即座に抽出することができるのである。直観が注意を向ける方向の指針となり、実行すべきことや避けるべきことに焦点を当てることができるのは、感情をうまく組み込んでいるということに由来するのである。

職場に慣習として存在する促進要因や抑制要因、例えば、「これこれの振る舞いはボーナスに直結だ」とか、「かくかくのことをすれば、一生、浮かばれないよ」といったある種の言い習わしも意思決定の契機となりうる。それぞれの言い習わしが妥当かどうかについては、通常は、誰も論理的に検証をしようとはしないが、そうした言い習わしは、職場のメンバーたちの誰もが組織の制度が報酬として与えるものを獲得できるように、あるいは、組織の制度が罰として与えるものを避けられるように、直観的な意思決定を行わせるものなのである。

言い換えると、直観には様々な先入観が含まれているということであり、この事実は他の人々の心を変えたいと考える人々によって濫用されうるということを示している[xv]。

・誇大宣伝：複数の意見によって、ある価値観による美徳やある視点で見た時の便益が大げさに喧伝されることによって、注意を引かれ、そうでない場合に比べてより積極的に肯定する意見を持ってしまうことがある。

・ハロー効果：ある人が何らかの資質を持っていると考えると、我々はその人が類似した別途の資質も併せ持つと推論してしまうことがある。容姿に優れた人々はしばしばより望ましいパーソナリティを持っており、平均的な容姿の人々よりも多くの才能に恵まれているとみなされる。例えば、有名人《セレブリティ》は、評価できる専門性を有していない製品についてまで品質を保証する存在として利用される。

・情報の操作：ある出来事について、肯定的な解釈が提示されると、事実に即して考える時以上に肯定的な理解を持つようになることがある。

・意思決定後の条件変更：我々は、ある条件に同意すると、同意した後にインセンティブやモチベーションが変更されても、同意したというコミットメントを重んじることがある。例えば、車の販売で、いよいよという時に突然値段を上げても、多くは購入に影響はない。何故なら、買い手は既に購入することを決めてしまっているからである。

・他者追随：我々には、他の人々が行っていることをみて同じように振る舞おうとする傾向がある。例えば、書店ではベストセラーに目が行ってしまう。それは、他の人々がその本を買っているからに他ならない。こうした現象はマーケティング手法として用いられており、同様の例として顧客からの推薦といった手法も挙げることができる。

・権威の押し付け：我々には、権威ある人々に服従する傾向がある。1950年代のミルグラム実験では、参加者が監督者の指示に従って調査協力者に対し、明らかにすすんで致命的な電気ショックを与えようとしたことが示されている。戦争時に人々に戦闘行為を支持するように圧力をかけることも、政府には極めて容易なことである。

・有名人《セレブリティ》の圧力：我々は、好意を持ち尊敬する人々に容易に説得される。タイガー・ウッズが好きな人の中には、彼がビュイックを運転していると、それを買おうと考える者は少なくない。

・希少性を操作すること：商品を意図的に少なく供給すると、かえって需要を喚起することがある。例えば、「期間限定商品」の売り上げが促進されるように。

人々の心を入れ替えるという観点においても、直観に訴えることにはいくつかの強みがある。受け手に多大な努力を求めることはないし、機能する時には即座に機能する。どちらでもいいような問題、例えば、どのブランドの歯磨き粉を買うかといったことがらに対しては効果的であると言えよう[xvi]。

しかし、リーダーシップの手法として直観に訴えることは、先入観という厄介な問題を抱えている上に、幾つかの弱点がある。直観に訴えるには適切なヒントや経験則を適切に配置しなければならないが、そのためには多大な費用を要することになろうし、パワーを注がなくてはならない。ある態度を確立させている人々には、直観に訴えることは、態度を変更させるよりも、これまでの態度を再確認する方向に働くものだ。また、マネジャーが服従に対する対価を提供する時、やがては対価を使い果たしてしまうかもしれない。マネジャーが一度でもインセンティブを提供すると、人々はインセンティブなしには何もしなくなるというリスクを犯すこととなる。さらに、こういった方法は、時に、人々が操作されていることに気づくと、抵抗を始めたり、冷笑的になるという結果を生み出す。市場では、人々は広告を信用しなくなり、ビッグ・ビジネスに批判的になる。職場では、人々はマネジャーに対する信頼を失い、要点が理解できないと、変化に強く抵抗する[xvii]。

そもそも、直観を引き起こす様々なヒントやきっかけというものは、常に一貫した方法で作用するとは限らない。例えば、テレビ広告の効果に関する調査では、350回の実社会での実験から総合した結果によると、広告量の増加が単純な売上高の増加を生み出すことはないことが明らかになっている。効果的な広告とされるもの（消費者の記憶に残り想起に成功したという広告や説得に成功したと評価された広告）でさえも、販売に反映されるかどうかという点では、消費者の購買行動と強く相関するものではなかった[xviii]。職場における大幅な変革プログラムは、滅多に発動されることのない絶対的命令のみによってしか実行されないことが研究で報告されている[xix]。

直観に訴えることが果たしうる役割は、せいぜい、他のコミュニケーション手段をサポートする程度の限られたものだ。何らかのヒントは理解が遅れた人々や新たな考え方に抵抗する人々を引き上げることには貢献するだろうし、背中を押すこともできるだろうが、そうした人々は変革型リーダーが必要とする変革のエンジンとはなりにくい。直観に訴えることで新たな変革の推進者を創り出すのは難しいように考えられる。たとえ行動レベルで変革を起こしたとしても、多くの場合、変革への持続した熱意とはならない。

論理に訴えることが必ずしも機能せず、直観に訴えることが熱意ある行為を導かないとすれば、リーダーはいかにして持続的で情熱的な変革を引き出すことができるのだろうか。

③直接的なナラティブ

人々に持続的で情熱的な変革を引き出すヒントのひとつは、抽象的な論理による思考とナラティブによる思考の相違を明らかにした心理学に見出すことができる。著名な心理学者のジェロム・ブルーナー（Jerome Bruner）は、その著書『可能世界の心理』の中で、思考にはふたつの様相、すなわち、「経験を秩序づけ、現実を構成するふたつの異なる方法」が存在するとしている。

ふたつの思考方法は補完的な関係にあり、互いに他方に還元することはできない……一方を他方に変換する、あるいは、一方を他方の犠牲として無視するような試みは、人間の思考の持つ多様な豊かさを損なうものだ……上手なストーリーや十分に構成された議論は……いずれも何かを確信する信念を与えてくれる。しかし、それぞれの思考方法が確信させてくれるものは、基本的に異なったものだ。議論から得られる信念は事実であるか否かについてであるのに対し、ストーリーが与えてくれる信念は活き活きとした真実の感覚なのであるxx。

ストーリーが、人類の歴史全体を通じて人々の心を変える手段として、重要な位置を占めてきたことは明らかだ。誰もが、偉大な宗教の創始や大戦争の勃発にあたってストーリーが主要なコミュニケーションの手段として用いられたことを認めざるをえないだろう。その理由のひとつが、ナラティブこそが意思決定に不可欠だということに他ならない。我々の意思決定は、論理の積み重ねという慎重な知的努力や何かのヒントを契機とした直観に従うものではない。ほとんどの意識的な意思決定は、ナラティブを通じて行われているのだ。我々は、我々自身がどういうストーリーを生きるかを決心しないで、何を行うかを決定することはできない。人々の行動を変えようとするならばストーリーを変えなければならないというのは、まさにこの点に理由があるxxi。

組織のリーダーシップ研究においても、ナラティブの活用が受け容れられるまでに非常に多くの時間を要した。その理由の一端は、論理に対する強い信仰が存在したことにある。企業活動においても、「分析的であることは良いこと、物語的であることは間違ったこと」という考え方が金科玉条とされてきた。しかしながら、徐々に、有能なリーダーがビジネスの現場で行っていることはストーリーテリングであることが認識され、1997年にノール・ティシー（Noel Tichy）が、「ビジネス・リーダーには、メンバーに伝え教えることができる独自の〈ものの見方〉を持つことが不可欠だ。それは、市場で成功するにはどうすべきかといった事業についての理念や個人的および組織的な成功の上に積み上げられた価値観といったものだ」と述べている。こうした〈ものの見方〉を伝達する最良の方法が物語なのである。彼は、自らの著作の中で、成功するリーダーは、「誰もがストーリーを通じてリーダーシップを発揮している」とその特徴を描き出している[xxii]。今や学術雑誌においてもナラティブを理解するための特集が組まれるに至り[xxiii]、ビジネス関係の雑誌でもストーリーテリングがリーダーシップにおいて中心的な役割を果たしていることを認める記事が掲載され始めている[xxiv]。

しかし、実際のところ、いかにして、人々はストーリーによってある行動をとるように説得されるのだろうか。ある意味で、我々はストーリーとは何かについて十分に承知している。しかしながら、それでもなお、ストーリーは依然として不可思議だ。人々は互いに日々の生活の中で多くのストーリーを語りあうが、それが情熱に溢れた行動を生み出すということは稀だ。名作と言われる映画や小説に接しても、通常、直ちに同じような行動をとることはない。ストーリーによってあるものは行動を触発し、あるものはそうはならないのは何故だろうか。人々の心や行動を変化させるストーリーとは、いかなるものなのだろうか。

心理学者の中には、ストーリーが行動の変化を促すメカニズムの根本は、「トランスポーテーション」

であると主張する人たちがいる[xxv]。ストーリーの聞き手は、このメカニズムによりある種の旅に出かけるものとされる。聞き手は、語り手によって、異世界に――あくまでも想像力による世界ではあるが――運ばれるのである。聞き手は、たとえ静かに座った状態でその場から肉体的に離れることはなくとも、精神的には異なった場所――ストーリーが展開する世界――に自分自身を投企するのだ。聞き手が旅する想像上の現実は、語り手が語りによって精神上の世界から転換した実際の存在へと導かれたものである。聞き手は、自らが根ざす〈今、ここ〉の世界を放棄し、ストーリーによって創出された精神的な新たな世界に新たな自己を作り出すのである。聞き手がこうした異世界への旅を強く経験すればするほど、ストーリーは有効になる。ストーリーの影響力が十分に大きければ、聞き手が現実の世界に戻ってくる時には、これまでとは違った人間となっているだろう。聞き手は異世界に旅をし、様々な人物と出会い、様々な感情を経験したことで変化したのである。ある意味では「心に刻印を受けた」のだ。その結果、ストーリーを聞く以前とは大きく異なった態度を持つに至り、将来に亘って違う行動をとるようになるのである。

ナラティブのトランスポーテーション・モデルにおいては、聞き手をどれだけ強くストーリーの中に引き込めるかがポイントになる。聞き手は、自らの心の中で、現実の世界から語り手が創り出したナラティブの世界へ運ばれる。ストーリーは実際の経験のように作用し、聞き手の態度に影響を与える。ストーリーに引き込まれると、聞き手は実際の世界で生きているのと同じような感覚を経験するストーリーの中の人物たちにも特別の思い入れを持ち、深い感情を抱くようになる。こうしたプロセスを経て、聞き手はストーリーへの関与が深まり、さらにストーリーへの関心を強める。そのますべてが進めば、想像のストーリーは、聞き手がそこで生きようと決心するストーリーとなる。聞き手がこうした旅に出ている時には、自らがストーリーに対し反論を提起することはほとんどない。ストーリーは、引き込まれれば引き込まれるほど、ますます有効だということとなる[xxvi]。

直接的なナラティブが持つ強みは、数多い。まず、第1に、直接的なナラティブは、人間がストーリーに対して抱く自然な感情に根ざしたものだ。プラトンやデカルトのようにストーリーに対して最も批判的な論者たちでさえ、自分たちの主張を展開する時には、うまくストーリーを利用した。要するに、ストーリーは、抽象的な議論よりも、はるかに興味をそそり新鮮で面白いのだ。次に、直接的なナラティブは、人間の考える方法や意思決定の仕方に合致していることが挙げられる。それは、論理的な議論にはなしえなかった方法で感情を織り込むことができる。ストーリーは柔軟でもある。ストーリーには、宗教や戦争の支持を得るために利用されるような誇大なものもあれば、また、「自動車事故に遭遇した場合を想像してください」といったような自動車保険の広告の小さなストーリーでもありうる。熱心に語られたストーリーならば、話し手自身が十分な信頼感を得ていない場合でも、また、論拠となる証拠がなくとも、十分に人々に訴えることができる[xxvii]。

さらに、ストーリーが異なった集団に同時にアピールすることに触れておかねばならない。この点に関連して、ハワード・ガードナー（Howard Gardner）は、1995年の著書『20世紀の光と影「リーダー」の肖像』で次のように述べている。

語り手の中には、特に秀でて語りの技術に長けた人たちがいる。彼らは、厳しく論争し対立する集団に対して、双方が満足するようなナラティブを創り出すことができる。あるいは、議論の進展の様々な段階で、常に有効な展開を導くことができる。リーダーは、選び抜いたことば、適切な具体例、そして、身振りや目配せなどの非言語的な示唆を用いて、独自の考え方を持つ支持者たちを納得させるのだ。物語を語ることは、異なった世代を同時に喜ばせるポリフォニーを奏でることであり、それによってはじめて説得力が生まれ、洗練されたものとなる[xxviii]。

しかし、こうした数々の強みにもかかわらず、直接的なナラティブによる説得には幾つかの欠点も並存している。聞き手を異世界に全面的に連れて行くには、あまりにも多くの時間がかかることも少なくない。多くのプレッシャーを受ける今日の聞き手には、とてもそうした時間を費やして長編の叙事詩に聞き入るゆとりはないし、無理やりストーリーを押し付けようとすると、かなりの経費をかけ、多くの語り手を動員するなど力にものをいわせることが必要となるかもしれない[xxix]。

実際のところ、直接的なナラティブを押し付けようとすると、時にストーリーを誇張して利点の過大評価、弱点の過小評価へと誘導することになる。部分的にでも捏造を含んでいたり、あまりに誇張されすぎたストーリーは、聞き手が証拠に基づき事実の検証を行う機会を得ることによって、直ちに本来の姿が暴かれることとなってしまう。

④間接的なナラティブ　直接的なナラティブの欠点を克服する方法のひとつが、間接的なナラティブである。間接的なナラティブにおいては、ストーリーが語られるねらいは聞き手を引き込み、変化した人間として現実の世界に戻すことにあるのではなく、聞き手の心の中に新たなストーリーを呼び起こすことにある。間接的なナラティブでは、聞き手がストーリーに完全にのめり込むことのないように意図されている。ここでの重要な点は、聞き手は語り手の語るストーリーを聞くだけではなく、自らの内なる声にも耳を傾けるとされる点である。聞き手は、自らが経験した類似のストーリーをも想起し、それらの含意をじっ

くりと考えるのである。

直接的なナラティブと間接的なナラティブが異なったものだということを理解することは、重要である。何故なら、それぞれが、結論を得るためのふたつの根本的に異なったメカニズムの一方にこだわっているからだ。直接的なナラティブで強調されるのは、聞き手をどれだけのめり込ませるか――異世界への旅に連れ出せるか――、すなわち、語り手の語るストーリーの豊穣さにある。一方、間接的なナラティブにおいては、聞き手の心の中に新たなストーリーを誘発することができるかどうかが重視される。ここでの鍵は、聞き手のストーリーなのである。

聖書に登場する幾つもの逸話は、間接的なナラティブの具体例である。そこで語られる逸話のねらいは、その物語的性格自体にあるのではない。登場する人物の描き方は不十分だし、出来事の記述も大まかである。その場面の情景、そこに響く音、あるいは、香りなども描かれていない。言い換えると、聖書の語り手は、聞き手にストーリーの世界に移動したかのように感じさせる努力をしていないということなのだ。したがって、聞き手が、聖書の世界を経験することによって、情緒的に変化して現実の世界に戻ってくるということもない。むしろ、その目的は、聞き手が、現在、直面している類似の事態について、自分なりの新たなストーリーを心の中に呼び起こす点にある。聖書の逸話は、うまく構成されたストーリーとは言えない。しかし、それらは、何千年もの間、有効に働いてきているのである。何故なら、それは、聞き手の心の中に新たなストーリーを創出するからである。

直接的ナラティブを重視する人々にとっては、ストーリーへの聞き手の集中度が100%からわずかにでも下回ったならば、それはストーリーの失敗であり、将来への懸念要因でもある。しかし、逆に、間接的なストーリーテリングでは、聞き手に100%ののめり込みを許してはいけないのだ。その本来の目的は、語り手と聞き手の両方の声をある種の並行する会話として継続させようとする点にある。したがって、語り手は、聞き手が自らの考えを展開する精神的空間を持つことができるように意図してストーリーを語るのである。聞き手は、話し手が語る明確なストーリーを受けて、並行して自分自身の類似のストーリーを構築する。

間接的なナラティブでは、語り手が語るストーリーは、面白みに欠ける場合も少なくない。ストーリーは、むしろ、聞き手がそれぞれのコンテキストや関連した問題についての自らの経験から心の中で新たにストーリーを構築する弾み台、あるいは、きっかけの役割を果たすのである。そのような新たなストーリーを構築する旅路にある聞き手にとって印象に残り影響を及ぼすものは、語り手の語るストーリー自体ではなく、自らが自分自身に語るストーリーの課題に適した旅路が提供されているかどうかなのである。

直接的なナラティブと間接的なナラティブの区別は、ある意味では、抽象的な論理と直観の区分に類似している。直接的なナラティブが、明確に語られたことば、言い換えると、聞き取ることができ、録音ができ、書き留めることができることばといった誰もが観察できるレベルで機能するのに対し、間接的なナラティブは聞き手の心の中で直観的に、自然に、即興的に、そして、静かに機能するのである。

こうした間接的なナラティブこそが、変革のリーダーが人々に変化への熱い想いを呼び起こしていく主たる手段なのである。例えば、アル・ゴアは、『不都合な真実』の中で、国際的な協調行動がオゾン・ホールの修復の成功に導いたと主張するが、決して出来のよい物語を語ろうとはしていない。彼は、人々がオゾン・ホールの修復を推進した時の情景やその場面の音や匂いで聞き手を包み込もうとはしなかった。彼のストーリーは、聞き手を異世界に誘うものではない。むしろ、彼の語りのスタイルは、必要最小限のみを語るものだ。彼のストーリーは、聞き手の心に新たなストーリーを喚起できれば、十分に成功なのだ。

「我々は、オゾン・ホールの問題を解決した。地球温暖化の問題もきっと解決できるだろう」と。

クレイグ・ダンは、AMPが多発性硬化症患者をいかに支援してきたかについてのストーリーを語った。彼は、「この会社を救えば、共同体のように価値あることを実行するだろう」という新たなストーリーを聞き手の心の中に呼び起こすことができたなら、十分にうまくいったのである。

スティーブン・シノフスキーは、コーネル大学でインターネットがどのように利用されていたのかについてのストーリーを語り、聞き手の心の中に「インターネットは、間違いなく、マイクロソフトが行うことすべてが中心となる」という新しいストーリーが生まれるきっかけとなったのだ。

しかし、間接的なナラティブにも欠点は存在する。それは、必ずしもすべての人々に同じように効果があるとは言えないことだ。一定程度の規模の組織になると、どんな集団であっても、新たな未来をイメージしようとするいかなる努力にも抵抗する、手に負えない人物がいるものだ。そうした人物にも一定程度は納得させるストーリーを作るためには、相応のナラティブ・インテリジェンスが必要となる。

しかし、間接的なナラティブには大きな強みもある。間接的なナラティブは、人の心の直観的側面に訴える点では、即効性があり、影響力も強い。それがうまくいった時は、聞き手は自らストーリーを創り出す。自ら創り出したストーリーは、他の人々が作ったストーリーよりもはるかに信じやすい。また、自らストーリーを創り出すとは、人々が思考し、意思決定を行う方法に従って創り出されるものであり、自然に生まれてくるといってもよい優位性を持つものとなる。さらに、自らが創出するストーリーは、ほとんどは、真のストーリー——実際に起こったストーリー——に基づいている。それゆえに、操作やごまかしの影響を避けることもできるし、懐疑的で批判的な、あるいは、敵対的な聞き手が皮肉を言ったり、反対論を述べるのも容易ではない。また、既に起こったことについてストーリーを語ることは、それほど洗練されたパフォーマンス・スキルを必要とする訳でもないので、比較的容易と言える。加えて、ストーリーには即興的という特徴があるので、多くの異なったコンテキスト――経営、政治、家族、その他――で応用可能である。間接的なナラティブは、冷笑的な態度を伴わない心からの持続する変化を生み出すことができるのである。それは、聞き手自身が創り出す自らのストーリーであり、それによる変化はエネルギーと活気に溢れ、熱意に満ちたものとなる。

採用可能な方法を以上のように検討してくると、聞き手の心の中に、ことばを通じて、変革への持続する熱意を生み出そうとするリーダーにとって、リーダーシップを達成するための説得の方法には3つの原則が存在することが見えてくるxxx。

・第1に、実際の経験に基づいたナラティブは、基づかないナラティブに比べて、強力と考えられる。何故なら、実体験から受ける感情的な刻印は、多くの場合、ことばを通じた想像上の経験よりも深いからである。

・ナラティブは、抽象的な論理によるコミュニケーションよりも、強力である。何故なら、ナラティブは人間の思考方法、意思決定方法そのものだからであり、経験による学習に際して重要な感情を刺激するからである。

・間接的なナラティブは、直接的なものより有効である。何故なら、間接的な方法は、聞き手に話し手の意見を押し付けるのではなく、聞き手自身の決断に任せるからである。

第3節　語り手としてのリーダー

一部の人々には、ロナルド・レーガン（Ronald Reagan）がどのようにしてリーダーと政治家の役割をうまく統合できたかは、一種の謎である。レーガンは、アメリカ大統領として再選をたやすく果たし、アメリカにおける保守主義革命の創始者となったのである。

レーガンが成功した理由のひとつは、ただひたすらリーダーだけを目指したことにあると多く指摘されている。確かに、彼は、比較的少ない目的――ソビエト連邦を倒すこと、減税すること、小さい政府を目指すこと――しか持たず、それらの目的にのみ専心したと言えなくもない。

しかし、同様にレーガンの成功の重要な理由のひとつとなったのは、彼が、本能的なところで、リーダーシップのことばを理解していたことにあることを見落としてはならない。彼は、自分自身が特にはっきりとした意見を持たない政策課題ではスタッフ間の張りつめた空気をやわらげるのに、確固たる意見を持つ課題ではポイントを伝達するのに、簡潔なストーリーの力を最大限に用いたのである。彼は、軽演劇の俳優としての才能を活かし、ストーリーをうまく用いて自らの演説の持つ「壮大な曖昧さ」と「凡庸な会話」というふたつの欠点をやわらげたのだ[xxxi]。

レーガンは反対勢力から知的見識の低さを指摘され続けてきたが、リーダーシップに関しては、圧倒的に多くの選挙民が彼のストーリーテリングに説得力や慕わせる何かを感じ取り、協力する気分になったことを忘れてはならない。レーガンが積極的に関わった課題はごく限られたものであったにせよ、彼は自分の考えを示すのにストーリーを利用した。最終的な段階で自らの関心から遠く些細なことがらについて議会内や官僚間でもめごとがあった時には、レーガンは当惑したように頭を振ってみせたり、ユーモアに富んだ一言でその場の緊張を逃れたものだxxxii。

以上のように、レーガンがあらゆるリーダーに必要なある才能を備えていたということは否定できない事実として理解されよう。それは、ナラティブ・インテリジェンスという才能である。彼は、語りが聞き手にとってどのような効果があるかについて望ましい判断を下すことができ、それに従ってストーリーをつくり、演じる方法を知っていたのだ。しかし、彼のナラティブ・インテリジェンスは、ある意味で、暗黙のものであった。多くの人々が、自転車に乗ることはできても、乗り方の説明はできないのと同様、レーガンも、自らがどのようにストーリーテリングを行っているのか、実際にどのようにして活用しているのかを説明することはなかった。しかし、彼は、現実の政治の舞台でストーリーテリングを活用し、大きな成果を上げることができたのである。ナラティブ・インテリジェンスの原則を明らかにすれば、多くの人々がその使い方を学ぶことができ、いっそうの効果を発揮することができよう。

第4節　ナラティブ・インテリジェンスの中心的役割

ストーリーが人間の心理や意思決定のプロセスで重要であることを理解すれば、変革についてのリーダーシップ・コミュニケーションでストーリーテリングが主要な役割を果たすということは、特段に驚くべきものではなくなる。我々を取り巻く世界を注意深く見ると、ビジネスや政治の世界のみにとどまらず、物語が幅広い場所で大きな役割を果たしていることが容易に見て取れる。

『経済学のレトリック』でディドル・マクロスキー（Deidre McCloskey）は、ポール・サミュエルソン（Paul Samuelson）、ゲイリー・ベッカー（Gary Becker）、ジョン・ミュース（John Muth）、ロバート・ソロー

(Robert Solow)のような経済学の巨人の著作の中にもナラティブが多く用いられていることを指摘している。拙書『ストーリーテリングのためのリーダー指南書』においても、変革の触発、聞き手たちに自分たちは本来は何者なのかを自覚させること、自分たちのブランドが何を意味するかを理解すること、人々の協力をどう生み出すか、新たな価値観の伝達、知識の共有、はびこる虚偽情報の制御、イノベーションの創出、人々を未来へ導くことなどの様々な目的を達成するためにリーダーが活用できるナラティブの諸パターンを紹介した。

しかしながら、ナラティブ・インテリジェンスという考え方には、どこか深いところで直観に反するところがある。我々は、おそらくは、全員が次のように信じているのではないだろうか。すなわち、確信を与えるのは実質であり、分析的理解の方が、いかなるストーリー、とりわけ、レトリックが効いていない単純なストーリーよりも間違いなく効果的である、と。ブランドに関するナラティブと同じぐらい原始的で時代遅れの思考法が、21世紀の世界における洗練されたビジネスの世界で用いられる分析手法よりも影響力があるというのは受け容れがたいことかもしれない。

さらに、困難な課題は、ナラティブ・インテリジェンスという考え方がどこまで拡張していけるかという点である。この点について、もしストーリーテリングが多くのコミュニケーションの方法のひとつであるだけでなく、行動を呼び起こすすべての形態のコミュニケーションの有効性を判断する基準であるとすると、どうなるだろうか。

多くの文献で、様々な説得方法が議論されている。例えば、マイケル・マーコード(Michael Marquard)は『質問を通じたリーダーシップ』の中で、質問することによって説得するという方法を提唱している[xxxiii]。アン・ミラー(Anne Miller)は、『メタファーで売る』の中で、メタファーを説得の鍵であると主張しているxxxiv。エドワード・タフティ（Edward Tufte）は、『定量的情報のビジュアル化』の中で、説得の鍵となるコミュニケーションはイメージの明確な定義にあると主張しているxxxv。スーザン・スコット（Susan Scott）は、『激烈な会話――逃げずに話せば事態はよくなる』の中で、説得の会話には特定の方法があるとしているxxxvi。マーク・ジョイナー（Mark Joyner）は『オレなら、3分で売るね』の中で、人々の心を変える鍵は、非常識的な命令を下すことにあると主張しているxxxvii。アネット・シモンズ（Annette Simmons）は『要因としての物語』の中で、ストーリーの美点を賞賛しているxxxviii。

これらの文献は、それぞれにおいて、特定のコミュニケーションの手法について価値ある洞察を提供している。本書の後半でも手法について触れている。しかしながら、これらの文献があるコミュニケーションの手法を説得の「鍵」である主張するのを眼にすると、その手法について誇張した主張を行なっているのではないかという懸念を否定できない。確かに、これらすべての手法は様々なコンテキストの中で程度の差こそあれ便利なものである。しかしながら、本当はいかなるコンテキストで用いるのが妥当なのだろうか。なぜ、これらの手法はある状況では機能し、他の状況では機能しないのだろうか。こうした整理できていない状況が意味をなすような、幾つかの原則や一連の原理があるのだろうか。様々の業者が競合するこの市場で、意味を付与する、あるいは、ある統一を生み出す要素や原則といったものは存在するのだろうか。

私は、答えはそれほど困難なものではないと確信している。人々がナラティブで思考し、ナラティブを通じて意思決定しているということが正しいならば、質問やメタファー、提案、イメージなどの手法は、聞き手の心の中でナラティブを創出する限りにおいて有効であるということは驚くべきことではない。適切な新しいストーリーを生み出す能力が、変化を起こそうと真剣に取り組む人々にとって不可欠な能力であることは十分に納得できることだ。リーダーにとってナラティブ・インテリジェンスこそが真に重要なのだということが理解されよう。

人間のインテリジェンスに様々の次元があることは、ハワード・ガードナーの『心の枠組み――多次元的インテリジェンスの理論――』によって1983年に提唱されている[xxxix]。当初、ガードナーは、7つの核となるインテリジェンス、具体的には、言語的知能、論理数学的知能、空間的知能、身体運動的知能、音楽的知能、対人的知能、内省的知能を指摘した。最近では、8番目の能力として、当為的能力を付け加えている。さらに、最近の彼の研究では、実存的知能を追加するべきか否かを検討している。これらに追加するならば、感情的知能という概念が1985年にウェイン・ペイン（Wayne Payne）に端を発し、1995年にダニエル・ゴールマン（Daniel Goleman）によって広げられている[xl]。しかしながら、これらの能力に関する議論のいずれにおいても、ナラティブ・インテリジェンス、すなわち、ナラティブが相互に作用し展開していく世界を理解し、実践していく能力は取り扱っていない[xli]。

ナラティブ・インテリジェンスという概念によって私が主張したいと考えている能力とは、次のようなものだ。それは、ナラティブの観点から人間の世界を理解する能力であり、人間のあらゆる側面に広く浸透したナラティブの役割を把握することである。言い換えると、ナラティブの様々な構成要素と特徴を理解し、既存のストーリーの様々なパターンを知るとともに、どのナラティブのパターンがどんな状況でいかなる効果があるかを詳しく知ることなのである。それは、原因に関する基本的な帰属の錯誤を克服し、聞き手のストーリーを理解する能力である。また、新たなストーリーに対する聞き手の反応の要因のダイナミズムを予測する能力を持つことでもあり、あるコミュニケーションの手法によれば、聞き手たちの心の中にあるストーリーが生み出されることが多いといったことを理解することでもある。

では、ナラティブ・インテリジェンスについて、どの程度のことが分かっているのだろうか。実のところ、十分な調査や研究はまだ行われていないが、その基礎的な部分の一部が整い始めている。人間の行動においてナラティブが果たす基礎的な役割は、心理学の研究対象として急速に関心を集めているxlii。リーダーシップにおいてナラティブが中心的な役割を果たしていることは、説得という業務において分析的な論理よりもストーリーの方が効果的であることを示した研究によって確認されているしxliii、社会心理学においても、情報が具体的な例示やアピール力のあるストーリーによって最初に提示されると、瞬時にかつ正確に記憶されることを見出しているxliv。また、抽象的な情報提供は情報源の信頼性に依存する一方で、効果的なストーリーは情報源の信頼性とは独立に作用することも実証されている。聞き手は、あるナラティブを説得力があるものとして受け容れると、その情報源から信頼性への疑問が提起されても、疑問の影響力を限界あるものとなってしまうのであるxlv。

我々が必要とする研究のすべてが行われているかといえば、とてもそうとは言えない。これからのいっそうの研究が必要である。というのも、これまでの長い間、心理学者がストーリーテリングを無視してきたからに他ならない。既存の研究においては、支配的パラダイムは人間の脳を抽象的情報の処理装置であるとみなしてきた。この見解はここ十数年間で変化してきたが、依然として研究を進めるべき課題は少なくない。とりわけ、様々な種類のナラティブ間の比較を通じて、様々なパターンを捉え、それぞれの効果を理解していくことが重要である。他のコミュニケーション手法との比較も重要である。とは言っても、ナラティブによるコミュニケーションを深め広めていくにあたって、さらなる研究の進展を待つ必要はない。ナラティブを通じたコミュニケーションがリーダーシップにおいて劇的な相違を生み出すことは十分に認識されている。リーダーが、リーダーシップのことばを活用して万全の恩恵を受けたいなら、何よりもナラティブ・インテリジェンスを身につけることが鍵となろう。

しかしながら、真実性に基づかないナラティブ・インテリジェンスが機能することはありえない。アル・ゴア前副大統領が2000年の大統領選挙で敗退した理由の一部は、自らが語ったストーリーに脚色を加えていたことにある。ロナルド・レーガン元大統領でさえも、彼のカジュアルな姿勢は、誠実さに関して彼を不利な立場に立たせた。真実性とは何なのか、それは本当に必要なのか。このテーマこそが、次に我々が取り組まねばならないものである。

---

i J. Austen, *Persuasion*, New York: Barnes & Noble Classics, 2005, p. 15. (Originally published 1817).（大島一彦訳『説得』キネマ旬報社、2001年）

ii S. Zhang, F. Bock, A. Si. J. Tautz, and M. V. Srinivasan, "Visual Working Memory in Decision Making by Honey Bees," Proceedings of the National Academy of Sciences of the United States of America, April 5, 2005, pp. 5250-5255.

iii 例えば、E. P. Phelps, "Emotion and Cognition," *Annual Review of Psychology*, 2006, 47, pp. 27-53を参照。

iv 多数の研究者がミツバチの尻ふりダンスは、花粉の場所を示すために十分な情報を与えていると信じられてきたが、エイドリアン・ウェンナー（Adrian Wenner）のようなthe odor plume理論の提唱者は、ダンスのみでは他のミツバチに蜜源を教えるには不十分であると主張している。その代わり、ミツバチは主として匂いによって自分の後に続いて蜜源に行く同僚を募るのである。ダンスの目的は、帰ってきた働きバチの注意を引き付けることにある。それによって、蜜源の匂いの跡を辿っていくように他の働きバチと蜜の匂いを共有するのだと議論している。さらなる議論は、以下のインターネットで閲覧することができる。http://en.wikipedia.org/wiki/Bee_learning_and_communication：2007年4月17日アクセス。

v E. A. Phelps, "Emotion and Cognition: Insights from Studies of the Human Amygdala," *Annual Review of*

Psychology, 2006, 47, pp. 27-53. また、以下の文献も参照。A. Damasio, *Descartes's Error: Emotion, Reason, and the Human Brain*, New York: Avon Books, 1994, chap. 7.（田中三彦訳『生存する脳—心と体と身体の神秘』講談社、２０００年）

[vi] Phelps, "Emotion and Cognition" では、経験による学習、観察された学習、象徴的な学習の間での実質的な違いについて述べられている。pp. 29-33 を参照。

[vii] W. James, *The Principles of Psychology*, New York: Henry Holt, 1890, p. 670.

[viii] D. Dorner, *The Logic of Failure*, New York: Basic Book, 1997.

[ix] T. Kelley and J. Littman, *The Ten Faces of Innovation: IDEO's Strategies for Defeating the Devil's Advocate and Driving Creativity Throughout Your Organization*, New York: Doubleday Currency, 2005.（鈴木主税訳『イノベーションの達人！——発想する会社をつくる10の人材——』早川書房、２００６年）

[x] Phelps, "Emotion and Cognition" この論文では、メッセージを通じての受動的学習のみでは、全く効果がなかったとされる。

[xi] Damasio, *Descartes's Error*, p. 171.

[xii] Damasio, *Descartes's Error*, p. 171.

[xiii] K. E. Weick and L. D. Browning, "Argument and Narration in Organizational Communication," *Journal of Management*, 1986, 12, 243-259; pp. 245-246 を参照。それは、組織は課題に対して完全に合理的な方法で取り組むという広く信じられた神話と結びついている。

[xiv] D. Albarracin, J. C. Gillette, A. N. Earl, L. R. Glasman, M. R. Durantini, and M.-H. Ho, "A Test of Major Assumptions about Behavior Change: A Comprehensive Look at the Effects of Passive and Active HIV-Prevention Interventions Since the Beginning of the Epidemic," *Psychological Bulletin*, 2005, 131, pp. 856-897.

[xv] 例えば、R. B. Cialdini, *Influence: the Psychology of Persuasion*, rev. ed., New York: Morroe, 1993.（社会行動研究会訳『影響力の武器——なぜ人は動かされるのか——［第二版］』誠信書房、２００７年を参照）

[xvi] M. C. Green and T. C. Brock, "The Role of Transportation in the Persuasiveness of Public Narratives," *Journal of Personality and Social Psychology*, 2000, No. 79, pp. 701-721.

xvii R. G. Hurley, "The Decision to Trust," *Harvard Business Review*, 2006, 84 (9). 30社３５０人の経営幹部への調査の結果、おおよそ半数が経営者を信頼していなかった。

xviii L. M. Lodish, M. Abraham, S. Kalmenson, J. Livelsberger, B. Lubetkin, B. Richardson, and M. E. Stevens, "How T. V. Advertising Works: A Meta-Analysis of 389 Real World Split Cable T. V. Advertising Experiments," *Journal of Marketing Research*, 1995, 32, pp. 125-139.

xix L. A. LaClair and R. P. Rao, "Helping Employees Embrace Change," *McKinsey Quarterly*, 2002, No. 4.

xx J. Bruner, *Actual Minds*, Possible Worlds, Cambridge, Mass.: Harvard University Press, 1986, p. 11.（田中一彦訳『可能世界の心理』みすず書房、１９９８年）何十年も認知心理学は、人間の心を情報処理装置に置き換え、ナラティブを議論のレベルに下げることに最善を尽くしてきた。その間には、ウォルター・フィッシャーは、議論をナラティブのレベルに下げることに最善を尽くしていた。W. R. Fisher, "Narration as Human Communication Paradigm: The Case of Public Moral Argument," *Communication Monographs*, 1984, 51, pp. 1-22. いずれの取り組みも成功しなかった。私は、互いのレベルを下げることはできないとするブルーナーの見解が正しいと確信している。

xxi A. MacIntyre, *After Virtue*, Notre Dame, Ind.: University of Notre Dame Press, 1981, p. 216.（篠崎栄訳『美徳なき時代』みすず書房、１９９３年）

xxii N. Tichy, *The Leadership Engine*, New York: HarperCollins, 1997, pp. 173-175.（一條和生訳『リーダーシップ・エンジン――持続する企業成長の秘密――』東洋経済新報社、１９９９年）

xxiii 例えば、*Narrative Inquiry*, 2006, 6 (1)では、以下の３つの疑問に対して回答を試みている。原型となる出来事がナラティブにうまく変換するのは、どういったことによるものなのか。過去40年の間にナラティブの問題の何か解決されてきたのか。ナラティブの問題に対する将来的な方向性は何なのか。

xxiv 例えば "Storytelling That Moves People: A Conversation with Screenwriter Coach, Robert McKee," *Harvard Business Review*, June 2003, 18 (6), 51-57. そして S. Denning, "Telling Tales," *Harvard Business Review*, May 2004, 82 (5), pp. 122-130 を参照。

xxv ほとんどの実験心理学の研究では、抽象的思考に比べてナラティブを使った説得の実験はなされなかった。心理学において、説得における物語の役割は、認知されるのに時間を要してきた。一部の理由としては、「ストーリーは、社会科学における適切な視点として考えられなかった」ことがある。I. I. Mitroff and R. H. Kilmann, "On Organizational Stories: An Approach to the Design and Analysis of Organization Through Myths and Stories," in R. H. Kilmann, L. R. Pondy, and D. P. Slevin, (eds.), *The Management of Organizational Design*, Vol. 1, New York: North-Holland, 1976, pp. 189-207, p. 191 を参照。児童心理学、心理療法、文学、神学、法学、歴史学、経済学、広告論といった他の領域でさえも、ナラティブの重要性を認識しているのに、実験心理学においては、何千もの議論や直観による説得についての研究がなされているのに比べて、ナラティブに関してはほんのわずかな研究しかなされていない。

xxvi J. M. Kouzes and B. Z. Posner, *Credibility: How Leaders Gain and Lose It, Why People Demand It*, San Francisco: Jossey-Bass, 2003.

xxvii Green and Brock, "The Role of Transportation in the Persuasiveness of Public Narratives."

xxviii H. Gardner, *Leading Minds: An Anatomy of Leadership*, New York: Haper-Collins, 1995, p. 49.（山崎康臣・山田仁子訳『20世紀の光と影「リーダー」の肖像』青春出版社、２０００年）

xxix 広報活動において、話題を提供する慣習が好まれてきた。その結果、様々な人々の一団が、同じ物語を同じ時に多くの異なるメディアで話すことになる。そうなることで、物語が完全にフィクションであっても、真実味があり、コンセンサスのとれたような幻想がつくられてしまう。これは、「反響室効果」と呼ばれる。

xxx これらの原則は、熱意と活力によって実行される、行動における基本的な変化の達成を目的とする説得に適応される。説得の目的が、あまり重要性をなさない、単純で1回きりの行動の変化を促す場合は、直観に訴える方がより効果的である。

xxxi A. Stark, "The Great Storyteller: Ronald Reagan and the Political Uses of Anecdote," *Times Literary Supplement*, November 12, 1999.

xxxii Stark, "The Great Storyteller."

xxxiii M. Marquardt, *Leading with Questions: How Leaders Find the Right Solutions by Knowing What to Ask*, San Francisco, Jossey-Bass, 2005.

xxxiv A. Miller, *Metaphorically Selling*, New York: Chiron, 2004.

xxxv E. Tufte, *The Visual Display of Quantitative Information*, Cheshire, Conn.: Graphics Press, 2001.

xxxvi Scott, *Fierce Conversations.*（富田香里訳『激烈な会話——逃げずに話せば事態はよくなる！——』ソニーマガジンズ、２００４年）

xxxvii M. Joyner, *The Irresistible Offer: How to Sell Your Product or Service in 3 Seconds or Less*, Hoboken, N. J.: Wiley, 2005.（林田レジリ浩文訳『オレなら、３分で売るね！』フォレスト出版、２００７年）

xxxviii A. Simmons, *The Story Factor*, Cambridge Mass.: Perseus Books, 2006.

xxxix Howard Gardner in *Frame of Mind: The Theory of Multiple Intelligences*, New York: Basic Books, 1983.

xl W. L. Payne, "A Study of Emotion: Developing Emotional Intelligence; Self-Integration; Relating to Fear, Pain and Desire（Theory, Structure of Reality, Problem-Solving, Contraction/Expansion, Tuning in/Comingout/Letting Go）" Doctoral Dissertation, Union for Experimenting Colleges and Universities, Cincinnati, Ohio, 1985; D. Goleman, *Emotional Intelligence*, New York: Bantam Books, 1995（土屋京子訳『ＥＱ——こころの知能指数——』講談社、１９９６年）も参照。

xli ガードナーは、知能の候補となる能力が組み入れることができるかどうかを判定するために８つの基準を用いている。⑴脳障害とは関係ないと見込めること。⑵学識豊富な人、天才、そのた例外的な個人が存在していること。⑶核となる作用もしくは一連の作用が確認できること。⑷実験心理学の結果から支持を得ていること。⑸心理測定の結果による支持を得ていること。⑹専門家の最終的な業績による定義可能なものとは異なる発展の歴史があること。⑺進化論的なもっともらしさがあること。⑻象徴のシステムに記号化する感受性があること。S. Veenema, L. Hetland, and K. Chalfen, "Multiple Intelligences: The Research Perspective," Project Zero, Harvard Graduate School of Education, 1997を参照。インターネット上でも閲覧可能。www.learner.org/channel/workshops/socialstudies/pdf/session3/3.MultipleIntelligences.pdf：２００７年4月17日アクセス。さらなる研究は明らかに必要であるが、表面上、これらの基準の最初のものを除けば、ナラティブ知能は基準に当てはまる。ナラティブ知能が感情的、対人的、内省的といった他の知能と、どの程度高く相関するのかということを確認するためのさらなる調査を行うべきである。

xlii D. P. McAdams and J. L. Pals, "A New Big Five: Fundamental Principles for an Integrative Science of Personality," *American Psychologist*, 2006, 61（3）, pp. 204-217. 物語は、神話的な普遍的な物語である時、すなわち、すべての文化で見受けられ、人間のモチベーションに深く共鳴するものであり、複雑な意味を伝達するものである場合、

より強い影響力を持つ。このようなストーリーに関するキャロル・S・ピアソン（Carol S. Pearson）の研究では、人々は実際にストーリーの中で生きる方法を強調し、そのプロセスの中で、能力や美徳を獲得すると主張している（The Hero Within, Awakening the Heroes Within)。ピアソンは、原型のストーリーの本質および、それらが語り手や聞き手、そして社会システム全般にいかなる影響を与えるのかを理解するためにナラティブ知能に関する議論を発展させていく必要があると主張している。

xliii LaClair and Rao, "Helping Employees Embrace Change"; J. Martin and M. E. Power, "Organizational Stories: More Vivid and Persuasive Than Quantitative Data," in B. M. Staw, *Psychological Foundations of Organizational Behavior*, Glenview, Ill.: Scott, Foresman, 1982; N. Pennington and R. Hastie, "Explaining the Evidence: Tests of the Story Model for Juror Decision Making," *Journal of Personality and Social Psychology*, 1992, No. 62, pp. 189-206も参照。

xliv E. Borgida and R. E. Nisbett, "The Differential Impact of Abstract vs. Concrete Information on Decisions," *Journal of Applied Technology*, 1997, 7 (3), pp. 258-271; R.Zemke, "Storytelling: Back to Basics," *Training*, March 1990, pp. 44-50; A. L. Wilkens, "Organizational Stories as Symbols Which Control the Organization," in L. R. Pondy, J. Frost, G. Morgan, and T. C. Dandridge, *Organizational Symbolism*, Greenwich, Conn.: JAI Press, 1983; J. A. Conger, "Inspiring Others: The Language of Leadership," *Executive*, 1991, 5 (1), pp. 31-45.

xlv Green and Brock, "The Role of Transportation in the Persuasiveness of Public Narratives."

第6章　真実を語ること

真理への意思、これはわれわれをなお幾多の冒険へ誘惑するであろうし、あの有名な誠実、これについてはすべての哲学者がこれまで尊敬の念をもって語って来た。この真理への意思はどのような問いをわれわれにすでに提示したことか！　何という奇異な、悪質な、疑わしい問いを提示したことか！

――フリードリヒ・ニーチェ（Friedrich Nietzche）i

1982年9月29日水曜日の早朝、イリノイ州エルク・グローブ・ビレッジで12歳の少女がエクストラ・ストレングス・タイレノール（Extra Strength Tylenol）のカプセル剤を飲んだ。その直後、彼女は倒れ、シアン化物中毒で亡くなった。続く3日間にシカゴ周辺で6人が同様の状況で死亡した。警察が彼らの死とタイレノールに含まれた毒物の因果関係を見出すのに時間はかからなかった。緊急警報が発せられ、警察は拡声器で警報を流しながら、シカゴ近郊を車で走り抜けた。

毒入りのボトルはそれぞれ異なる工場で生産され、7人の死すべてがシカゴ地区で起こったことから、製造工場（ジョンソン&ジョンソンの子会社）で何らかの工作が行われたとは考えられなかった。容疑者はタイレノールを数週間かけて商店から入手し、シアン化物を混入、ボトルを差し替えたに違いなかった。

7人の被害者を死に至らせた5つのボトルに加えて、他に3つの青酸入りのボトルが見つかった。

次に起こったことは、ビジネス界の伝説になっている。ジョンソン＆ジョンソンはこの問題の原因となった訳ではなかったが、CEOのジェームズ・バーク（James Burke）はタイレノール事件に関して責任を負うことを発表したのだ。彼は、株主へのリターンに先んじて消費者保護を最優先事項とするジョンソン＆ジョンソンのクレド（企業信条）に従い、最初の死亡からわずか7日後の1982年11月5日に、即時に全国規模の製品リコールを行うと発表した。それは、約3100万本のボトルを回収し、1億ドル以上の損失を被るものであった。

また、ジョンソン＆ジョンソンは、全国のマスメディアに広告を出し、いかなるタイレノールも摂取しないよう人々に伝えた。カプセル剤のみが異物と入れ替えられていることが判明すると、ジョンソン＆ジョンソンは消費者が既に購入したすべてのカプセル剤と固形の錠剤を交換できるようにした。

パニックとなり、タイレノールのマーケットシェアは35％から8％まで落ち込んだが、ジョンソン＆ジョンソンの対応の結果、1年足らずでマーケットシェアは回復した。数年のうちに、タイレノールはアメリカで最もポピュラーな鎮痛剤となった。

タイレノール・クライシスに際してジョンソン＆ジョンソンが決断力ある対応をとることができた鍵は、彼らのクレドにある。そこには、消費者保護を最優先事項として行動するよう明確な指針が示されていた。クレドを考慮すると、市民への迅速で完全な真実の開示や製品回収は自明の処置だった。ジョンソン＆ジョンソンのCEOであるジェームズ・バークは、次のように語っている。「重要なことは、どんな行動基準を持つかにあると思います。正しい行動基準は実際に役に立つのです。それは実際に機能しているのです。そんなもの役に立たないと言う皮肉屋もいるでしょうが、それは間違っていると思います。」[ii]

ジョンソン&ジョンソンが危機に対処するためにとった伝説的な行動は再三言及されているが、そこから十分な教訓が得られているとは言い難い。１９８９年、エクソンは、オイルタンカーのエクソン・バルディーズ号（Exxon Valdez）がプリンス・ウィリアム湾で１１００万ガロンの原油を流出するという重大危機に直面した時、全く異なった行動をとった。

エクソンのスポークスマンが最初にマスコミに伝えたコメントは、「ノーコメント」であった。この対応は、エクソンは何かを隠しているのか、あるいは、何が起こったのか分かっていないのだという印象を与えた。エクソンが危機管理のトレーニングを受けていないメンバーで構成されるチームを現地に送り込んだ時、この印象はさらに強まった。それはエクソンが新聞に広告を出す10日前であり、しかも、その広告は地方新聞に掲載されただけだった。それは、また、エクソン会長、ローレンス・ラウル（Lawrence G. Rawl）がアラスカに飛ぶ2週間前の出来事だった。

エクソン・バルディーズ号の事故は、人類の海難史上最大の環境災害のひとつとなった。エクソンは原油除去のために最終的に20億ドルを超える費用を支出することとなり、２００６年下旬現在においても、原油流出に対する懲罰的損害賠償金の査定に関する訴訟がなお係争中である。

ジョンソン&ジョンソンのクレドは、同社の意思決定を長く導き、伝統となっていると考えると、CEOが迅速にかつ誠実に危機に対応できたことは特段に驚くに当たらない。同社は、この危機への対応のプロセスを通じて、企業としての信用度やブランドの信用度を増大させることができた。これに対し、特定の価値観へのコミットメントを日々明確にし、強化していく手段を持たないエクソンでは、経営陣がマネジャーたちに行き当たりばったりの出張をさせ、いかに環境のみならずアラスカ州の観光業や水産業へのダメージに対する配慮を持たないという印象を与えてしまったかは容易に理解できよう。

第1節　市場における真実の重要性

言うまでもなく、共同作業においては、真実を語ることが正道であり、情報のごまかしや隠匿は道を外れた行為だ。ミツバチが仲間のミツバチに食べ物の場所を知らせるために尻ふりダンスを行っている時には、そのコミュニケーションは真実を伝えていることが前提となっている。真実であるからこそ、仲間のミツバチはダンスの指示に従い、食べ物を見つけることができるのであり、その巣の一族は繁栄を得ることができる。ミツバチたちは、協力関係にある企業のように、真実を隠さないという点に巣の繁栄の重要な基礎を置いているのだ。

しかし、厳しい生存競争の下では状況は異なっている。ジェレミー・キャンベル(Jeremy Campbell)の『騙しあいの世界』は、自然界においては、自らの状況についての情報を偽り真実を隠すことはむしろ普通なのだと思い起こさせてくれる。クモは、強い粘着性のある自らの巣を訪れる昆虫たちに警告を与えるだろうか。キツネは、空腹時に油断なく身構えながら死んだふりをすることに罪の意識を感じるだろうか。枝に横たわるヒョウは、通行人たちに警告を発し危険を知らせるだろうか。自然界の激しい生存競争には、フェア・プレーや誠実さ、自らの状況のありのままを相手に知らせるという率直さは縁のないことだ。言い換えると、嘘、偽り、見せかけ、威嚇などは、生きていくのに重要だということなのである[iii]。

変革型リーダーシップは本質的に共同作業であり、従って、依拠すべきモデルはクモやキツネやヒョウではなく、ミツバチである。リーダーシップには真実性や正直さは不可欠であって、ありのままを見えなくしたり、真実を意図的に歪めたりすると、相互の信頼は瞬く間に破壊される。それは、変革への持続する熱い想いを蝕み、時にエクソンのケースのように明らかにオープンな姿勢が欠如している場合には、悲惨な結果となりかねない。

市場は、協力と競争が混在する場であり、変革型リーダーシップにとって留意すべき問題を提起する。そこは、一方では、参加者が、互いに面と向かって競争しあう相手として、生き残りのための厳しい争いを繰り広げる場である。市場は、人をいかに出し抜くかを競い、狡猾さや駆け引きが支配、他人の裏をかき、互いに騙しあう世界なのだ。最もしたたかな者のみが生き残り、繁栄するのである。

しかし、他方で、市場は、売り手が顧客にその商品の愛用者となってもらえるように、さらには売り手の代理人として新たに愛用者を広げてくれる熱血的なファンとなってもらえるように、信頼を築き上げようと懸命の努力を行われる場でもあるのだ。

問題は、売り手が競争において顧客を欺くような手法を用いる際に生じる。例えば、第5章で取り上げた顧客操作のための様々な用具——誇大宣伝、ハロー効果、情報の操作、意思決定後の条件変更、他者追随、権威の押し付け、有名人の圧力、そして、希少性の操作等——を通じて、こうした操作がなければ決して行なわないような意思決定を顧客に行わせようとする場合、相互の長期的な信頼を傷つけるリスクは極めて大きなものとなる。

市場には常に競争と協力の緊張が存在する。ビジネスに従事する者にとっては、このジレンマは深刻なものだ。リーダーシップのワークショップで、次のような質問を受けたことがある。

「本当に我々は、真実を述べるべきなのでしょうか。確かに、真実を語ることが経済的成功に通ずるのであれば、それは、販売やマーケティングで成功するために、賢明であり必要でさえあると思います。しかし、我々が本当に正直であるのなら、そもそも販売ノルマなどというものをなぜ作成しないといけないのでしょうか。人間は常に正直でしょうか。人間が常に正直だと考えるのは非現実的ではないのでしょうか」

この種の問いへの答えは、易しくもあり、難しくもある。変革型リーダーシップに関して言えば、答えは極めて易しい。言うまでもなく、その目的は聞き手の中に持続する熱い想いを引き起こすことにあり、真実性が絶対的に不可欠であることは明白だ。リーダーには、他の選択肢はありえない。真実はリーダーにとっての貨幣なのだ。真実を隠すことは短期的な利益を生み、そして結果的に販売や収益の面では即座の大きな儲けを生みさえする。しかし、それはまた信頼の破壊という大きなリスクを犯すことになる。すなわち、真実を隠し、都合のよいところのみを語ることによって、顧客を操作しようとしても、製品やサービス、ブランド、また、組織に対する持続する熱い想いを生み出す健全な基盤には至らない。変革型リーダーとして持続する熱い想いを引き起こすには、真実を話すことが基本であり、実際にそれ以外の選択肢は存在しえないのである。

しかし、答えは難しくもある。市場には常に様々の誘惑が存在する。眼の前の売り上げを得るために、真実をまやかしや偽る行為へと誘う。販売担当者たちは、「競争相手が行っていることなのに、どうして我々が手がけてはいけないのでしょうか。我々の収益というのは短期の売り上げの積み重ねであり、長期的な影響などということこそ、まやかしだと思います。眼の前の売り上げに焦点を合わせずして、勝つために必要な措置を講ずるなどありえないことです。要するに、これはやむをえないことなのです」と主張する。ある意味では、これは正しい主張だ。問題は価値観なのだ。ジョンソン&ジョンソンのように、経営トップによって継続的に繰り返し述べられ、強化され、そして自らの行為に表現される明確な価値観がないと、真実を話すことが放棄され、まやかしや偽りなどの情報操作が支配するようになるのは容易に理解できる。

中でも、真実を覆い隠す誘惑が特に強いのが、ブランドの世界である。今日、企業は、文化人類学が見出したように、製品やサービスとブランドの間に本質的な関連性がなくても、消費者がブランドと強い関係を持つことを承知している。マーケッターたちにとって、物理的に特徴のある製品は全く必要ない。石鹸や小麦粉、塩、オートミール、あるいは、水といったどんな平凡な日用品であっても、消費者の心の中では、強く差別化が行われているのである。

しかしながら、本質的な差異が全く存在しないにもかかわらず、有意味な差異があるがごとく印象づけるには莫大なコストを要する。何故なら、差異があるかのような印象を保持するためには際限なく新しい広告を出し続けねばならないからだ。多くの企業にとって、この目的を達成するための多額の投資の費用効率は十分にいいようだ。本質的な差異ではなく、印象や連想に基づく差異に頼るブランドは、企業のバランスシート上では、最も価値ある資産であると言えなくもない。

マーケッターの中には、この種の実践を支持し、真実であるかどうかは無視して、消費者の心に響くであろう巧みなストーリーを作り上げるように勧める者もいる[iv]。この見解では、市場において真実を語ろうと試みることさえ敗北の戦略とされる。マーケッターが為すべきことは、製品について消費者の視点や世界観に響く素晴らしいストーリーを作ることなのだ。こうしたストーリーを作り上げることは、次のような理由で正当化される。すなわち、「消費者自身がこうしたストーリーを望んでいるのだ……消費者にとっては、どちらの商品が優れているか、速いか、機能的かなんてことはどうでもいいのだ。大事なことは、消費者が何を信じているかなのだ」[v]

市場の競争をうまく切り抜けるために何でも言おうというこのアプローチは短期的な利益は獲得できるだろうが、長期的な信頼や持続する熱い想いという観点から見ると、これは悲惨な結果への道筋である。「正しい行動こそが、割に合うのだ。消費者を騙す語り手は、やがて本質が露呈する。彼らはいつか一貫性を失い、遅かれ早かれ罰せられる」[vi]のだ。

第2節　市場における差異化の伝達方法：3つのストーリー

市場においても、リーダーとなるためには、真実と信頼へコミットすることが第1の条件である。それは、企業の内外を問わず、どんな不正直さも排除することを意味する。マーケティングで言うならば、企業が、市場で広告をするなら、間違いなく広告のとおりに実践できていなければならない。市場での真正なリーダーシップとは、社会に対して企業が特徴的でないにもかかわらず特徴的であると確信させることではなく、企業のありのままに即して事実を伝えることにある。企業に十分の特色がないのなら、顧客に対して独自性を伝えるいかなる試みをも行う前に、それを作り出すことがその企業の仕事なのである。結局のところ、企業は企業の外部に出ていく前に企業の内部を整える必要があるのだ。

市場において差異化を伝えるためには、概念的には3つの真正な方法を区分できる。ひとつは、企業自身についてストーリーを語ることである。これは、企業がどのように生まれ、成長し、その過程でどのような価値観を獲得して、今、どこへ向かおうとしているかについて語るものだ。アップルコンピューターやマイクロソフトの持つある種の神秘性は、スティーブ・ジョブズやビル・ゲイツのそれぞれの創業期のストーリーに由来している。サウスウェスト航空は、アメリカ全土を「自由に歩き回る」人々のユーモアや遊び心を持ち、人生を活き活きと最大限に楽しむストーリーを取り上げている。サウスウェスト航空は、人気の観光地へ安価で、信頼性があり、楽しいフライト提供することで、それを可能にしている、という訳だ。同社のブランドの物語には、創業者のハーブ・ケラー（Herb Kelleher）の持つ才覚や人柄が密接に関連づけられている。コストコでは、共同創業者のひとりでありCEOのジム・シネガル（Jim Sinegal）が、マージンを高めるのではなく、高品質で低コストの製品を顧客に提供することに日々注力することによって、どのようにコストコを作り上げたかについてのストーリーを繰り返し語っている。これは、同社の価値観を伝え、どのように日々の業務で実践されているかを示すためなのである。

差異化を伝えるふたつめの方法は、一見して明らかなものだが、実際にはそれほど簡単なものではない。すなわち、製品やサービスそれ自体についてストーリーを語ることだ。自社の製品やサービスの特徴が何かを伝えたいなら、それをそのとおり伝えるだけで十分ではないだろうか。何も難しいことはないはずだ。だが、ここで問題となるのは今日の市場に広がる冷笑的なまなざしや不信感であって、いかなる企業であっても製品やサービスについて信頼できるものとしてストーリーを語ることは難しい。企業がこれまで語ってきた中には、真実は半分、あるいは、4分の1以下しかなかった——時には、全く虚像でしかなかった——ことを想起すれば、人々がマーケッターから直接聞かされることのほとんどを信用しないのはもっともなことなのだ。

それでは、企業は、どうすればよいのだろうか。ひとつの方法は、広告の利用を少なくするか、あるいは用いないことだ。製品やサービスのストーリーを伝えること自体をやめてしまうことなのだ。その代わりに、製品やサービスを顧客が本当に喜んでもらえるものとし、顧客自らが製品やサービスについてストーリーを語り、広めてくれるのを待つのである。グーグルが高く評価され価値ある企業であるのは、巧みな広告を用いているからではない。何億人もの利用者がグーグルのソフトウェアを楽しく、かつ、使いやすいと感じ、彼らがグーグルのソフトについて自ら進んで友人や同僚にストーリーを語るからだ。スターバックスが高く評価されるのも、多額の資金を優れた広告代理店やPR会社、あるいは、ロック・スターにつぎ込むからではない。むしろ、世界中の人々が、スターバックスの店舗や製品を楽しみ、そのメッセージを進んで他の人々に伝えるからである。これらの企業は、自らの広告に、あるいは、自らのストーリーを語るために、ほとんど資金やエネルギーを使わない。彼らは、自身のエネルギーを常に顧客を満足させる高品質の製品やサービスを供給することに注ぐのである。それを受けた顧客は、これまで企業のマーケティング部門が行ってきたより、よほど信頼性のあるストーリーを語るのである。

これらの企業の目的は、単に売り上げを得ることではない。むしろ、顧客に単なる顧客にとどまらない熱い想い入れを持ったファンとなってもらい、それぞれの企業の活動自体に価値があるのだという信念を共有してもらうことにある。顧客がその製品やサービスの良さを確信し、自らその評判を広め、企業に代わって自発的に友人や同僚を呼び込みたいと強く感じてもらうというのが理想なのである。こうしたコミュニケーションの多くは、実際に人々が顔を合わせ、交わすことばを通じて行われるのだ。インターネットを通じた、ブログやチャット・ルームのインパクトについて多く語られているが、こうした口コミの約90%はオフラインで行われているとされているvii。顧客は、平素の企業活動に満足を覚える場合にのみ、そのブランドの熱烈な支持者となる。言い換えると、企業自らが顧客との関わりにおいて、信頼性、一貫性、誠実さといった価値観を日常的に提示できる場合にのみ、顧客に熱烈なファンになってもらえるということだ。

3つめの方法は、いっそう込み入ったものとなる。それは、顧客自身のストーリーを語ることである。『ブランドが表象となる時』の中で、ダグラス・ホルト（Douglas Holt）は、強力なブランドには、必ず、そのブランドを心から愛するある独特の人々が存在すると論じている。もし売り手がこうした人々についてのストーリーを理解し、そのストーリーを伝えたなら、それは心に響き、ブランドを表象へ変化させる一助とすることができよう。

フォルクスワーゲンは、反権威主義者たちに好まれる実績を持っている。1960年代と1970年代に、フォルクスワーゲンは、彼らのための自動車メーカーとして自らを提示した時、大きな成功を収めた。1980年代と1990年代には、自らの歴史を忘れ、あらゆる人々のための自動車メーカーであると主張するように思えた時、高品質な車であるにもかかわらず、市場での基盤を失ってしまった。1990年代後半、中心となる顧客が反権威主義者であることを突然思い出し、フォルクスワーゲンは再び成功を収めることができた[viii]。

同様に、バドワイザーは、冗談っぽいテレビ広告を流している。それは、陽気に騒ぐ楽しい人々が、バドワイザーを飲む人たちであることを示している。この広告の意味するところは、バドワイザーさえ飲めば、誰でも同じように陽気になることができ、楽しい時を過ごせるというものだ。この種の広告は、論理的な構成を持っている訳ではないが、ブランドの宣伝には成功しているようだ。今日の市場では広告で売り上げを拡大できると考えられているが、長期的な視点に立った時の課題はブランドに対する持続する熱い想いを構築できるかどうか以外にはありえない。一過性の連想に基づいてブランドの強みを維持しようとすれば、せいぜい、バドワイザーを「印象」づける広告のように、次から次へと際限なく新しいストーリーを打ち出していかざるをえないこととなる。

第3節　セールス・トークから信頼のパートナーシップへ

短期的な売り上げ、利益を目的として不誠実な企業行動を続けることで被る長期的なコストというリスクを考えると、企業の中には、セールス・トークを繰り返すことをやめ、顧客との信頼のパートナーシップを築き上げることによって、売り上げを安定させようと模索する者が現われる。これらの企業は、何にもまして、顧客にとっての信頼できる協力者になろうとする。彼らは、顧客から求められたアドバイスに応じ、共通の懸案事項について対話を行う。そうした対話は、即時に販売に結びつけることを目的としたものではなく、将来、顧客が購入を検討する時が来た際に、その企業の製品やサービスについて好意的に考えてもらえるようにする点にある。最終的な目的は、高いマージン、より多くのリピーター、低い価格弾力性、そして、短い販売サイクルだ。「セールス・トークの繰り返し」から「信頼されるパートナーシップ」へ移行するためには何が必要なのだろうか。そのためには、まず、これらの企業の行動に反映される信頼とは何かを明らかにしなければならない。不信を招く行動と対照される、信頼を生み出す行動とはどんなものなのだろうか。

セールス・トークは、「交換経済」において機能するものだ。それは対価を求める行為なのである。交換経済では、売り手とは、通常、自らにとって金銭的価値がある場合にのみ何かを進んでしようとすると捉えられている。従って、市場では、セールス・トークとはほぼ売り上げのためにその場をうまく切り抜ける方便に等しい。すなわち、相手を出し抜くために都合のいい解釈やごまかし、相手の行動を支配しようとする術策のことばなのである。

一方、信頼は、社会科学者によれば、全く異なった行動である。それは、コラボレーション、すなわち、時に、「贈与経済」と呼ばれる行動から生み出されるこの経済では、人々は寛大の精神から行動を起こすのであり、何らかの対価を期待するのではなく、相手に貢献すること自体を目的としている。科学のコミュニティは、こうした相互行為のひとつの例である。学者は論文を書き、コンファレンスに貢献しようとする。その際に、彼らは、コミュニティへの貢献の見返りとして得るものは何も保障されていない。彼らは最終的には何らかの報酬を得るかもしれない。例えば、尊敬や名声を獲得し、大学での職が提供されるかもしれない、本を書くように勧められるかもしれないし、さらには賞を獲得できるかもしれない。しかし、これらは前もって保障もされていないし、合意がある訳でも、明確に提示されている訳でもない。コミュニティへの参加者は、まずコミュニティへ貢献し、それから、その見返りとして、いつか何かを得る可能性を手に入れるにすぎないのである。

科学のコミュニティでは、信頼に従った行動のみが尊重される。多くの科学者は紛れもなく誠実である。彼らは何が主張され、何が主張されていないかについて注意を払っている。メリットを誇張したり、あるいは、コストやリスクを軽視することに慎重である。常に代替的な説明について目を光らせ、自身が立脚する理論を信用することにも慎重である。彼らが自信を持って語るのは、全く疑いなく知っていることがらについてのみに限られる。推測をしたり、推測に賭けてみる時、彼らは明確にそのように記述する。分からない時には、彼らは無知を認める。わずかな誇張もこの世界では忌み嫌われる。たとえほんのわずかにでも誇張をする者は、いかに著名な学者であっても科学のコミュニティから追放されるリスクを犯すこととなる。

同様に、製薬業界では厳しい法が存在し、かつ、ＦＤＡ[1]などの関係機関がそれらの法を微に入り細に亘って執行することによって、一定程度はあるが、科学のコミュニティと同様の慣行が行われている。薬品は市場に出される前に、有効性と副作用について厳しく検証される。特筆すべき新しい効能がないものは、開発に莫大な費用が投じられていても、市場に出すのは見合わされる。薬の効能を主張するには、法により厳格な科学的試験に基づく根拠づけが必要とされている。販売時には、効能を間違いないものとするための注意事項を明確に伝えなくてはならないし、医師や消費者に対してリスクを定量化した上ではっきりと説明しなくてはならない。副作用についても同様だ。新たな欠陥が発見された時には、必要な情報を医師や消費者全員に漏れなくかつ即座に行き渡らせねばならない。さらに、そうした欠陥が当初期待された効能に疑問を提起する場合には、市場からの回収にも対応できなければならない。製薬会社の広告には顧客を操作しようとする術策が少なからず用いられているが、どんな特殊な薬であれ、効能の主張には客観的な事実による厳密な裏づけがなければならないと法で定められているのである[ix]。

他の業界では、状況は大きく異なっている。例えばソフトウェア業界では、製品の有効性は市場に出される前にテストされるが、通常、欠陥が現れるのは製品が発売された後であり、それに続くソフトウェアの発売によって欠陥が改善される。時折り、新たなバージョンがソフトウェアとハードウェアのアップグレードを巧妙に強いるために、どんな便益が追加されたのか明らかでないまま発売されている。しかも、ソフトウェアの機能性の主張は必ずしも厳格な科学的テストによって裏づけられている訳ではない。また、ソフトウェアの「抜群に便利な」活用法は平均的なユーザーでも可能であるかのように、さらに言えば、すべてのユーザーに可能であるかのように表現されている。新たなソフトウェアの利便性を十分に活用するためには、講習を受けたり、サポート契約を結んでおくなど幾つかの重要な要素が必要であることは、必ずしも販売時に明確にされている訳ではない。また、新たなソフトウェアの導入にあたって、期待される効果を実現するために経営戦略の再編成や組織文化の変革が重要であり、そのことにはリスクが伴うことがセールス・プレゼンテーションの段階で明示的に述べられることはほとんどない。そもそも、期待されるメリットを達成するために、うまくいかない時の対処法について詳しく広報することは稀にしか行われない。新たな欠陥が発見されたとしても、必要な情報が利用者全員に漏れなくかつ即座に伝えられるわけではない。さらに、そうした欠陥が当初期待されたメリットに疑問を提起する場合でも、市場からの回収、あるいは、払い戻しといった対応がとられることもほとんどない。

ソフトウェア業界におけるこうした慣習は理解できない訳ではない。多くのソフトやハードが様々な組み合わせで用いられるという製品特性上、バグのないソフトは不可能とさえと言われている。消費者サイドにも、欠陥商品の発売によるリスク以上に、新たなソフトウェアへの適時更新に関心があることも否定できない。経験のあるユーザーは、この業界の標準的な誇大宣伝の程度を理解し、やむをえず「購入者は慎重に」という姿勢で臨むこととなる。

しかし、このような慣習から生じる信頼は決して高いものとはならない。信頼されるパートナーとなることを本当に望むならば、企業は、こうした行動の適切さを再検討する必要があろう。「購入者は慎重に」という思考態度を持った顧客は、ベンダーの言うことの多くを鵜呑みにはしないし、関係をパートナーシップとみなすことはない。

---

1 米国保健社会福祉省食品医薬品局（Food and Drug Administration)。

信頼されるパートナーとしての関係を築くためには、以下のような信頼構築行動を都合よく取り上げるのではなく、体系的に推進していく必要があり、顧客との対話もどの時点で必要かを十分に考えておく必要がある。

・相手の心配事について心からの関心を寄せること　信頼関係を持つとは、たとえ自らに全く関係がないことであっても、相手が抱える問題について純粋な気持ちから関心を寄せることだ。

・傷つきやすい立場をリスクを犯して引き受けること　たとえ相手がこちらの信頼を受け容れ感謝することがなくとも、相手を信頼することが信頼というものだ。そうした場合、信頼をした方は、自らを傷つきやすい立場に置くことになる。しかし、傷つくことがない位置に自らを置き、自分の方から信頼するというリスクを犯さない限り、信頼が生まれるかどうかは疑問である。

・早い段階から何らかの価値あるものを共有すること　はじめて誰かの家を訪問する時には、友情の証として小さな贈り物を持っていくのがマナーというものだ。信頼の構築にはこうしたマナーが必要だ。同様の行動を企業がとれば、例えば、新製品についての情報やサンプルを無料で提供すれば、信頼の構築には役立つ。

・これまでの経過を承知すること　セールス・トークでは、売り手はまず特徴や便益をアピールするように、通常、「話し手から聞き手へいかに伝えるか」という観点が強調される。対照的に、信頼関係では、まず、顧客のストーリーを聞くこと、すなわち、顧客を理解することから始まる。言い換えると、顧客の持つ夢や希望、恐れ、あるいは、現在、抱えている問題といった彼らの行動の動機について耳を傾けることに始まるのである。このことは、顧客が話していることのみならず、話していないことにも注意を向けることを意味する。

・学習の意欲を持つこと　信頼関係の構築には、自ら進んで相手のことについて学ぶことが不可欠だ。信頼関係にある一方が相手に「私はあなたの現状には関心はない。私はあなたが知るべきことを伝えるためにここに来たのだ」などと言ったりすることはない。こうしたことばは、信頼の破壊行為である。相手から進んで学ぼうとし、相手のストーリーを理解しようとする姿勢が相互の信頼の構築に寄与する。

一部の企業にとっては、自らの行動を伝統的な商慣行から信頼に基づいたパートナーとしての振る舞いに転換することは、超えがたい大きな変化と感じられるかもしれない。スタッフの中には、進んで転換に貢献しようと待ち望んでいる者がいる一方、セールストークで満足する者もいるだろう。リーダーシップとは、すべての人に新しい規準により行動するよう変化させることなのである。

第4節　ストーリーと戦争への道筋

政治の世界では、変革型リーダーシップはそうたびたび見られるものではない。しかし、変革型リーダーシップが登場した時には、例えば、アブラハム・リンカーンのように、我々を新しい自由の誕生という歓迎すべき方向へ向かわせてくれる場合もある。しかし、大統領が軍事目的の追求を主たる要因として行動する場合、結果はおぞましいものになりうる。結果は悲しくなるほどに自ら求めた戦争と親密な関係にあるのだ。

平時に他国に対し先制攻撃が必要だと国民を説得する政治家は、通常、敵を悪者扱いする。加えて、敵がこれまで引き起こしてきた攻撃を誇張し、戦争の遂行に伴い生じる様々な問題を矮小化するとともに、期待される効果を大きく喧伝する。

ひとたび戦争が始まれば、戦争は若い兵士の勇敢さに対する賞賛とともに美化される。戦争に反対する者は、軍の名誉を傷つける、あるいは、敵をつけあがらせるとして、不当に差別される。様々の問題が隠しおうせず露呈するに及ぶと、既に亡くなった兵士が無駄死にしたこととならないようにこれまでの考え方を堅持するという新たな要請が生まれてくる。

開戦時の真相や戦争遂行の困難さが明らかになるにつれて、国を戦争へと誤って導いた者たちへの非難は、戦争のために亡くなった者たちを軽視する訳にはいかないという大義の前に弱められる。勝利への要求は続き、〈降伏の白旗を掲げる〉〈負けを認める〉ことを望む者たちに対しての辛らつな批判が始まる。結果として、戦争はしばしば、当初の戦う理由が消滅した後も長々と続くのである。

こうした現象の多くは第1次世界大戦において見ることができる。歴史上のどの時代の政府も戦争への支持を促すために常に様々な種類の説得を用いてきたが、はじめて広範囲なメディアを体系的に利用してプロパガンダを行ったのは、1915年のことだった。政府は、「フン族」を悪者とし、「文明」と「プロシヤの蛮行」の間の大きな衝突として戦争を見せることで、国民の同意を得ようとメディアを利用した。プ・ロ・パ・ガ・ン・ダということばは評判を落としたが、戦争を売り込むためのプロパガンダがなくなった訳ではない。1965年には、ベトナムとの戦争についてアメリカ人を恐怖で戦慄させ開戦への同意を引き出すために、ホワイトハウスとペンタゴンは事実と異なる軍事的な論拠を用いた[x]。リンドン・ジョンソン（Lyndon Johnson）大統領はアメリカの〈非交戦状態〉の海軍艇に対するトンキン湾での攻撃や、モスクワや北京を中心とした、国際的な共産主義運動の陰謀がベトナムの革命を推進しているという議論に基づき、戦争を始めた。ジョンソンは介入を正当化するために、「解放」、「自由」、「民主主義」というレトリックを使った。戦争の間中、もしベトナムで失敗したら、アメリカは計り知れないほどの大きな損失を被り、そして残りのアジアの国々も、さらには、世界の国々が「ドミノのように」共産主義の手に陥る、というストーリーが語られた。

その結果、1973年のアメリカ撤退の後、1975年に南ベトナムは北ベトナムに制圧された。しかし、他のアジアの国々はドミノのように共産主義になった訳ではなかった。それどころか、他の国々は断固として反共産主義のままだった。やがて、ベトナムは世界でも最も急速に成長した自由市場経済国のひとつとなった。政府や政界はベトナムの共産党によって強くコントロールされているが、2000年や2006年の一連のアメリカ大統領の公式訪問で確認されるように、ベトナムやその近隣諸国はアメリカに対して何の脅威も与えなかった。振り返ると、ベトナム戦争の支持者は間違ったストーリーの中に生きていたことが、今では明らかである。彼らは局所的な内戦を重大な国際的脅威と間違えたのだ。

現在、同様のことがイラクで展開されている[xi]。アメリカと有志連合による開戦にあたっては、一連のストーリー（表6-1）が用いられており、これには本書で議論したコミュニケーション・ツールが反映されている。

表6-1　イラク戦争のストーリー

関心を引く	自主的な取り組みを刺激する	根拠で強化する
サダム・フセインは9.11の攻撃を実行したテロリストの共犯者である。	先制攻撃は9.11事件を引き起こしたテロリストに復讐するための迅速で容易な手段だ。	アメリカは周辺地域に大規模軍事基地を配置できるとともに、広大な石油産出地区へのアクセスを確保できる。
サダム・フセインの大量破壊兵器は、アメリカ、ヨーロッパ、そしてイスラエルにとって差し迫った脅威である。	戦争は核攻撃からの差し迫った脅威を取り除く。	莫大な石油資源を持つイラクで一定の収益を掌握できれば十分に戦費に見合う。
サダム・フセインは自国の国民を苦しめる常軌を逸した独裁者である。	イラクを専制君主から解放するには、比較的小さな兵力で十分だ。	アメリカ軍は解放者として歓迎される。

悲しいことに、この戦争を始めるために用いられたほとんどのストーリーが偽りであることが明らかとなった。

・サダム・フセイン（Saddam Hussein）は悪しき独裁者だった。しかし、彼は２００１年9月11日のテロリストと強いコネクションは持っておらず、大量破壊兵器も持っていなかった[xii]。

・開戦直後のイラク侵攻は素早くかつ比較的容易だったが、その結果生じた反アメリカの暴動は大規模で容易に対処できるものではないことが事実として明らかになった。占領軍はすぐにイラクの様々な党派から十字砲火を浴びることとなった。

・一部の軍事専門家が予想したように、イラクの国土を制圧するには用いた兵力が小さすぎた。それでも、２００６年末までに約４０００億ドルもの支出がなされ、この戦争にあまりにも大きな経費がかかっていることが明らかになった。加えて、永続的に軍事基地や石油資源へアクセスする見込みも疑わしいものとなった。

・戦争に対するアメリカ国民の支持は当初は強かった。しかし、戦いが続いていたにもかかわらず、2005年には支持は低迷し、2006年末にはなくなった。戦争の真の目的はテロの阻止だったにもかかわらず、最終的にはアメリカの侵攻は図らずもイラクをテロリストの温床にしてしまったのだ。

以上のことから、ストーリーテリングやリーダーシップのことばは、アメリカやそのパートナーたちを誤った戦争に導いた源泉であるとして非難されるべきものなのだろうか。この痛ましい経験は、疑いなく、政治家がストーリーを用いて我々を自ら求めた戦争へと促した経過を慎重に検証する必要があることを示唆している。

ストーリーテリングは、他のあらゆる強力なツールと同様、善意の目的のみならず、悪意ある目的のためにも用いられる。ベトナムやイラクの経験は、ストーリーテリングがいかに大きな影響力を持つかということ、そして、その誤用の結末がいかに悲惨なものとなるか、というふたつのことを我々に教えている。ここから学ぶべき教訓のひとつは、自ら戦争を求めるべきことが主題とされた時、我々はそのストーリーについて慎重に検証すべきであるということだ。それは事実に基づいているのだろうか。我々は時間を十分に費やして事実を集め、さらに戦争遂行計画の根拠について専門家のアドバイスに注意を払わねばならない。起こりうる最良のことは何か。起こりうる最悪の事態は何か。異なる結果が生じる可能性はないのか。まだ知られていない要因で、結果に影響を与える可能性があるものはないのか。我々は過去の経験を振り返り学ばなければならない。

誠実さは精神の特性であるだけではない。それは、精神、体、そして魂という人間の全体に反映されるものだ。言うまでもなく、リーダーのボディ・ランゲージにも反映される。この問題について第7章で検討しよう。

---

i F. W. Nietzche, *Beyond Good and Evil, Prelude to the Philosophy of the Future*, New York : Vintage Books, 1989, p. 9.（Originally published 1886.）（木場深定訳『善悪の彼岸』、岩波文庫、１９７０年、11頁）

ii L. S. Paine, *Value Shift : Why Companies Must Merge Social and Financial Imperatives to Achieve Superior Performance*, New York : McGraw-Hill, 2003.

iii J. Campbell, *The Liar's Tale: A History of Falsehood*, New York : Norton, 2001.

iv S. Godin, *All Marketers are Liars: The Power of Authentic Stories in a Low Trust World*, New York: Portfolio, 2005.（沢崎冬日訳『マーケティングは「嘘」を語れ！――顧客の心をつかむストーリーテリングの極意』ダイヤモンド社、２００６年）

v Godin, *All Marketers are Liars*, pp. 2, 6（邦訳11頁）.

vi Godin, *All Marketers are Liars*, pp. 104（邦訳１５８－１５９頁）.

vii Ed Keller, CEO of Keller Fay Group, A Market-research Firm Based in New Bruns-wick, N. J., Quoted in G. G. "How to Get Attention In a New-Media World," *Wall Street Journal*, September 25, 2006, p. R1. Available online by subscription : http://online.wsj.com/article/SB115885283520170125.html：２００７年４月18日アクセス。

viii D. Holt, *How Brands Become Icons: The Principles of Cultural Branding*, Boston: Harvard Business School Press, 2004, pp. 65-93.

ix アメリカの法律では、承認されていない使用目的を不正に表示したり、不正に広告したり、あるいは、マーケティングを行う「不正ブランド表示」は犯罪とされている。違反行為は極めて重大な結末を招く。２００７年５月20日、鎮痛剤であるオキシコンチン（OxiContin）を販売していたパデュー・ファーマ（Purdue Pharma）は、約６０億（600 million）ドルの罰金と、その他の支払いを、この薬の不正ブランド表示による刑事訴訟および民事訴訟を解決するために支払うことに合意した。B. Meier, "In Guilty Plea, OxiContin Maker to Pay $600 million," *New York Times*, May 11, 2007, p. 1.

[x] P. Street, "Iraq Is Not Vietnam: Part 1: Imperial Continuities," *ZNet Iraq*, April 22, 2006. Available on line: www.zmag.org/content/print_article.cfm?itemID=10138&sectionID=15：２００７年4月18日アクセス。

[xi] ブッシュ政権高官はベトナム戦争開戦時とイラク戦争開戦時の類似性を認めていない。大統領国家安全保障担当補佐官のステファン・J・ハドリー（Stephen J. Hadley）氏は、２００６年11月、「当時とは状況も異なり、アメリカにとっての国益も異なっている」と述べている。一方で、ベトナム史を専攻するスタンレー・カーノ（Stanley Karnow）氏は、次のように類似点と併せて、相違点も指摘している。「両方の戦争で、我々は虚偽に導かれて戦争に突入した。だからといって、双方を重ねて論ずる訳にはいかない。最も簡潔な抗論として次の点を指摘できる。すなわち、ベトナム戦争がゲリラ戦として始まり、通常戦へエスカレートし、末期には大規模戦になっていったのに対し、イラク戦争では、通常戦として始まり、ゲリラ戦へと縮小したことだ。ベトナムとは反対の進展だったが、こちらの方が対処ははるかに困難だと言わざるを得ない」（ニューヨーク・タイムズ２００６年11月17日、D・E・サンガー（D. E. Sanger）：「２００６年イラク戦争：ブッシュの耳に１９６８年がこだまする」）。

[xii] 当時の英国情報筋によると、ブッシュ政権は軍事行動によるフセインの排除に集中しており、これはテロと大量破壊兵器が結合しているという点で正当化されるものであったが、結果としてみると、こうした政策は、事実に基づき立案されたものではなく、政策に基づき情報と事実がでっちあげられたということになる、とされている。（「ダウニング街メモ：２００５年5月13日からの事実を求めて」参照。Available online: www.downingstreetmemo.com：２００７年4月18日アクセス。

第7章　リーダーシップの存在をはっきりと印象づけること

多くの指揮者が長生きすることは、特に不思議なことではない。彼らは日頃の練習から肉体・感情・思考の調和を維持しようと努力しているのだから。

——ピーター・ブルック（Peter Brook）i

リーダーシップが存在するとは、そもそもどういうことなのだろうか。シーダーシップは、眼に見えない神秘的で不思議なものなのだろうか。リーダーシップを持つとされる偉大な実践者やリーダーたちは、どのようにしてシーダーシップを身につけたのだろうか。生まれつき備わっていたのだろうか。それは、学んで身につくものなのだろうか。

リーダーシップがいかなるものであれ、リーダーシップが存在することがはっきり分かることは重要である。そうでなければ、誰も人の話など聞きはしないだろうし、我々の意見に関心が持たれることもないだろう。そもそも真剣に受け取ってさえもらえないかもしれない。その人にはリーダーシップがあるとはっきり分かることなくして、なんぴといえどもリーダーとなることは不可能と言えよう。

ベル・リンダ・ハルパーン（Belle Linda Halpern）とキャシー・ルーバー（Kathy Lubar）は、『リーダーシップの存在』という興味深い著作の中で、リーダーシップが存在することを「他者の思考や感情を正確に理解することを通じて彼らとの関係が築かれること」[ii]と定義している。本書でも同様の捉え方に立ち、ここまでリーダーシップの構築に貢献する諸要素について議論してきた。すなわち、変革への自発性を触発する明確な目標に対してコミットすること、自らのストーリーをよく承知するとともに聞き手のストーリーをよく理解することである。ここでは、視点を変えて、我々がコミュニケーションをとろうとした時の身体的な所作について議論する。

仮に我々が他者に何かを伝える際に、自らのエネルギーを十分投入し、なおかつ自らの思考や感情、ことばによるメッセージ、そして身体的動作がすべて一貫したものであったならば、コミュニケートしようとする内容は非常に強化されたものとなろう。逆に、身体的動作、すなわち、ボディ・ランゲージが発言と矛盾していると、自ら意図したメッセージに人々は注目せず、内容も薄まってしまうだろう。

では、何故ボディ・ランゲージがそんなに重要なのだろうか。ひとつの理由としては、聞き手は常にボディ・ランゲージの読み取りに気を遣っているが、それは決して単に読み取りに気を遣っているというだけにとどまるものではないことが挙げられる。というのは、聞き手は話し手が与えるほんの微かな手がかりを鋭敏に感じ取り、聞き手が故意にそうしているのかどうかは別として、そこから即座に話し手の本音を推測しようとするものだからである。ジョージ・W・H・ブッシュ大統領が１９９２年の大統領選における討論会（presidential debate）の中盤で腕時計を見た時のことを思い出してほしい。観衆はすぐにこう考えたであろう。「ブッシュは早く討論会が終わってほしいと思っている」と。

リーダーがボディ・ランゲージを通して伝えることは、何事であっても、通常はことばよりも強く伝わる。それというのも、話し手がたとえことばで他のことを言おうとも、聞き手はボディ・ランゲージこそが話し手の本当の感情や意味を表すと考えるからである。本書では、言語メッセージに比べて少ないスペースしかボディ・ランゲージには割いていないが、実際にはボディ・ランゲージも言語メッセージと少なくとも同程度には重要なのである[iii]。

ボディ・ランゲージについて、動物の調教師の世界からさらに面白い点を指摘できる。ヴィッキー・ハーン（Vicki Herne）は、『アダムの仕事』という素晴らしい本で、野生動物のもとを訪れる人々が幾つかのカテゴリーに分類している。第一の分類は、ヴィッキーが「ハリウッド型」と呼ぶもので、極めて自尊心の強い人々のことである。そうした人々は、自己充足的で、どのような場所にいようと変わらない。彼らの気取った自慢は、根本的に無用のものであり、動物たちからも無視される。

次に、「研究者」というカテゴリーがある。彼らは、野生動物について抽象的な説を検証しようとやってくる人々を指す。こうした人々は、ヴィッキーに言わせれば、「認識論に汚染された」人々である。彼らは、犬を取り巻く状況で言えば、彼女に〈咬まれやさん〉と呼ばれることになる。というのは、そうした人々は、押し付けがましさと鈍感さを併せ持ち、犬のフラストレーションを高め、結果として咬まれてしまうことが多くなるからである。

最後に、「調教師」というカテゴリーがある。このカテゴリーに属す人々は、ソフトさと感覚の鋭さを兼ね備え、それぞれの場において自分がどういう位置にいるのか、また、その場に他に誰かがいるのかどうかについて、鳥瞰することができる人たちである。彼らは、歩みを進めようとする時、進行方向における動物の所在について十分に承知していることを音も立てずに知らせ、彼らの研ぎ澄まされた感覚で空間に入り込んでいく。まさにこの「ソフトさ、鋭さ、全体を見渡す視点」こそが、リーダーにとって、自分が導こうとする人々との関係において必要とされるものなのである[iv]。

ハーンが話していることは、第1章で触れたシーザー・ミランが飼い犬のオーナーたちに教えているリーダーシップのボディ・ランゲージに極めて近い。

ミランは、得意とする〈声に頼らない静かなリーダーシップ〉について、『犬と囁やく者』という彼のプログラムで説明している。このプログラムは、ナショナル・ジオグラフィック・テレビジョンでも、ウェブ上でも見ることができるv。そこでは、その人をリーダーたらしめる静かな自己主張を通じた「リーダーシップの存在」の確立について、飼い犬のオーナーたちが学んでいる。

ミランは、自らボディ・ランゲージを伴って、自己主張することとアグレッシブであることの相違を説明している。アグレッシブなボディ・ランゲージとは、ハウエル・レインズがスタッフと会話をしていた際の「憤怒するタカ」の形相のように、聞き手に対して今にも攻撃を加えるかのような印象を与えてしまうものだ。私はレインズが聞き手に対し実際に身体的ないし他の実害を加えようとしていたのではないと信じているが、聞き手が眼の前にいるレインズの表情からそのようには理解しなかったとは言えない。リーダーの態度がアグレッシブに見えると、聞き手は、次にどんな事態になるかについて懸念を持つものだ。そんな時には、逆に聞き手自身がアグレッシブになることもある。しかも、直ちにそうなるのではなく、レインズの場合のように、時間がたって実際にカウンター攻撃が可能になってからということもある。それは、決して合理的な反応とは言えないが、アグレッシブな態度に対する爬虫類脳的反応としてはありうべきものである。

本当のリーダーシップの持つ静かな自己主張には、実は、強烈なエネルギーが含まれている。しかし、このエネルギーは抑制されたもので、聞き手に対して直接的な脅威を与えることはない。落ち着いた表情は、話し手が何かの問題を感じており、いつ暴発し誰かを傷つけるかもしれないというようなことはないと聞き手に伝えている。それは、自らの恐れや欲望を十分にコントロールできているということを映し出すものなのだ。そうした冷静さを持ってはじめて、我々は聞き手のために存在しているのだと示すことができ、その一人ひとりに注意を払い、耳を傾け、意見を交換し、新たな未来へ誘うことができるのである。

シーザー・ミランの仕事から教えられる良いニュースのひとつは、リーダーが習得すべき課題はさほど多くはないということだ。頭をまっすぐに、そして胸を張って構え、適度なアイコンタクトさえ行えば、私は君のためにそこにいるのだよ、とペットの犬に対し静かに主張していることになるのだ。さらに、良いニュースは、飼い主が一度でもそうしたことを部分的にでも行えば、犬は簡単にオーナーをリーダーとして受け容れるということだ。

ミランの研究が示すように、ボディ・ランゲージの習得が素早く行われるということは、エグゼクティブたちへのリーダーシップ・トレーニングにおける私の経験とも一致する。ボディ・ランゲージという観点では、エグゼクティブが自らのリーダーシップの存在を確立するには、わずかな基本事項に気をつければ十分なのだ。そうした基本は簡単で、すぐにマスターできる。これらの基本があってこそ、話し手はスピーチを行う際に聞き手を引き付けることができるのである。聞き手は、リーダーシップのボディ・ランゲージを使える者なら、いつでも喜んでその話を聞くのである。

もちろん、これらの数少ない基本を習得すれば、誰もがローレンス・オリビエ（Laurence Oliver）やメリル・ストリープ（Meryl Streep）、あるいはウィンストン・チャーチル（Winston Churchll）といった大俳優、大政治家になれるという訳ではない。ボディ・ランゲージやプレゼンスの微妙さやわずかなニュアンスの相違はきりがなく、簡単にすべてを習得できるものではない。むしろ、人生を通じてそれらを磨くと言うべきだろう。しかし、ボディ・ランゲージの基本に気をつけることで得られる直接の進歩は、大半のリーダーを「凡人」から「特別な存在」へと変えてくれるには十分である。

第1節　ボディ・ランゲージの基本

ボディ・ランゲージで最も重要な要素は、アイコンタクトである。リーダーシップとは高度にインタラクティブな現象であり、アイコンタクトはインタラクションの高速道路のようなものである。まず、正面から直接に聞き手を見渡してみよう。ひとりずつ、ゆっくりとだ。横目で見てはいけない。不誠実だと思われかねない。部屋を見渡す時には、特に一番後ろの隅にいる人とアイコンタクトをとることだ。そうすれば、あなたがその場にいる誰とでも打ち解けて話す準備があることが象徴的に示されよう。

第2の要素は、第1の要素から引き出される。それは、原稿を読んではいけないということだ。原稿を読んでいては聞き手とアイコンタクトができない。原稿はアイコンタクトの障害であり、同時にあなたと聞き手の間の物理的な壁を象徴する。あなたと聞き手の間にあるいかなるものも、紙切れ1枚であったとしても、精神的な力の流れを封じることになる。加えて、原稿の読み上げなどしていたら、十分にあなた自身を表現することなどできない。それは、あなた自身から、心から、話をしてないというシグナルを送ることでもある。つまり、あなたは、今ここで聞き手に話しかけているのではなく、既存のメッセージを読み上げる単なるメッセンジャーにすぎないということになってしまうのだ。メッセージの作者はあなただったかもしれないし、もしかしたら別の人かもしれない。だが、それが問題なのではない。原稿を読み上げることで台無しにしているのは、その瞬間に触れあうべき聞き手に対して十分に自分を表現する、ということなのである。そこでのあなたは、リーダーではなく単にことばの運び屋にすぎない。

次に、できることなら、あなたと聞き手の間にある演台も後ろに除けることだ。演台も、身体を使ったダイレクトなコミュニケーションの邪魔になるだけでなく、あなたと聞き手の間にあるあらゆる物理的なものと同様、精神的な力の流れを封じてしまう。聞き手には、サブリミナルな見え方として、あなたが演題に隠れようとしているかのように見える可能性も否定できない。聞き手があなたを見る時には、あなたとの間に何もないのがベストだ。

それから、身体を開き、胸を堂々と張って、リラックスして落ち着き、自信を持って聞き手全員に視線を配ることができているかどうかを確認しよう。こうすることで、あなたが今ここにいるのは、今ここにいる一人ひとりの聞き手のために他ならないと示すことができる。このことは、あなたが彼らのためにそこにいるのなら、彼らもまたあなたのためにそこにいるのだということにつながる。

ジェスチャーを用いることのメリットは、聞き手にコミュニケートしたいことが〈頭〉だけのものではないことを印象づける点にある。ジェスチャーは、話し手のことばの背景には全身の〈体〉があるのだということを伝える。従って、話す時には、自分のジェスチャーは自分が話す内容と一致させるよう心に刻んでおかねばならない。また、ジェスチャーは、ことばにとっての眼に見える句読点ともなり、感染力が強く、話し手の持つ熱い想いを反映するものである。堅苦しくぎこちないジェスチャーは、話し手が心の中に葛藤を抱え、解決策を持ち合わせていないことの表れとみなされる可能性がある。繰り返しになるが、ジェスチャーは、声に出さない静かな自己主張なのであり、話し手がメッセージの内容を十分に習得し自らの状況を十分にコントロールできていることを示すものでなければならないのである。

最後に、地に根を張るようにしっかりと足を踏ん張り、まっすぐに、そして、体を開いて聞き手と向きあうことだ。あたりを歩き回ってはいけない。このことは聞き手の注意をそらすことになりかねない。多少つま先を動かす程度なら構わないだろうが、特に、演壇を右往左往と横切って歩くようなことは良くない。そんなことをすれば、聴衆はこうした仕草を不安そうだと捉えたり、落ち着きがないと見たり、ともすれば静かにしてほしいと内心考えてしまう。もし動かずにはいられないというなら、さらに聞き手に近づき、もっと交流したいのだ、という気持ちを示すためのものとするのが良い。その都度違う人を選んで、その人の方へ向かって歩けば良いのである。こうすれば、相手とつながりたいという意思として解釈され、逃げたとは思われない。

これらの要素は、あまりにもありきたりで、取るに足らないと思われるかもしれない。だが、こうしたシンプルな原則を実践している人とそうでない人の違いは、はっきりしている。このわずかな基本を実践するだけで、リーダーの持つインパクトは劇的に変化することになる。

もちろん、これらの基本をさらに深めていくと、リーダーシップの表現にも多くの微妙な違いが存在する。この問題についてもっと深く知りたい読者には、上述のベル・リンダ・ハルパーンとキャシー・ルバーの『リーダーシップ・プレゼンス』や、アラン・ピースとバーバラ・ピース（Allan and Barbara Pease）の『ボディ・ランゲージ』、もしくはピーター・コレット（Peter Collet）の『話すとは何か?』が参考になろう[vi]。

第2節　実践、実践、また実践

我々は、通常、話したいと思う内容については、多くの時間と労力をかけて検討するにもかかわらず、どのように話すかについては、それほど時間をかけることはない。適切なボディ・ランゲージを使わず、

「言ったつもり」になっていると、プレゼンテーションは台無しになってしまう。我々は、この事実をいつも見落としてしまうのである。

何故、このようなミスを犯してしまうのだろうか。学校教育の問題でもあるが、決してそれだけにとどまるものではない。むしろ、マルコム・グラッドウェルが「我々は、皆、他者へインパクトを与える鍵は、提示するアイデア自体の質に見出すことができると信じこもうとしている」[vii]と指摘しているように、極めて深い問題なのだ。我々は自分自身を単に話が上手いだけではなく、中身のある存在として見えたいと願っている、そのことが問題なのだ。実際のところは、アイデアの内容ではなく、その伝え方が、受容されるか無視されるかの分岐点においては非常に大きな役割を担っている。

話し方のスタイルは、その内容と切り離すことはできない。リーダーの話す内容は、インパクトという点においては、ほんの一部を担っているにすぎない。リーダーの話すストーリーに力を与え、聞き手に何かを伝えるのは、リーダーの落ち着きであり、エネルギー、情熱なのである。

コミュニケーションの行われている過程では、スタイルと内容の間に明確な区分はない。リーダーとは、スタイルであり、内容でもある。聞き手は、内容の詰まった入れ物やスタイルの塊を受け取る訳ではなく、スタイルと内容が混じりあい一体化したものを受け取っているのだ。

静かな自己主張――たとえ、その最もシンプルな形のものであったとしても――を行うことで、ありふれた日常のものが素晴らしく神秘的で、時には後光が射すかのように思えることも十分にありうる。本書で他人を触発して根本的な行動を変革させた例として取り上げたストーリーも、それ自体では、必ずしも特段に人々の心を打つものとは言えない。病弱な人を助ける保険のエージェントについてのクレイグ・ダンのストーリーやコーネル大学で起きていたことを伝えたJ・アラードとスティーブン・シノフスキーのストーリーにしても固有の魅力がある訳ではない。

リーダーが扱うのは普通の出来事なのだ。言い換えると、そうした普通の出来事に意義を与えるのが、リーダーなのだ。リーダーシップにおいては、ストーリーそれ自体が胸を打つのではない。ストーリーが他の物事に対して持つつながり、例えば、AMPの生き残りやソフトウェアの将来に関係づけられる点が力を持つのだ。これらの関係がストーリーが語られる中で、登場人物の考え方や感情に体現された世界の出来事として描かれ、意味を持ってくるのである。

ストーリーを語る人たちは、重要なことがあると考えるからこそ、それをストーリーにするのである。彼らはこの重要であるという感情をストーリーで伝えることによって、聞き手にとっても重要なものとして関心を向けてもらえるようにするのである。こうして、ストーリーは、実際に人の口から話されてはじめて意味を持つことが理解されよう。ストーリーは決してそれ自体で力を持つのではなく、話し手が精神的な力を吹き込み、その力が聞き手に対して力を持つのである。

ストーリーを語るという行為を継続している間は、話し手自身がアイデアを具現するものとなる。リーダーが確固たる信念を持っていると、彼らの語るストーリーは全身で語られることになる。リーダーがストーリーを再体験し、繰り返しストーリーを語る時、彼ら自身がストーリーとなるのだ。彼らは、聞き手と一体となり、ストーリーそれ自体とも一体となり、そして、メッセージとも一体となる。それらは、語っているリーダーの声で表現され、振る舞いや身体の使い方、声のトーン、視線の使い方でも表現される。リーダーがコミュニケーションを行うのは、こうした方法の最も簡潔で直接的な方法なのである。彼らは、今互いにこうして生きている者のひとりとして、重要と考えることを伝えようとしているのである。

ストーリーを語るという行為、あるいは、実践とは、身体と精神と思考に調和をもたらせ、一体化させるということなのだ。それは、それらのすべての要素を、「アスリートやダンサーの肉体のように、歌手や恋人の感情のように、数学者や思想家の精神のように」[viii]、働かせようとしているのだ。

リーダーは、この能力を実践することで開発していく。実践、実践、また実践、である。実践に終わりはない。

最初の頃は、概して急速な進歩が見られる。リーダーシップの存在をほどほど満足のいく程度に印象づけるのに必要なストーリーテリングのスキルを得るということは、特に難しいことではない。それは、誰もが日頃から特段に努力を払うことなくそれぞれの立場で行っていることでもある。従って、普通の人々にとって必要なことは、日頃の能力を目標指向性が明確な状況で実行してみせるということとなる。

時間を要するのは、このほどほどというレベルを超えて、習熟するというレベルにまで能力を高めようとする時である。初期の進歩を達成すると、多くのリーダーはもはや自分には飛躍を遂げることはできないと思ってしまうのである。彼らがどんなに懸命に励もうとも、成長は漸進的なものだ。それはピアノや外国語の習得に似ている。つまり、急速に基礎を身につけることはできても、その後は遅々として進まず、長い時をかけても自分にも分からない程度にしか進歩しない。

しかし、徐々にではあれ、リーダーのスキルが成熟してくると、彼らの経験は、自らにとっても受け手にとってもより深みを増し、重要なものとなる。彼ら自身にもそれが何故であるかを明確に言うことはできない。しかし、以前には見られなかった、微妙で説明できない要因が実践に関わってくるのだ。リーダーは、これまで以上に自分というものを自らのことばの中に表現できるようになり、受け手の間で共鳴するものを見つけ出すことができるようになる。

リーダーシップは必ずしも「上達する」という類いの行為ではない。しかし、実践する者《パフォーマー》という観点から考えると、リーダーはある意味で「上達する」と感じることがあるかもしれない。リーダーシップは、その時その場でたまさか目の前に立つことになった人々と一瞬にしてどのようにして関係を作るかという問題なのである。率直なところ、心から話し、あなたの知っていることを最大限に伝える努力さえすれば、リーダーシップのことばを話すということについては十分と言える。話し手に善なる意思があれば、聞き手は理解し、演じるスキルの不足を修正しながら本当に言いたいことを汲み取ってくれる。

第3節　リーダーにカリスマ性は必要か？

リーダーシップのボディ・ランゲージをカリスマ性と混同してはならない。時に研究者たちは誤ってカリスマ性をリーダーシップの不可欠な要素として提示している。カリスマ的リーダーとは、「ずば抜けた戦略的洞察や確固たる信念、強い自信、常識にとらわれない行動、ダイナミックなエネルギーなどによって、フォロワーたちが偶像化するとともに、そうなりたいと望む人物」[ix]とされる。

これまで長く、生まれついてのリーダー、鮮やかなカリスマ性、天性の指導者といった、部屋に入ってくるだけで誰もが高揚するようなリーダーの伝説が存在してきた。時には、そうしたリーダーは外見的にも素晴らしいと考える向きもあるようだ。ところで現実はというと、ガンジー、キング牧師、スティーブ・ジョブズといったカリスマたちが、当初からカリスマであったかといえば、そうではなかったし、失礼ながら、それほど外見的にも優れている訳でもない。もちろん、映画スターのような容姿を持ったジョン・F・ケネディのように外見も備えたリーダーもいるだろうが、実際にはそんな例は稀である。残酷な現実かもしれないが、最も成功したリーダーたちも多くは極めて平凡な外見であるというのが常識というものだろう。実のところ、リーダーシップに外見の良さを求めるのと同様、生まれながらに備わっているカリスマ性を想定するのは、有害な神話にすぎない[x]。

20世紀における最もカリスマ的な人物のひとりであるガンジー（Mohandas Karamchand Gandhi; よく言われるマハトマ（Mahatma）とは、「偉大な魂」の意味で、敬意を表して付ける呼称である）について見てみよう。ガンジーは古代ヒンドゥーの宗教でもあり文化でもあった禁欲主義思想と、政治的変革のための革命思想を、〈サッティヤーグラハ（satyagraha：真実と慈愛・非暴力による力）〉を通して結びつけることで偉業を成し遂げた。彼の努力は、南アフリカのインド人民を動かし、そしてインドの独立へと導いたのである。彼は、真理と非暴力を説き、彼のようでありたいと思う世界の多くの国のリーダーの模範となり、1948年に暗殺された時には、全世界の人々が彼の死を嘆いたものである。彼は、ソクラテス、ブッダ、イエス、アッシジの聖フランチェスコと並び称されるようになっていったのである。

彼の生涯は、数百もの伝記で描かれてきた。ジャワハラール・ネール（Jawaharlal Nehru）は、次のように記している。「ガンジーと同じくらい偉大にならない限り、ガンジーの本当の人生を書けるものなど存在しない」、「その瞳は喜びで満たされていることが多かった一方で、限りない憂いをたたえていた」、「真理を求めて、静かで穏やかだが断固たる意思を持ち、恐れを知らずに旅する巡礼者であり、結果にかかわらず、探求の旅路を歩み続けた人であった」、と。さらに、ガンジーは、「彼の多くのジェスチャーに独自のシンボリックな意味を与え、それがある時彼のすべての発言とともに神聖化された。それ以降、今日、インドだけではなく他の地域でもいたるところに何百人ものガンジーが存在しているのだ」[xi]としている。

ガンジーの図抜けたカリスマ性は業績を成した後には誰の眼にもはっきりと見て取れるものだが、そうした業績を達成する前には、言うまでもなく、誰の眼にも全く見えない。彼は背が低く、痩せた病弱な子供だった。また、学業に悩む平凡な学生であり、自分は不得意なクリケットや体操といったスポーツを得意とする大柄で強健な少年たちを羨んでもいたともいう。当時の彼の写真を見ると、何かに追われおどおどした眼をしており、そこに限りない憂いをたたえた瞳はなかった。彼は大きな鼻の醜い若者であり、「私は世界で最も醜い男である」という思いを深めてさえいた。彼は親の紹介で13歳の時に同い年の娘と結婚するが、既に健全な性的欲求を示しており、結婚したその日のうちに結婚を完全なものとしていた。彼は嫉妬深く傲慢な若い夫であり、自分の若妻にどこへ行くことも禁止する一方で、妻との付き合いが退屈だと思っていたことも口にしている。

彼が弁護士になることを決意した時には、インドの厳格な法曹教育を受けるのではなく、贅沢で道楽半ばの道を選択し、ロンドンの法廷弁護士になるべく勉強した。彼はコースワークを取らずに、形式的でシンプルな試験を順次受けていくというアプローチをとったのである。

イングランド時代のガンジーは、英国人になろうとしていた。西洋風の衣服を身につけ、社交ダンスを習い始め、演説法のレッスンも受け始めたが、しばらくして英国人になろうという彼の努力は無益だと結論を出す。代わって、「彼が知りあったすべてのインド人、英国人の痛みのために」xiii、多くの時間をベジタリアン運動の追求に注ぐようになる。

ロンドンで3年を過ごした後、インドに戻り、最初にラージコトで、次いでムンバイで弁護士業務を始める。ようやく依頼を受けた裁判で、彼は法廷に立って唯のひとつの質問も考えつくことができなかった。彼は着席を余儀なくされ、同僚にため息をつくしかなかった。それ以降、彼には依頼はこなかったとされる。

ある時、小さいながらも歴史あるポルバンダル王国の首相職に就こうと策をめぐらしていた兄のための仲裁をしたことがあった。明らかに兄は首相選任に影響力を持つ英国のエージェントの気分を損ねていた。

そのためガンジーは、非公式にロンドンでそのエージェントと接触し、兄の主張を伝えた。エージェントは、ガンジーに対し、もし本人が不満を持っているなら、適切なルートを通して主張すべきだと回答した。それでもガンジーが同じことを繰り返していると、そのエージェントは彼にさっさと立ち去るように命じた。ガンジーがそれでも粘っていると、とうとう彼は使用人に命じて、ガンジーを文字どおりオフィスの外につまみ出したのである。

この時点でのガンジーは、カリスマには程遠い人物である。外見的にも魅力がなかったし、マナーをきちんと守れる人物でもなかった。その上、機転もきかなかった。プライベートではいらいらするほど頑固な人物だったし、公的な場面ではあまりにもシャイで口もきけないような人物であった。彼は弁護士として収入を得ることすらできなかったのである。誰かが、その頃の彼の瞳に「限りない憂い」を見出したという記録は全く存在しない。

ここで重要なことは、ガンジーのカリスマ性は、彼の偉業の原因ではなく、結果だということだ。南アフリカで起こったある人種差別事件をきっかけとして、彼が自らの人生で成し遂げたいことを心に誓うまで、誰もほんのわずかなカリスマ性の兆しさえ見出すことはなかったのだ。南アフリカでのある事件とは、彼がファーストクラスに乗車券を持って乗っている時のことだ。彼は、ある白人乗客の求めに従った白人のガードマンに列車から放り出され、暗く寒い待合室に閉じこめられたのだ。彼は、この事件が起こって1週間もたたないうちに、プレトリアでインド人の集会を開催し、白人の人種差別について糾弾したのである。これこそが、彼の最初の公的場所でのスピーチであった。問題に対する情熱が、彼の内気で臆病な気持ちを追いやったのである。彼は、自らのコミットメントを伝えていくには、ことばが必要だということに気づく。こうして、まず南アフリカで、そして次にインドで、彼は、変革のエージェントとしての長い旅路を歩み始めるのである。人々がガンジーにカリスマ性があると考え始めたのは、彼が人々に影響を与え始めてから後であることが理解されよう。

身近なところでも、同様の出来事が確認されている。学術の分野では、例えば、ミネソタ大学のナンシー・ロバーツ（Nancy Roberts）は中西部地方で学校改革で際だった成果を上げたある女性学校長について感動的に記述している。彼女によれば、その女性が学校長の地位に任命された時、彼女からは全くカリスマ性を感じることはできなかったという。それから数年たって、彼女が推進してきた変革プロセスが上手くいき始めるにつれて、人々は彼女のことをカリスマだと思うようになっていったのである。このことから、カリスマとは、極めて秀でた人材の必然的な結果であると主張したいのではない。むしろ、それは、当時その地域で学校が直面していた問題に彼女が真摯に取り組み、対処していった結果なのである[xiii]。

同様の発見が、ウォレン・ベニス（Warren Bennis）とバート・ナヌス（Burt Nanus）がトップレベルの企業リーダー60人と公的組織のリーダー30人について5年間に亘って行った研究の成果でも行われている。その中でも、ステレオタイプ化されたカリスマ的リーダーのような人物はほとんどいないというのである。彼らは、並外れた英雄ではなく、その大半は外見的・性格・普段の行動においても普通である、とされている。しかし、彼らはビジョンに対して強力にコミットし、それを自らの意思決定や行動に反映させてきた人物なのである[xiv]。

従って、通常、カリスマ性というのはリーダーシップの結果であり、その原因となるものではないと言えよう。リーダーが何事かを成し遂げれば、彼らは以前に誰も気づかなかったような特徴を持つものとされるのである。人々が彼らのことを大きく評価し始め、そのカリスマ性について語り始めると、彼らはより大きく育つように思われる。

第4節　リーダーは、文字化されたストーリーを用いることができるか？

本書では、多くは、口頭でのコミュニケーションについて扱っているが、リーダーは文字によるコミュニケーションによっても自主性を喚起することはできるのだろうか。

リンカーンの有名なゲティスバーグ演説を見ると、それは不可能ではないようだ。この演説は、スピーチとして話された時には効果はなかったが、印刷され広がるにつれ、深く浸透し、影響力の長く続くスピーチとなっていった。また、多くの著作の中には、明らかに時間を超えて変革への影響力を持つものも存在する。

しかし、あまりにも多忙な現代社会では、直ちに結果を出すことが求められるし、職場や市場の懐疑的でシニカルで時に冷淡な人々に熱い想いを持ってもらうには書きことばでは不十分と言わざるをえないだろう。この種の聞き手に対し、これまでにない斬新な変革のアイデアを持ってもらうためには、兎も角、「ちょっと、待って！」と話しかけることだ。

リーダーがそうした人々と面と向いあい、目と目を合わせて強力なストーリーをエネルギーと熱い想いを乗せて伝えることできるなら、聞き手とつながるチャンスが開けてくる。単にEメール送ったり、新聞や雑誌で記事にしたり、本に著わしたり、あるいは、ウェブサイトへと誘導するといっただけでは、全く不十分だということを理解しておかなくてはならない。

逆に、リーダーがコミュニケートを試みるアイデアについて、一度聞き手に熱い想いがほとばしる自主性を持ってもらうことができたならば、あらゆる形式のコミュニケーションが利用可能となる。むしろ、それらは、メッセージを強化し、あるいは、補い、会話を継続するという意味で活用していくべきものと言えよう。リーダーは、Eメールのメッセージ、記事、著作だけでなく、ウェブサイトやポッドキャスト、ビデオといったものすべてを自分のものとして活用する必要があるのだ。現代の聞き手は、もっと知りたいと願い、興味を持ち、積極的に探して、楽しんでアクセスしてくるからである。

これは何も、著作というものでは、人々の心に変革をもたらすことができないと主張しようとしている訳ではない。著作が数世紀に亘って世界の主要な変革をもたらしてきたのは明らかだ。しかし、著作は、そもそも読むこと自体に時間がかかってしまう。1冊の本を読み終えるのに、人によっては8時間くらいはかかってしまうだろう。今日の忙しい人々は8時間も費やすことができるだろうか。そうした多忙な人が本を読むというのは、事前にその本を読もうというよほどのモチベーションがある時に限られよう。現代の人々の動機づけの難しさを考えると、リーダーシップにおいて口頭でのストーリーテリングが何故中心的な役割を担うのか、分かってもらえるだろう。

第5節　リーダーはパワーポイントを使うべきか？

パワーポイントによるプレゼンテーションは、退屈だと批難されるのが昨今の風潮だ。しかし、これは自らの言語に不満を述べているに等しい。パワーポイントは強力で極めて柔軟なグラフィック・ソフトである。それを利用するにあたっての唯一の制約は、プレゼンターの想像力自体に他ならない。

もちろん、パワーポイントが問題を引き起こしていることを否定するつもりはない。おそらく世界中で一日に3000万ものスライド・ショーが行われているそうだが、その大半は読みにくい文章や退屈な図表、精彩を欠いた作品だろう。聞き手の顔に当惑の表情が浮かぶのが眼に見えるようだが、これは、十分な使い方をしていないのが問題であって、パワーポイントそれ自体が問題だということにはならない。

それでは、パワーポイントはもうやめるべきだろうか。話し手によっては、全くパワーポイントのようなビジュアル道具を使わずとも、満員の聴衆を魅了する話しができるのも事実である。そうした話し手の下での雰囲気は、サーカス小屋のテントの中のようになる。すべての眼がプレゼンターに注がれ、プレゼンターは演じ手となる。こうした場では、話し手が聴衆の注意を引くために芝居じみた演出をするようになってしまう。それも効果的な手法のひとつではある。しかし、言語と視覚的イメージを結びつけたからといって、メッセージが上手く伝わる可能性が高くなるとは必ずしも言えない。

というのは、人によってはことばよりも視覚イメージによりよく反応するし、その逆の人もまた存在するからである。これは現状としてはジェンダーによっても異なることが、データにより示されている。男女間で鐘型曲線が一致しないのである。平均的には、女性の方が図よりもことばに対してより良く反応し、男性はことばよりも図により好意的な反応をする。もちろん、例外はあり、ことばを好む男性も、図表志向の女性も存在する。しかし、平均像としてはデータが示しているとおりである[xv]。以上から言えることは、聞き手全体に対してメッセージを届けたいならば、ことばと図の両方をうまく使わねばならないということなのだ。

私のウェブサイトでは、パワーポイントによるスライドショーを準備する上で、やってはいけないことを避けるための基本原則を紹介しているが[xvi]、大半は常識にすぎない。文章は読みやすく、的確な視覚イメージはメッセージを伝える上で重要である、自身で説明できる分量のスライドを用いること、等々である。こうしたシンプルなビジュアル改善方法に従っていけば、パワーポイントを作る能力は劇的に向上し、退屈で抽象的なスライドから、人々の行動を導くような説得力があって分かりやすいプレゼンテーションが可能となろう。

本書第Ⅱ部では、リーダーシップのことばについて、イネーブラーの考察を進めてきた。リーダーシップのことばを確実に最大の効果が見込めるものとするには、明確な目標で変革への自発性を引き出すこと、変革のストーリーに自らコミットすること、聞き手のストーリーを理解すること、ナラティブ・インテリジェンスを用い、真実を伝え、そして、ボディ・ランゲージを展開することであった。

それらの諸要素を考慮した上で、第Ⅲ部では、リーダーシップのことばを用いて一歩ずつ進める各ステップについて、すなわち、まず、聞き手の注意を引き、次いで、関心を呼び起こし自ら考えてもらうように仕向け、そして、理由を提示し関心の定着を図り、さらに対話を継続するというステップについて、検討する。まずは、聞き手の注意を引くところから始めよう。

---

[i] P. Brook, *Threads of Time: A Memoir*, New York: Random House, 1998, p. 85.

[ii] B. L. Halpern and K. Lubar, *Leadership Presence: Dramatic Techniqes to Reach Out, Motivate and Inspire*, New York: Gotham Books, 2003, p. 3.

[iii] 1971年の良く引用されるメーラビエンの研究は、以下のように示している。コミュニケーションにおいては、話されたことばから伝えられる意味は7%にとどまり、93%は非言語的コミュニケーションによる。A. Mehrabian, *Silent Messages*, Belmot, Calif.: Wadsworth, 1971. しかし、この研究は人工的な実験室での研究に基づいており、曖昧な意味を持つことばを単語レベルで用いて観察したものである。メーラビエンも、彼の発見が単純ながらも曖昧なメッセージ

の解読以上のことでも応用できるとは主張しなかった。

[iv] V. Herne, *Adam's Task*, New York: Vintage Books, 1987, pp. 229-230.

[v] マルコム・グラッドウェルはこれについて、以下の文献に記述している。M. Gladwell, "What the Dog Saw," *New Yorker*, May 22, 2006. Available online: www.gladwellcom/2006/05/the_dog_whisper.html：２００７年４月19日アクセス。 *The Dog Whisperer* から抜粋した映像は、以下で観ることができる。http://channnel.nationalgeographic.com/channlel/dogwhisperer/videopreview.html. 米国では、この番組はNational Geographic Channelで放映されている。

[vi] Halpern and Lubar, *Leadership Presence*; A. Pease and B. Pease, *The Definitive Book of Body Language: How to Read Other People*, New York: HarperCollins, 2003.

[vii] M. Gladwell, *The Tipping Point: How Little Things Can Make a Big Difference*, New York: Little Brown, 2000, p. 131.（高橋啓訳『ティッピング・ポイント――いかにして「小さな変化」が「大きな変化」を生み出すか――』飛鳥新社、高橋啓訳『急に売れ始めるにはワケがある』ソフトバンク文庫、２００７年）

[viii] Brook, *Threads of Time*, p. 85.

[ix] G. Yukl, *Leadership in Organizations*, Upper Saddle River, N. J.: Pearson. 2002, p. 243.

[x] また、自分たちのパフォーマンスを意図的に演出し注意を引こうとするリーダーもいる。例えば、ジョージ・パットン長官の真珠の装飾を施した拳銃やダグラス・マッカーサーの変わった形をした帽子と長パイプなどの小道具を挙げることができる。

[xi] V. Mehta, "Mahatma Gandhi and His Apostles," Part 1, *New Yoker*, May, 10, 1976, p. 44.

[xii] V. Mehta, "Mahatma Gandhi and His Apostles," Part 2, *New Yoker*, May, 17, 1976, p. 47.

[xiii] N. C. Roberts, "Transforming Leadership: A Process of Collective Action," *Human Relations*, 1985, 38, pp. 1023-1046. さらに以下を参照のこと。Yukl, *Leadership in Organizations*, pp. 258-259.

[xiv] W. Bennis and B. Nanus, *The Strategies for Taking Charge*, New York: Harper Collins, 1985. さらに、以下を参照のこと。Yukl, *Leadership in Organizations*, p. 258.

[xv] D. A. Kaiser, "Interst in Films as Measured by Subjective & Behavioral Ratings and Topographic EEG," Doctoral Dissertation, University of California, Los Angeles, 1994. オンラインで利用可能なものとしては、www.skiltopo.

com/papers/applied/articles/dakdiss1.htm#toc：２００７年４月19日アクセス。特に以下を参照。Chap. 4, “QEEG Correlates of Film Presentations: Experiment 2: Gender Effects in Topographic EEG.” これは、ここで議論したデータの要約である。

xvi Basic Principles of PowerPoint Hygiene: http://www.stevedenning.com/PowerPoint.htm

第Ⅲ部

リーダーのためのストーリーテリング：3つのステップと対話の持続

第8章　まず、聞き手の関心を喚起すること

新鮮で新しい経験は、処女地においてのみ可能である。何故なら、そうした経験を受け取ることができるのは純粋な処女地をおいて他にはないからである。

——ピーター・ブルック（Peter Brook）i

瞬時にその姿を変え、複雑で、相互に絡みあい、人を惑わせる。今日の世界は、予測不能な万華鏡だ。様々な情報が次から次へと変化し、多くの人々がそれぞれの場所で時々の目標に応じて活動を行い、様々なストーリーを語っている。それらのすべてが我々の心の中で占める位置を競いあい、まるで一人ひとりの集中力を試しているかのようだ。

まさしく、現代では、人々の関心は得がたい資源なのだ。聴衆たちは、リーダーが語りかけても、聞く耳すら持とうとしない。彼らの身体はそこにあっても、心は彼方なのだ。言い換えると、いかなるコミュニケーションであれ、意味あるコミュニケーションが成立するためには、何よりもまず、聞き手に、これまでとは違った考え方がとれるという気づきがなければならないのだ。従って、話し手の最初の役割は、その議論の場の様々な前提を取り払って、処女地を作り出すことにある。聞き手の関心を得るための最も

重要なことは、新しい情報を伝えることではなく、新しい情報を受け容れることができるようにその心を準備させることなのだ[iii]。

私がここで言う関心とは、心のフロント・サイドで行われる注意の向け方のことだ。これは、意識的に行われるもので、対象にしっかりとした焦点を当て、それらを明確に捉えようと集中し、決して他のものに振り向けられることのないものだ。我々が何かの問題を解決しようとしている時や手紙を書いている時、あるいは面白い映画に熱中している時などには、こうした注意の働かせ方をしている。しかし、そうした時でも、我々の脳のバック・サイドでは、普段なら決して決して気づくことのない些細な事象に注意を振り向けている。例えば、助けを求める叫び声や焼ける匂いやドアベルの音などは、予想もしないことが起こった時には注意が向けられるが、平時は見過ごされる声や匂い、音なのだ。しかし、全く注意が向けられていないのであれば、そもそも非常時であっても気づくはずもない。

聞き手の関心を引くとは、ひとつは、五感を刺激する外的世界のシグナルに向けられた聞き手の意識の方向を変えさせることだ。椅子の軋む音、外の通りの騒音、部屋の後方の雑談、あるいは、参加者のひとりがしている風変わりなネクタイ等々のことは忘れてもらわないといけない。

また、聞き手の内的世界のとりとめもない感情を抑えさせることでもある。昨夜のディナーでの出来事、車のヘッドライトの消し忘れ、私のキャリア形成の方向……こういったことも当座は忘れてもらわないといけない。

しかし、聞き手の関心を引くために何よりも重要なことは、これから何か重大なことが起こりそうだという期待感を持たせることだ。劇場や映画館はそのために座席や舞台、カーテン、照明などで空間を演出するのであって、それらが一体となってこれから何か面白いことが始まりそうだという雰囲気を醸し出すのである。リーダーシップが発揮されるべき多くの状況においても、同様の効果が達成されなければならない。

聞き手の関心を引くための努力には、6つの一般則が存在する。

第1の法則は、「予想外の出来事が注目を引く」である。ルーティン化されたいつもの出来事は心のバック・サイドでしか注意は払われない。心理学者のことばを借りれば、「自動化された注目」ということとなる。日常的活動のほとんどはこの形式で行われるので、我々は重要な問題に対して集中することが可能となるのである。フロント・サイドの関心を引くのは、予想外の出来事であればこそ可能なのである。

第2の法則は、「感情の刺激が注目を生む」である。感情は、マーカーとして機能する。言い換えると、感情は、分析的思考のプロセスを鈍らせるが、対象を「面白い！」と捉える[iii]。感情の関与を引き出す有効な方法は、具体的に語ることである。普遍的概念や抽象的枠組みは感情や想像力の喚起にほとんど影響はない。外国の紛争で何万人という大虐殺が起こったというだけでは人々の心は動かないかもしれないが、ナパーム弾によって火傷を負い焼けただれたひとりの子供の写真は、人々の想像力に永久に焼き付けられるのだ。具体的で詳細に亘るほど、人々にはより鮮烈なイメージが残る[iv]。優れた語り手ほど細かな要素を見い出し描写するものだ。例えば、レフ・トルストイの描いたヒロインのひとり、アンナ・カレーニナは、不倫関係を始めてから、はじめて夫の耳がどれほど大きいかに気がつくのである。

第三の法則は、「聞き手に個人的に関係のあることが注目を引く」である。自らとの関係が強いものほど、人々は強い興味を持つ。トム・ダベンポート（Tom Davenport）とジョン・ベック（John Beck）が『アテンション・エコノミー』で指摘しているように、人々の注意をひきたいのであれば、まず聞き手が何に関心を持っているかに着目しなければならない。聞き手は、聞き手にとって最も重要なことに関心を向けてくれる話し手に注目するものだ。「この話し手の話してくれることのどこかに少しでも私の役に立つ要素は入っているだろうか。かくかくの知識には、私が知らなければならない情報がどれほど含まれているだろうか。これこれの情報は、私の今の状況に適用できるものだろうか」

第4の法則は、リーダーシップの観点からのものだ。それは、「注意を引くために用いる材料は、身近なものから選ばねばならない」である。しかし、言うまでもなく、リーダーが語るべきことは、自らの究極の目標に向けた大局的な方向を指し示すものであって、そうした方向から外れるものに触れるべきではない。大勢の前で話し手がものまねをしたり、逆立ちをして注目を集めることはできるが、そんな時には聞き手の関心は話し手のねらいからは大きく離れていく。例えば、アル・ゴアが2000年の大統領候補討論で用いたストーリーは、彼が将来に向けて提案したかった解決策ではなく、彼の属していた政権下で生じた問題に注目を集めた。結果として、彼のストーリーは、本来の彼のねらいから外れた問題に聞き手の焦点を当てさせたのである。

第5の法則は、「聞き手に心を入れ替えてもらうことが極めて困難な課題である以上、その困難さに応じて最適なコミュニケーション・ツールを選ばねばならない」である。聞き手の関心の向きが話し手のねらいから大きく外れており、そっくり心を入れ替えてもらおうとする時には、聞き手の関心を集めるだけでも多大な努力を要する。一方、聞き手が話し手のメッセージに対し自ら関心を寄せ、前向きに検討していこうとしており、しかも幸運にも心を開いているのであれば、話し手は時間をかけることなく変化のための刺激となる目標を提案できる。しかし、リーダーという立場に立つと、中でも階層上のリーダーは、自分の話は聞き手もよく聞いてくれるという過大評価に陥りがちだ。一部には十分な注意を払わない聞き手がいる可能性もあることを常に慎重を期して銘記しておくべきだろう。

最後の、そしておそらく最も重要な法則は、「否定することが聞き手の注目を引く」である。最近の心理学が明らかにしたところによると、人間は、得ることよりも失うことに、歓喜よりも苦痛に、良い結果よりも悪い結果に、注意を向ける。言い換えると、否定的な方により強く関心が向けられるのであるvi。

このことは、進化論の観点からすると、ほとんど驚くに値しない。命の危険から身を守り、様々な危機を避けるには、素早い反応が必須である。食べることや愛を育むような肯定的なことは、長期的な生存に重要であっても、差し迫って何かをしなければならないというものではない。総じて、苦痛は歓喜より切迫したものだvii。

また、心理学では人間は一種の「自動警戒メカニズム」を持ち、望ましくない刺激には自動的に注意が振り向けられると示唆している。人間は、眼に映るすべてのものについて、それらが自らにとって「良いもの」か、「悪いもの」か、という基礎的な評価を行っている。この過程は、何の困難もなくいつでも即座に行われ、時には意識すらされない。人間が別の何かに関心を向けている時には、望ましくない刺激でない限り、その関心の方向を変え、引き付けることはできないのであるviii。

以上をまとめると、聞き手の注目を引こうとする時、話し手にとっての主たる課題は、できれば身近な話題を取り上げて聞き手の関心を引き寄せながら、訴えたいことと関連がある範囲内で、適度に予想を裏切り、個人的な結びつきに触れ、聞き手の感情を刺激することとなる。このことは、否定的なことを強調することで最も容易に達成されよう。

考えられる様々なコミュニケーション・ツールの中で、どのような方法が最も良く機能するだろうか？以下では、それらを広く3つのカテゴリー、一般的に効果の見込めるツール、多くの場合は効果が見込めるツール、および、一般的に効果が期待できないツールに分類する。もちろん、効果はそれぞれのツールが用いられるスキルとコンテキストに依存するところが大きいし、十分なスキルを持たないで用いると、いずれのツールも効果は発揮できない。逆に、十分に状況を見極める力を持ち想像力を働かせると、いずれもある程度は機能する。ここでのランキングはそもそもの使いやすさと実際に使った際に想定される影響力の強さを勘案したものだが、より詳細にはこの分野におけるいっそうの量的研究による検証が必要となる。以下は、この領域の見取り図に向けた第一歩にすぎない。

第1節　一般的に効果の見込まれる手法

ここで紹介する以下の手法は、最も簡単でかつ効果が高いと見込まれるものである。

●聞き手の抱える問題についてのストーリーを語る
●話し手がどのように逆境に対処したかについて、自らのストーリーを語る
●質問をする
●印象に残るメタファーを使う
●突然の実習を導入する
●呼びかけや勧誘を行う
●価値あるものを共有する
●弱味を認める
●歌を歌うなど意外性のある行為を挟み込む

■聞き手の抱える問題についてのストーリーを語る

リーダーが、聞き手は何を心配しどのような問題で夜眠れないかをあらかじめ調査し、その問題について承知しているのであれば、多くの場合、それらの問題について話すことから始め、聞き手より深くそれらの問題を理解していると示すことが、人々の注目を引く最も効果的な方法である。それらの問題がいかに深刻であるか、おそらくは聞き手が想像する以上にはるかに深刻だとを示すことができれば、聞き手はリーダーの話に自分自身に関連した問題として関心を寄せることとなろう。また、この機会はリーダーが簡潔に要点を提示する能力を見せる場ともなり、信頼を高める契機となりうる。

聞き手の抵抗が大きいと考えられる問題であれば、幾つものストーリーを用いて聞き手の関心を引く必要がある。例えば、アル・ゴア氏の『不都合な真実』は主に地球温暖化の影響について危険性を訴求する様々のストーリーで構成されている。彼は、我々の注目を引くために、「皆さん、事態は深刻です！」と直面する危機の重大さをいろいろな視点で訴え、我々の目を覚ませようとしているのだ。

■話し手がどのように逆境に対処したかについて、自らのストーリーを語る

話し手が自らの人生で逆境にどのように対処したかについて簡潔かつ感動的なストーリーを語ることができれば、聞き手の注目を引く効果的な手法となる。この手法は、特に話し手と聞き手の面識がほとんどない場合に有効である。リーダーが自らの人生の重要な転機について要領よく述べることができると、これから引き起こそうとしている変化に対して聞き手の感情を刺激することができる。それを契機に、聞き手が自らをそのストーリーに投影できたならば、変化への彼らの自主性につながる。このことを通じ、さらにリーダーと聞き手が率直に打ち解けあうことができれば、信頼関係が構築される。アル・ゴアは、彼

の一族のタバコ農園について語る中で、喫煙が原因で死んだ姉の話に触れた。これは、誰も知らなかった彼の一面であり、人々の感動を誘い、強い関心を引き付けるのである。また、本書の序で私自身の経験に触れたのは、読者の関心を得る努力の一環でもあるのだ。

■質問をする

広告の世界では、質問は人々の注意を獲得するための努力の一環として大きく利用されてきた。というのは、質問には、聞き手の関心を一瞬にして情報の送り手側が選別する課題に集中させる機能が内在しているからである。

「牛肉がどこにあるというのだい?」ハンバーガー・チェーンのウェンディーズ（Wendy's）はこの質問によって他のハンバーガー・チェーンにない特徴を明確にすることができた。

「ミルクを飲んだでしょう?」この質問がセレブたちの上唇にミルクが付いた映像と組み合わされた時、子どもの頃に慣れ親しんでいた飲み物に人々の注目を引き付けた。

「これってライブ、それともメモレックス（Memorex）?」は、メモレックス録音テープの忠実な再現力に注目を集めさせた。

「今日は、どこに行きたいですか?」は、マイクロソフトのソフトウェアの様々な機能に注目を向けさせた。

「あなたが残りの人生を砂糖水を売って過ごしたいとでも思っておられるのなら話は別ですが、この世を変えるチャンスを得ようとは思いませんか?」この質問は、よく知られているように、スティーブ・ジョブス（Steve Jobs）がジョン・スカリー（John Sculley）に対し行ったものだ。この質問でジョブズは、当時ペプシで地位を保証され高給を得ていたスカリーをカリフォルニアの若いコンピューターマニア集団に参加するよう誘ったのだ。

質問を提起するという手法は、選挙運動でも広く使われている。「今日の暮らしは、4年前より良くなりましたか？」これは、ロナルド・レーガン（Ronald Reagan）が1980年の大統領選挙戦で用いたもので、選挙の争点の設定に役立った。一方、アル・ゴアは、2000年の大統領選挙戦では、同様の質問を提起することはなかった。2000年当時は、大抵の人が実質的に暮らし向きが良くなったと感じていた時代であり、「今日の暮らしは、8年前より良くなりましたか？」という質問が提起されていたなら、人々は自分たちの生活が良くなったということを思い出し、彼を支持したかもしれない。

質問を提起するという手法を用いるためには、どういう答えが予期されるかを考え抜くことが重要である。不適切な質問は、話し手のメッセージの想定外、あるいは、全く関連のない論点に注目を集めるかもしれない。牛肉を探しても見当たらなかったり、4年前よりも暮らしが良くなっていると判断しているのであれば、それらの質問は意図された効果とは逆効果を持つことがある。同様に、質問の前提が間違っている場合にも逆効果となる可能性も存在する。例えば、「牛肉がどこにあるというのだい？」と質問することは、ベジタリアンには全く効き目がないかもしれない。

■印象に残るメタファーを使う

ホセ・オルテガ・イ・ガセット（José Ortega y Gasset）は、「メタファーは、人間に秘められた様々な能力の中で、おそらく最も稔りの多い能力のひとつである。それは、魔法のような効果を持ち、まさに、神が人間を創造された際に人間の中に残してくれた創造のための道具なのだ」と語っている[ix]。話し手はメタファーで聞き手の無知に光を照らし、天の火で聞き手の心に火をつけるのである。

予想もつかないメタファーが我々の注目を引き付ける力は強大だ。例えば、２００５年11月、団塊の世代の大量退職の到来に関する政治的討論の中で、合衆国会計検査院院長のデービット・ウォーカー（David Walker）は、差し迫った人口爆発は「国家に大打撃を与える（中略）財政上のハリケーンだ」、それは「とどまることのない退職者という津波の襲来なのだ」[x]と述べて、見事に財政危機への関心を呼び起こした。こうした一連のメタファーが提示されると、団塊の世代の退職を教育水準の高い新たな高齢者層の登場というアメリカ経済にとってのポジティブな機会として捉えるということは、ＡＡＲＰのような組織には難しいことであった。ＡＡＲＰ[1]が再び注目を引くためには、上述のメタファーに対抗できるメタファーを考え出さなければならなかったのである。

最も良いメタファーとは、微妙な綾を表現したものだ。過度な強調を伴うメタファーは逆効果を引き起こす恐れがある。アル・ゴアはこのことに２０００年10月の1回目の大統領候補者討論で気づいたはずだ。彼はメディケアと社会保障の供託金制度を設置することを提案し、鍵付き金庫というメタファーで説得した。ゴアはその討論会でこのことばを計5回も使った。彼は、人々の注目を集めることには成功し、多くの点で啓発したが、多くの点で混乱も引き起こした。あるフォーカスグループの視聴者は「鍵付きの金庫の中には何が入っているのか」と疑問に思い、「いったい誰がそのキーを持つことになるのか」と疑問を呈した[xi]。このメタファーは、後にゴアの振る舞いがパロディ化される中に見出される権威的な色合いを示唆するものでもあった。彼のメタファーは解決策になるのではなく、コミュニケーションの問題を引き起こしたのである。

ひとつのメタファーで本来の趣旨のすべてを適切に要約し伝えることは、易しいことではない。ある意味ではことばに厳格な人々を怒らせることになるかもしれないが、幾つかのメタファーを組み合わせて用いることで、多少は分かりやすくなるかもしれない。こうした手法は、ハリウッド映画を売り込む常套手段でもある。例えば、エイリアンを「スター・ウォーズとジョーズの組み合わせ」と紹介すれば、その物語の構造は明確だろう。

メタファーをうまく組み合わせたつもりでも、現実の世界とあまりにかけ離れていると、「彼は料理の盛られた皿へ駆け上り、角を取って雄牛を摘み上げた」のように、現実とぶつかりあうこともありうる。もっとも、様々な矛盾と正面から向きあったシェークスピアのような優れた文学者の手にかかると、メタファーの不思議な組み合わせも現実に調和することもあるのだが。

■突然の実習を導入する

聞き手に突然に予想外のことを実践させることも、人々の注目を引くひとつの方法である。例えば、私のビジネス・ナラティブのワークショップでは、時折り、参加者ふたりを一組にして、一方の参加者にふたつのテーマからひとつを選んで60秒のストーリーを語ってもらうことから始める。ふたつのテーマとは、自分たちの組織が本当に得意としていることを発見した時、あるいは、困難に直面した時のことである。その後、互いの役割を交代し、最初の聞き手に同様にふたつの主題のうちひとつについてストーリーを話

1 全米退職者協会（American Association of Retired Persons）。

してもらう。大抵の参加者は、準備がなくても大きな苦労はなくその課題を行い、ナラティブ・インテリジェンスの一定の要素を実践している自分に驚く。こうした実践は、ワークショップで教えようとしている手法を直接的に経験する機会を与えるだけではなく、聞き手の注目を引くためのものでもある。

■呼びかけや勧誘を行う

ジョエル・バウアー（Joel Bauer）とマーク・リービィ（Mark Levy）は、彼らの著作[xii]を、「私がここで取り上げるお話には、少し気分を害される方もいらっしゃるかもしれません。私がセミナーなどで以下のお話を申し上げると、時に席を立たれる方もいらっしゃいます。というのは、多くの方が話を聞いて困惑するからです。セミナーの席を立つ人たちは賢明です。私は彼らが席を立ったことで非難はしません。私のお話は、まさに悪夢と言えるものかもしれません」という文章で始めている。これは、カーニバルで逍遥する人々を誘惑しようと大声を張り上げる客引きたちの大げさな宣伝文句のように聞こえなくもないが、注意は引き付けることはできよう。ただし、リーダーシップを発揮するには、真実に基づいた呼びかけ以外は行ってはならない。後に虚偽と分かれば、反発がリーダーの本来のメッセージを損なってしまう。

■価値あるものを共有する

来客から突然のお土産を受け取ると心配りや友情への感謝の感情が湧き上がるように、価値あるものを早くから分かちあうこと、例えば、昇進、勝利、目標の達成といった本当に良い知らせを、そうとは気づかない段階で告知することなどは、聞き手の関心を高めることでもあり、リーダーに対する信頼というポジティブな感情を高めることができる。しかし、この場合も同様に、関連性と真実性のルールを銘記すべきである。もし、突然の知らせが全く予想にたがうようなものであれば、リーダーが伝えようとする本来のメッセージから人々の注目をそらすかもしれない。もしくは、「ベストな勤務先」としての会社の受賞の知らせを、社員がその賞の正当性に同意していない状況で発表するならば、その知らせは関心を引くよりむしろ関心をそらすことになるだろう。

■弱味を認める

リーダーにとって、中でも階層的リーダーにとって、自分にも知識の限界があることを示し、すべてのことを承知している訳ではないことを認め、これからさらに学び吸収していくという意欲を示すことや、誤りがあったと認めることも、スタッフたちの関心を引く方法のひとつである。クレイグ・ダンはこのことをＡＭＰの怒れる労働者たちとの対面で行ったのである。組織では、通常は、このようなことは考えられないので、注目を集めることができる。

しかしながら、言い回しは重要である。２００７年の初め、大統領候補者の上院議員バラク・オバマ(Barack Obama)は、自分の家の近くの土地を長年の友人から購入したことについて尋ねられて、次のように答えている。物議を醸したのは、この友人が政府事業への参加の道を探していた企業にキックバックを強要した罪で２００６年に告発されていた人物だった点だ（しかし、この人物は当時有罪判決を受けていた訳ではない）。

オバマ氏の最初の回答	オバマ氏の後日の回答
「私は愚かだった」	「それは間の抜けたやり方だった」

コラムニストのウィリアム・サファイア（William Safire）は、この言い回しについて次のように述べている。「〈間の抜けた（Bornheaded）〉ということばは、良い選択だ。つまり、〈愚か（Stupid）〉のように断罪的でも自虐的でもなく、〈浅はか（Foolish）〉のように否定的でも、〈知らなかった（Ignorant）〉のように形式的でもなかった。薬物使用を彷彿とさせる〈ぼんやりしていた（Dopey）〉や、軽薄さを表に出す〈ばかげた（Silly）〉でもなく、不明瞭な発音を想起させる〈あほ（Dumb）〉でもなかった。」[xiii]

以上のように簡単ではあれことばを選んで、「その経過は以下のとおりです……」と過ちを認めることは、過ちの原因が、愚かさのような個人的資質の問題に帰せられるのではなく、状況的要因、一時的な勘違い、一瞬の不注意によるにすぎないことを示す上手な言い回しと言えよう。

■歌を歌うなど意外性のある行為を挟み込む

歌を歌ったり、楽器を演奏するといったことは、組織活動としては普通ではないため、かえって関心を引くことができる。歌や演奏自体が音楽的に見て素晴らしいものでなくても、人々の目を覚まさせるには、十分予想外のことだ。ただし、関連性のルールを銘記しておこう。そのミュージカル・パフォーマンスが本当に素晴らしいものであったり、あるいは、話題となっていることがらと全く関連性がなければ、聞き手はそのミュージカル・パフォーマンスだけを記憶することになる。話題と直接的に関連を持つ歌詞であれば、ラップ・ソングであっても、聞き手の注目を集め、論点の提示に効果的かもしれない。しかし、こうした効果の多くは意外さからくるものであって、歌を1回歌うのは予期しない驚きになるが、毎回歌うのは退屈なルーティンになる。

第2節　多くの場合に効果が見込める手法

以下の手法は、多くの場合には効果が見込めるが、前節で示した手法に比べて取り扱いの難しいものである。

●実物を見せる
●予想外のもので驚きを誘う
●粗品や景品をプレゼントする
●聞き手の持つチャンスについて語る
●スプリングボード・ストーリーを語る
●冗談を言う
●イメージを提示する
●フレームを構築する

■実物を見せる

シェイクスピアの『ジュリアス・シーザー』では、マーク・アントニーが、ローマ民衆の関心を呼び起こし同情心を喚起するために、より明確に言えば、むしろ、彼らの意識的な注意の方向を決するために、殺害されたシーザーの血染めのチュニックを振ってみせている。実物を用いることには、それなりのリスクも伴う。実物のインパクトが強大にすぎ、眼にする人々の注意を予期せぬ方向へ捉えて放さなくなるかもしれないからだ。生きているシーザーがまとっていないチュニックは、逆に、これといった特徴のないものと見えるかもしれない。それゆえに、マーク・アントニーは、暗殺者の短剣がどのようにチュニックに穴を開け、シーザーの体に入ったかを簡潔にかつ慎重に語り、彼の目標にかなうように民衆の眼をチュニックに集めさせようとしているのである。言い換えると、実物についてのストーリーこそが、そのモノ自体よりも、多くの人々の注目を引き付けておくためには効果的なのである。

■予想外のもので驚きを誘う

突然の予期せぬ報告、衝撃的なニュース、思いもよらぬ小道具、例えば、生きている蛇、こうした様々な驚きを誘うことも、聞き手の注目を一瞬のうちに獲得する効果的な手法ではある。しかし、この種のアプローチは、驚き自体が聞き手の目標と関連している時に限ってのみ効果を持つと言える。そうでない場合は、聞き手の注目を、再度、その驚きからリーダーが伝えようとしていた課題へ引き戻すことが困難となる可能性を否定できない。

■粗品や景品をプレゼントする

リーダーが粗品や景品を出すと簡潔なメッセージを出し人々を驚かせることも、注目を集める手法のひとつではある。しかし、リーダーシップの現場でその時の話題に応じて常にそうしたメッセージを組み立てることは容易ではない。例えば、「本日の講演の最後に、ご出席いただいた皆様の中からおひとりに高価な賞品が当たります」と告知をすると、人々の注目を引くことはできるかもしれない。しかし、それは同時にその場の話題から聴衆の注目をそらすことでもある。聞き手の中には、リーダーが話している残りの時間を、誰がその賞品に当たるのかを考えながら過ごす者も出てくるかもしれない。

■聞き手の持つチャンスについて語る

聞き手の不安や問題について議論するのではなく、彼らに開かれた希望や夢に焦点を合わせるのも手法のひとつである。しかし、将来のチャンスについて信頼の置けるストーリーを話すのは簡単ではなく、トリックじみたものになりかねない。例えば、私が次のように話したとしよう。

> これから2年後の姿を心に描いてみてください。我々の事業領域では、わが社が最強のサプライヤーになるという目標を達成したと想像しよう。利益は最高レベルに達し、株価は急上昇。ビジネスウィーク誌やフォーブス誌にわが社が特集されている……

将来についての多幸症的ストーリーに伴うリスクは、「そんな具合になるはずがない」という反応を引き起こすことだ。特に企業が語るその未来のストーリーは、本質的に胡散臭いものだ。気難しい社員の中には、ありえない話だと思った瞬間、冷笑の対象とする者も現れてくるかもしれない。

■スプリングボード・ストーリーを語る

スプリングボード・ストーリーとは、話し手が提案している変化の理念の少なくとも一部は実際に既に実現されていることを事例で示すストーリーである。リーダーがそのようなストーリーを見出し、聞き手の心に響かせることができたなら、そうしたストーリーは感情レベルで聞き手とつながることを可能とし、彼らの心に行動を引き起こす新しいストーリーを生じさせる。しかしながら、スプリングボード・ストーリーはポジティブな語り口であるため、最初に聞き手の注目を引くには、質問の提起や聞き手の個人的な問題についてストーリーを語ることより効果が弱いこともある。

■冗談を言う

聞き手を十分に理解している場合には、リーダーは巧みな冗談で注目を引くこともできる。リーダーの主張とどこかで関連している冗談であれば、他の手法と同様、機能する。そうでない場合は、聞き手の関心を冗談からリーダーが伝えたい主題に再度シフトさせることは難しいかもしれない。冗談は、聞き手には気分を害するものと捉えられることも多いことに気をつけよう。往々にして、ユーモアは人を傷つけるものであり、一部の人々に対する攻撃的なジョークを言ってしまうことはあまりにもよくある誤りだ。

■イメージを提示する

これから実現しようとする変化に魅力的な外観が備わり、あるいは、何らかの魅力的なイメージと結びついているのであれば、そのイメージ自体も人々の関心を引く良い手法となる。ファッション産業は、商品を売るために、ことばに頼らず、イメージを用いる典型である。そこでは、イメージが販売を行っていく上でのすべての魅力となる。もちろん、ナレッジ・マネジメントの導入、社会保障の変革、あるいは、新しいビジネス・モデルの構築といった変革のねらいにより状況は異なる。それぞれの理念を簡潔にそして明確に伝えるイメージを考案することは容易ではない。リーダーが提案する変革の手順と関係のないイメージ（例えば、魅力的な女性の写真）を使って注目を集めることはできるかもしれないが、同時にコミュニケーションの本来の目的から逸脱し、提案の焦点を拡散させないとも言えない。

■フレームを構築する

問題を構築し、ある観点から状況を捉えそれと気づくように仕向けるフレームを聞き手に提示することばは、人々の注意を引き付ける効果的な手法になる。２００６年9月のワシントンＤＣの民主党の市長選予備選挙では、結局、有権者が最もエネルギシュとして考えた候補者が当選した。35歳のエイドリアン・フェンティ（Adrian Fenty）が年長で経験豊かな対立候補に勝ったのは、まさにエネルギーが選挙運動の重要な要素が評価の基準となったからだ。では、何故、成熟度や経験よりむしろエネルギッシュという論点になったのだろうか。フェンティは、情熱的に選挙運動を行い、ことあるごとに「エネルギー」と「エネルギーを吹き込まれた」ということばを繰り返した。やがて、記者たちはエネルギーということばを記憶し、彼の選挙運動をエネルギッシュということばで報道を始めた。フェンティは心理学が発見したあること、すなわち、ある論点において既に固められた人々の心を変えるように説得することは、違う論点に注目させるより難しいということ、を利用したのである。彼の成功は、自らが最も強力な点に論点を定めたことが奏功したと言えよう[xiv]。

ことばを通じてフレームを広範囲に広げることができると、様々な問題に対する人々の見方を変えることができる。しかし、聞き手が提示されたフレームを直観的に拒否する場合、逆効果となることがある。また、フレームは、反対のストーリーによって弱体化されることもある。例えば、アメリカの選挙で、「テロとの戦争」ということばは、２００４年には共和党には効果的なフレームであったが、２００６年には進展を見せないイラク状況のネガティブ・ストーリーによって否定された。

第３節　一般に効果のない方法

以下は時には効果があるが、一般的には効果は期待できず、場合によっては逆効果を伴う手法である。

●様々な場面で多大にアピール
●会社のストーリーを話す
●事実だけを伝える

■様々な場面で多大にアピール

同じメッセージの繰り返しは、そのメッセージの何かが重要であることを示唆するものかもしれない。そこで、繰り返しを利用して、フレームの構築が可能となる。広告会社や広告代理店は、マスコミ報道とメディア・イベントを繰り返し行い、興奮と期待感の雰囲気を引き起こそうとする。異なるメディアで同時に同じアイデアが現れると、誰もが同じ話題について話しあっている感覚に陥る。そして、いかにもそのことが重要であるかのように感じられてくる。このことが目的なのだ。実際、そのような環境に置かれると､注目しない訳にはいかなくなる。ここでの問題は、持続的な関心となるかどうかである。多くの場合、様々な場面でアピールすることは、行き過ぎた期待感と誰かが操作しているという感情を生み出し、結局は反感を引き起こす。結果として、変革型のリーダーシップが意図する持続する情熱は、誇大宣伝とは逆相関することが一般的だ。

■会社のストーリーを話す

変革型のリーダーが自らの主張を行う時、自分たちの勧めている会社の状況から話し始めることが多い。悲しいことに、そうした話題は、通常、聞き手より話し手にとって、興味のあるものなのである。このようなリーダーは、ヘンリー・ボエティンガー（Henry Boettinger）が、その著書『山を動かすにはどうするか』で触れた「あなたがいる場所ではなく、聞き手がいるところから始めよう」[xv]という格言を忘れてしまっていることになる。聞き手が会社のどの部分に興味を持っているのか、何故その部分に興味を持っているのかに明確な根拠がない場合、通常、話し手は聞き手自身の関心や問題についてから話し始める方が賢明だ。会社のストーリーは後に話せばよいことである。

■事実だけを伝える

事実だけで、それ以上のことがないなら、事実は特に注目を集めない。このことについて、カイム・ペレルマン（Chaim Perelman）とL・オルブレッツ＝ティテカ（L. Olbrechts-Tyteca）は、彼らの古典『新しいレトリック』で次のように記している。

自然科学の学術報告書や論文では、多くの場合、著者は、明確な実験結果だけを報告し、明確な事実のみを述べ、幾つかの真実の言明を行えば、それだけで聞き手や読み手の興味を十分に引き起こすと考えている。このような態度は、合理主義者や科学者たちの世界に広範囲に浸透しているある錯覚に基づいたものだ。その錯覚とは、事実とはそれ自体において語るものであり、誰の心にも否定できない同じ像を残すという考え方である。言い換えると、人の心は、それぞれ独自の判断ではなく、事実に忠実な支持を与えるよう強いられているのである[xvi]。

科学の学術論文について見られるこれらの特徴は、リーダーシップを発揮すべき現場においても等しく当てはまる。事実だけのシンプルな詳述は注目を集めるのではなく、むしろ退屈になりがちである。さらに、説得しにくい聞き手の場合、理性が確証バイアスを働かせ、聞く人の現在の立場にさらに強く固定させることにつながりかねない。

以上に述べた人々の注目を引くための多様な手法は、言うまでもなく、排他的なものでは全くない。質問の提起をしたり、呼びかけや勧誘を行ってみること、あるいは、聞き手の抱える問題についてのストーリーを語ることなどのいくつかの手法を組み合わせて用いることも可能だ。聞き手が批判的であったり、敵対的である場合には、話を聞いてもらうためには、むしろ、いくつかの要素を併せて用いるべきだろう。時には、スピーチの大部分を人々の注目を得ることに当てないといけないかもしれない。聞き手の注目を引き付ける多様なアプローチを表8－1に要約しておく。

逆に、聞き手が関心を持っているなら、注目を引くための時間はわずかでよく、素早く、変革型リーダーシップにおける次の、そして、最も困難なステップに進むことができる。それは、変革を通じて実現する新たな状況への願望を聞く人の心の中に引き起こすことである。これはリーダーシップを発揮するプレゼンテーションの中でも失敗することの最も多いステップである。この課題については章を改めて述べよう。

表8-1　注目を獲得するコミュニケーション方法の使用効果

コミュニケーション方法	例	有用性	コメント
一般的に効果がある			
聞き手の問題に関するストーリーを語る	「我々はXとYの問題に直面しています。実際、その問題は予想より悪くなっています。」	高	注意を引くための最良の方法。
話し手がどのように逆境に対処したかに関するストーリー	あなたが人生の転換期にどのように対処したかを示す簡潔なストーリー。「私がこの状況をどのように取り組んだかをお話します。」ただし、話題と何らかの形で関連していなければならない。	高	話し手と聞き手の間にあまり面識がない場合に適切な方法となる。
質問をする	「アメリカでは、どのくらいの女性が日常的にXYZ会社の製品に触れているかをご存知ですか？」	高	質問または答えが聞き手にとって驚きがある時、最も効果的である。
印象的なメタファー	「我々はとどまるところのない退職という津波に直面しています。」	高	メタファーは予期せぬ効果を伴うことがあるので、注意。
突然の行為	今から話を聞こうとしている人々に、突然運動を行わせる。	高	話題と関連性のある行為であること。
チャレンジ（呼びかけ）	「私がこれから話そうとすることは、皆さん、少しドキッとするかもしれない。」	高	決して聞き手の誤解を招かないようにすることが必要。
価値のあるものを共有	「我々が全力を注いでいたPQR取引で成功したことを皆さんに報告することができて嬉しいです。」	高	ニュースを使うならば、予期できないもの。ただし、聞き手と関連性を持つ必要がある。
弱味を認めること	「我々は近年、経営陣の決定に愚かなものがあったことを認めなければなりません。」	高	聞き手に率直に打ち明けることは信頼感を生じさせる。
話題と関連性を持つミュージカル・パフォーマンス	プレゼンターが話題に関する歌詞でラップ・ソングを歌う。	高	人々がメッセージではなく、ラップ・ソングだけを覚える危険性がある。

多くの場合に効果があるもの	実物を見せる	実物を見せながら、その重要性を強調する。但し、話題に関連があるもの。	中	実物が話題とどう関連しているかに注目させる。
	予期しない驚き	突然の知らせ、予期せぬ報告。ただし、話題に関連のあること。	中	その場の話題と関連を持っているのかを確認する。
	非日常的申し出	「この話の終わりに、賞品があります。」	中	注目を獲得するのに成功しても、主たるメッセージから注意をそらすような危険性がある。
	聞き手の持つチャンス	「2年後のことを想像してみてください。あなたの会社がその目標を達成したことを心に描いてみてください。」	中	きむずかしい聞き手の場合、未来のストーリーを信じさせることは難しい。
	スプリングボード・ストーリー	既に起こっている例をストーリーで話す。	中	ポジティブなストーリーはネガティブなストーリーより注目を受けない。
	冗談	「聞いたことがありますか？　あの……」	中	もし冗談が話題と関連を持つなら、効果的に注目させることができる。
	イメージ	9・11の写真はテロリズムの恐怖感を引き出す。	中	聞き手の関心に関連があり、感情に訴えるイメージを見つけることが重要。
	枠組みの構築	「この選挙は政府を再び活気づけます。」	中	有効性は繰り返しによって決まる。その繰り返しが誇大広告として思われる場合、逆効果を与える可能性がある。
一般的に効果がない	様々な場面で多大にアピール	ポジティブなメッセージの繰り返しを広める。	低	不信と操作の感情を引き起こす。
	会社のストーリー	「XYZ会社は長い優れた歴史を持つ。」	低	会社の話はほとんど注目されない。
	事実、データ、分析	「XYZ会社は41、000の従業員と10億ドル以上の売上高を持つ。」	低	事実とデータが驚くべき場合、効果的である。

[i] J. S. Brown, S. Denning, K. Groh, and L. Prusak, *Storytelling in Organizations*, Boston: Butterworth-Heinemann, 2005.

[ii] T. Davenport and J. C. Beck, *The Attention Economy*, Boston: Harvard Business School Press, 2001, p. 58.

[iii] C. Perelman and L. Olbrechts-Tyteca, *The New Rhetoric*, Notre Dame, Ind. : University of Notre Dame Press, 1970, p. 147.

[iv] Perelman and Olbrechts-Tyteca, *The New Rhetoric*, p. 147. かつてジョセフ・スターリン（Joseph Stalin）が言ったように，「1人の死は悲劇である。１００万人の死は統計である」。Paul Slovic, "If I Look at the Mass I Will Never Act: Psychic Numbing and Genocide," *Judgment and Decision Making*, 2007, 2（2）, pp. 79-95.

[v] Davenport and Beck, *The Attention Economy*, pp. 68-69.

[vi] D. Kahneman and A. Tversky, "Choices, Values, and Frames," *American Psychologist*, 1984, 39, pp. 341-350; F. Pratto and O. P. John, "Automatic Vigilance: The Attention-Grabbing Power of Negative Social Information," *Journal of Personality and Social Psychology*, 1991, 61, pp. 380-391.

[vii] Pratto and John, "Automatic Vigilance."

[viii] Pratto and John, "Automatic Vigilance."

[ix] J. Bauer and M. Levy, *How to Persuade People Who Don't Want to Be Persuaded*, Hoboken, N.J. : Wiley, 2005.

[x] W. Safire, "Obamarama," *New York Times Magazine*, February 4, 2007.

[xi] H. M. Boettinger, *Moving Mountains: Or the Art of Letting Others See Things Your Way*, New York: Macmillan, 1969, p. 94.

[xii] Perelman and Olbrechts-Tyteca, *The New Rhetoric*, p. 17.

[xiii] W. Safire, "Obamarama," *New York Times Magazine*, February 4, 2007.

[xiv] S. Vedantam, "In Politics, Aim for the Heart, Not the Head," *Washington Post*, September 18, 2006, p. A02. Available online: www.washingtonpost.com/wp-dyn/content/article/2006/09/17/AR2006091700401_pf.html：２００７年４月20日アクセス。

[xv] H. M. Boettinger, *Moving Mountains: Or the Art of Letting Others See Things Your Way*, New York: Macmillan, 1969, p. 94.

[xvi] Perelman and Olbrechts-Tyteca, *The New Rhetoric*, p. 17.

第9章　次に、聞き手の関心を自発性に変えること

我々は問題に目を向けるのではない。
解決に目を向けるのだ。
——エイモリー・ロビンズ（Emory Robins）[i]

２０００年12月、ボブ・ナルデッリはホーム・デポ（Home Depot）社のＣＥＯに就任した。彼はＣＥＯとしては非の打ちどころのない実力者だった。米国で最も賞賛される企業、ＧＥで最高の業績を上げ、ジャック・ウェルチの後任の次点者でもあった。一方、ホーム・デポ社の混乱は眼を覆うばかりだった。ナルデッリは、まず、大掃除から取り掛かった。彼は軍隊式のルールを導入した。現職のマネジャーの多くを解雇し、自ら採用した人材にすげ替えた。その多くは、ＧＥとアメリカ軍から引き抜いた人材だ[ii]。同社はあたかも軍隊の雰囲気を醸し出した。

ナルデッリは、購買機能を中央に集約し、10億ドルもの資金を技術開発に投資する一方、人員とコストの大幅削減を行った。その結果、ホーム・デポは優れた財務実績を上げた。ナルデッリは売り上げを倍増させ、収益は2倍以上になった。ホーム・デポの粗利益は堅調に伸び続けた[iii]。

しかし、２００７年1月、ナルデッリは解雇される。何故だろうか。彼が自らの法外な年俸額を引き下げることを拒んだことが直接的な引き金であった。彼の年俸が問題になっていたのだ。何故ならば、彼が

就任して以来、株価が7％も下落していたにもかかわらず、彼には天文学的な報酬が与えられていたからである。

なぜ、ホーム・デポの株価はナルデッリの輝かしい財務上の業績に沿って上昇しなかったのだろうか。企業の経営方針のあり方については、投資家や支援してくれる株主、ヘッジファンドやプライベート・エクイティのディーラー、国会議員、規制当局、非政府組織など様々な人々がそれぞれの意見を持っている。端的に言えば、ナルデッリは彼らの情熱的な支持を持続できなかったのである。

投資家は、ナルデッリが築いた輝かしい財務実績は店舗のサービスレベルを低下させたことによるものであり、維持していくのが難しいのではないかと懸念していた。また、ナルデッリは、利幅の小さいオフィスビルサプライの卸売市場への参入戦略が、会社にとっていかに有意義か、投資家を説得できずにいた。

彼は、当時を振り返って、「私は視野が狭かった。自分の仕事に専念して数字さえ達成すれば、周りの人々の理解が得られると思い込んでいた」と語っている。

ナルデッリは、今日の株式公開企業のCEOであることの課題は何かとの質問を受けて、次のように述べている。

「かつて私はよくフットボールをしたものだ。フットボールでは、得点の状況はいつでも分かる。だが、今の株式公開企業の経営は、フィギュア・スケートのようだ。サイドラインにずらりと並んだ審判団が私に向かって思いおもいのスコアを叫んでくる」[iv]

ナルデッリの問題は、今日の多くのCEOたちの典型的な問題と言える。すなわち、「フィギュア・スケートの審判団」が今や圧倒的に大きな力を持っているのだ。最も力のあるCEOでさえ、自らが期待するように「審判団」から信頼されるのは困難だ。企業のリーダーは、彼ら「審判団」たちに自らが追求するアイデアへの情熱的な支持を喚起し、持続できなければ、CEOとしての役割自体に疑義を投げかけられてしまうのである。

新たなことへの願望を生み出すことは、リーダーシップにとって、最も難しい課題である。これは通常リーダーに新しいアイデアをじっくりと説明する時間的なゆとりがなく、ほんのわずかな時間で聞き手に対しこれまでとは根本的に異なった新しい未来へ向けて舵を切るように仕向けなければならないからだと考えられている。しかし、聞き手は、第一歩めの意思決定を、ほとんどの場合、素早く、直観的で、感覚的なものに基づいて行っているのだ。リーダーはあらゆる議題に合理的議論を通して根拠を示そうとする。だが、その議論が終わるよりもずっと前に、実は、聞き手は意思決定を行ってしまっているのである。

では、リーダーは、自らの論を主張する以前の段階にどのようにアプローチして、自分の考えを聞き手に納得してもらえるだろうか。そして、新しい未来を受け容れてもらえるだろうか。人々が感情のレベルで意思決定をするのであれば、どうやったら人々にアイデアの理由を理解してもらえるだろうか。これは一見したところ、解決できない問題であるように思える。

この問題を解くための第一歩は、リーダーの意思を聞き手に押し付けることではないことははっきりしている。押し付けは、どんな場合であっても絶対に不可能だ。また、リーダーのアイデアを理解してもらうということは、たとえリーダーがどんな高位の知者であったとしても、あらかじめ自分が決めた場所に聞き手を追い込んでいくということでもない。何がベストであるかをあらかじめ承知し、人々をそのとおりに動かすといった類いの問題ではないのだ。ここで問われているのは、いかに変革への聞き手の側自らの願望を素早く刺激するか、ということなのである。

第1節　一般的な法則

変革への願望を刺激する取り組みには、8つの一般的な法則が存在する。

第1の法則は、「変革のアイデアは、それ自体が価値あるものでなくてはならない」である。目指すゴールが別の何かのための道具にすぎず、一時的な価値しかない場合には、新しい未来への情熱を持続させていくことは、リーダーにとって困難な課題となる。コミュニケーションを巧みに駆使することで、短期的には有益なゴールに向けて進んでいくことはできない訳ではない。しかし、アイデアそれ自体が価値あるものだと認識されなければ、情熱は長続きしない。

第2の法則は、「コミュニケーション・ツールは、変革のアイデアを記憶にとどめさせるものでなければならない」である。リーダーが変革について語った後、聞き手が変革の理念の中心的な要素が何だったかを思い出せないようなものであれば、聞き手が熱意を持って変革の実行に当たるとは考えられない。だからこそ、理念をまとめたキャッチ・フレーズや簡潔なストーリーの方がうまく機能することになる。長くて複雑な議論はとても覚えられるものではない。

第3の法則は、「リーダーの変革の理念は、コミュニケーションを通じて、聞き手自身の理念へ変わらなくてはならない」である。この点は、絶対不可欠だ。変革への願望を刺激するとは、人々に複数の選択肢を示した上で、彼らに新しい未来を一緒に創っていこうと魅力を感じてもらうことである。つまり、人の心の綾に触れていくプロセスなのである。聞き手が変革の理念を自分のものにすることは、聞き手自らが新たなそして今よりも明るい未来が開けていると感じるストーリーを想像し、そのストーリーに従って生きていこうと考え、自主的に実行することだ。これまでどんな理由があったにせよ、聞き手はそうしたストーリーを思いつくことはなかったのである。言い換えると、聞き手自身のものにするということは、聞き手自身の想像力を尊重するということであって、決して聞き手に強制してはならないということなのだ。変革の理念が聞き手自身のものにならないならば、変革型リーダーシップの中心的な要素である自主性、情熱の持続は不可能となる。

第4の法則は、「変革の理念には、聞き手自身が貢献する余地を残しておかねばならない」である。聞き手が変革の理念を聞いた時に、既に微に入り細に亘って決定されていると感じたり、その理念の実行方法について何も発言できない単なる受け身の立場に置かれていると考えたとしよう。そうした場合、情熱が継続することはあり得ない。何故なら、どんな大きな変革の理念も、組織のコンテキストで実際に適用されなければ実行不可能だからだ。聞き手は、この適用プロセスに携われないと感じると、変革の理念が自分と関係があるという実感を持たなくなる。むしろ、理念そのものを自分とは隔絶された「外にある」ものでしかないと感じるだろう。理念とはいえ、一部のリーダーが勝手に作ったものであり、自分たちとは関係ないと思う訳だ。逆に、聞き手自身が変革の理念の内側に入り込み、理念がまだ完璧に出来上がったものではなく、自らの前に可能性が広がっていることに気づいてもらわなくてはならない。新しい理念を自分たちのコンテキストに適用していくにつれて、それらがいかに自分たちと関わり、妥当性があり、論理的で、魅力的であるかが次第に明らかになってくるのだ。新しい理念を自分たちのニーズに十全に適応させるためには、自らの手でカスタマイズしていく必要がある。何故なら、彼ら自身にしか彼らのニーズは分からないからである。

第5の法則は、「変革の理念はポジティブなものでなければならない」である。というのは、ポジティブな感情だからこそ変革型リーダーシップの持つ情熱が持続するからだ。従って、リーダーの伝達する変革の理念はポジティブであることは必須である。リーダーのスピーチがネガティブであったり、ニュートラルなものであったりするなら、いったいどこからポジティブなエネルギーが湧いてくるだろうか。リーダーの持つポジティブで情熱に溢れた気持ちは感染力を持っている。彼らのポジティブな感情やエネルギーが新しい未来への願望を刺激し、人々へ広がっていくのである。

第6の法則は、「変革の理念は、特定の聞き手を対象とするものでなければならない」である。聞き手に対するコミュニケーションは、組織やリーダーにとって利益があるというだけでは不十分だ。あくまでも〈私〉という聞き手自身にとっても利益があると理解されるように方向づけられている必要がある。国家や企業やその他の組織を繁栄させようという理念は、短期的には人々を触発する力を持つ。だが、聞き手にとっての特段の利益がなければ、残念ながらしばらくのうちに情熱も冷めていく。聞き手へのコミュニケーションを通じて、何故この変革が聞き手の一人ひとりの個人的な利益につながるかを分かりやすく伝えるようにしなくてはならない。

第7の法則は、「ストーリーこそが有効なコミュニケーションの道具となる」である。ストーリーは、変革への持続する自発的な取り組みを刺激する唯一の方法という訳ではないが、最も便利な方法のひとつであることは間違いない。他にも、煌く格言、活き活きとした描写、モチベーションを高める歌などの方法があるが、これらを創り出すには非凡な才能が必要になってくる。対照的にストーリーを語ることはシンプルかつ簡単で、どんな人でもとっつきやすい。変革への願望を刺激するストーリーには、特別な才能は必要ないのだ。

第8の法則は、「コミュニケーション・ツールは、一般に、それぞれの聞き手の心の中に新しいストーリーを作り上げた時にはじめて効果的だったと言える」である。というのは、人間の意思決定はストーリーという枠組みの中で行われるからだ。質問を提起することや印象に残るメタファーを用いること、あるいは、参加の誘いかけを行うことやプレゼントをすることなどの方法を使って新しい未来への願望を導き出そうとする場合も、聞き手の心の中で新しいストーリーの構築を行なわせる限りにおいて有効なのである。

どの方法が最も有効に働くだろうか。コミュニケーション・ツールは、以下の3つの大きなカテゴリーに分類できる。容易に利用可能で広く効果が期待できるもの、特殊な才能を要するが広く効果が期待できるもの、一般的にはうまく機能しないもの、の3つである。第3の場合でも、他の場合と同様、道具が用いられるスキルとコンテキストに依存するのはもちろんのことである。使い方がまずければ、どんな道具であってもうまくいかない。ひらめきと想像力を働かせば、どの場合でも一定水準の効果を生み出すことはできる。ここでのカテゴリー分けは、ツールの使いやすさと効果の大きさを反映したものだが、ここでもより詳細な定量的調査が必要とされている。このランキングは読者や研究者に全体像を俯瞰するための第一歩として示したものにすぎない。

第2節　最も効果の期待できる方法

以下に示す方法は、難物の聞き手に対しても、最も容易に働きかけることができるものの一覧である。

●論より証拠
●ポジティブなストーリーを語る
●変革への障害を外部化する
●ストーリーを象徴するメタファーを用いる

●自分たちは何者かについてのストーリーを語る
●「共有された記憶」のストーリーを語る
●ポジティブな挑戦課題を示す

■論より証拠

変革が成し遂げられていく様子を類似した状況で経験してみることは、変革への願望を生み出す効果的な方法だ。あるところでうまくいく変革ならば、別のところでもうまくいくはずだ、という訳だ。1993年、J・アラードが何がウェブ上で起きつつあるかについて人々に単にことばで説明して伝える方法をとらなかったのは、そのためである。彼はマイクロソフトの玄関ホールに折りたたみ式のテーブルを引っ張り出し、パソコンを置いた。人々にウェブの実際を見せ、実際にウェブに触れ、感じ取らせるためである。その結果、人々はウェブを自分の眼で確かめることができた。

第5章で触れたように、マネジャーや両親、学校の教師はロール・モデルとして自分たちが子供たちにさせようとしている行動を表現し、部下や子供たちの経験を作り出すことができる。言うまでもなく、実際の見学ツアーやロールプレイ、シミュレーション、クイック・プロトタイピングなどにより同様の効果を期待できる。

また、マーケッターたちも、サンプルの提供や無料試用期間の設定、自動車の試乗、新しいソフトウェアの期間限定試用、製品やサービスのデモンストレーションなどにより、自分たちが伝達しようとするメッセージを具体化させ、消費者の経験による学習を促進することができる。

■ポジティブなストーリーを語る

リーダーは、部下を未経験の業務に就かせなければならないことも少なくない。特に、組織の上層部のリーダーには、そうしたケースが多い。経験に代わる次善の策は、ストーリーである。既に始まっている変革についての簡潔なストーリーは、聞き手と感情的なレベルでのつながりを築き上げ、聞き手のそれぞれの心の中に行為につながる新しいストーリーを作り出すことができる。

私がこの種のシンプルながらもパワフルなストーリーに最初に出会ったのは、世界銀行で働いていた1996年のことだ。その時、私は、この種のストーリーが、疑い深い聞き手をも刺激し、彼ら自身のみならず、所属する組織や現実の世界のあり方を変える新しい未来についてイメージをふくらませる、とてつもない力を持っていることを知ることができた。この時のストーリーについては、付1にまとめておいたので参照いただきたい。

以来、私は多くの組織で、複雑なアイデアを伝達し、変革への行動を触発する契機として同様のストーリーの作成を手伝ってきた。私はこの種のストーリーを「スプリングボード・ストーリー（飛躍を招くストーリー）」[vi]と呼ぶことにしている。こうしたストーリーは、見た目こそシンプルではあるが、常に成功させるには、ナラティブ・インテリジェンスが必要である。ナラティブ・インテリジェンスを体得するには、ストーリーテリングのメカニズムを理解する必要があり、また、意図した効果を生み出すためには、関連するストーリーのパターンを幾つか熟知しておかねばならない。

この種のストーリーの目的は、決して聞き手に対して変革のアイデアを実行せよと命令するものではない。それでは論争になってしまう。そうではなくて、スプリングボード・ストーリーは、暗黙裏に聞き手が自分自身をヒーローにする、新しいストーリーを自ら創造するように誘いかけるものなのである。

こうした間接的な語りは、変革への願望を触発しようとするリーダーにとって、多くの場合、最も簡単で効果の期待できるものだ。細かな点は盛り込まずに、最小限にまとめて話をした時に、最もうまくいく。最小限のみを語ると、聞き手は心のゆとりを広く持つことができ、新しいストーリーを想像することが可能になる。聞き手は、心の一部分では話し手のストーリーを聞いているが、同時に他の部分では新しいストーリーを想像しているのだ。そこでは聞き手はそれぞれがストーリーの主人公になり、彼らが想像したストーリーは彼ら自身が新しく創出したものとなるのだ。従って、こうしたストーリーのアイデアは自分たち自身のアイデアであるからこそ、そのメリットについて誰からも説得される必要はなくなるのである。アイデアの持ち主であるという誇りが、自らの情熱を生み出す支えなのだ。「素晴らしいアイデアだ！考えたのは、私だ！」

スプリングボード・ストーリーの生み出す効果は、あくまでも間接的なものだ。直接的な語りかけが聞き手に新しい世界像を〈ダウンロード〉して、心のすき間を占領しようとするのとは根本的に異なったものだ。直接的な語りの場合は、聞き手は話し手のストーリーの中に完全に吸収されてしまい、独自の世界は全く消え去ってしまう。しかし、慎重に組み立てられた間接的な語りというものは、聞き手の心の一部にのみ入り込み、聞き手自身が自らの新しいストーリーを想像できるように心に余地を残しておくのである。実のところ、語り手は、「あまりに上手なストーリー」を語ってはいけない。何故なら、上手なストーリーは、光景を眼に浮かばせ、実際に聞こえるかのような音で耳を満たし、ほのかな香りで一面を包むことによって、聞き手の心を一杯にしてしまうからである。そうなると、聞き手自身が想像力を発揮してストーリーを紡ぎ出す心の余地はなくなってしまう。

スプリングボード・ストーリーは、ウィリアム・ギブスン（William Gibson）の言った「未来は既にここにある。ただ、まだ、広く均等に行き渡ってないだけだ」[vii]という洞察を反映したものだ。言い換えると、スプリングボード・ストーリーは、既に成功した変革のアイデアの例に倣って、聞き手の心の中にアナロジーとなるストーリーを浮かび上がらせるのである。こうした結果を導くためには、ストーリーはポジティブな色彩を持たなければならない。ストーリーは、ハッピーエンドである必要があるのだ。ストーリーが示すのは、他の場面でどのようにアイデアが成功したかである。もしあるストーリーが同様の場面で成功したならば、ここでもできるはずだ。聞き手の情熱は、同様にハッピーエンドとなっている自分たち自身のストーリーから湧き出てくる。ハッピーエンドでなければ、情熱を生み出す可能性はほとんどない。

しかし、ハッピーエンドであるだけでは十分ではない。ストーリーにはさらにふたつの点が肝心である。

・まず第1に、ハッピーエンドは信憑性のあるものでなくてはならない。もしストーリーがハッピーエンドのように表向きは取り繕っても、それが真実だと感じられなければ、聞き手は「そんなふうにいくはずがない！」と感じてしまう。そうなってしまうと、スプリングボードの効果はうせてしまう。代わりに、変革のアイデアに対する、ひいてはリーダーに対する懐疑主義がはびこっていく。例えば、リーダーがある企業を買収することに賛同を得ようと、他の成功した企業買収の例についてのストーリーを話したとしよう。聞き手は企業買収のほぼ4件に3件はうまくいかないということを知っているかもしれない。そうなると、企業を買収することで企業価値を喪失する可能性は大きいという点で、聞き手はこの物語は信用できないと考えるかもしれない。スプリングボード・ストーリーを上手く働かせるには、多くの買収が失敗する中で成功した案件を取り上げ、何故この案件は意外にも成功したかについて十分に詳細に亘って説明するストーリーを語らねばならないのである。

・次に、ハッピーエンドというのは、聞き手がハッピーと感じられる結末でなければならないという点だ。ストーリーが一般的な意味でハッピーであるだけでは全く十分ではない。その場の聞き手という特定の人々にとってポジティブなものでなくてはならない。企業のリーダーは、多くの場合、聞き手が「会社にとっては都合がいいのだろうしCEOにとってもいい話だろうね。しかし、解雇される労働者にとっては、そうは言えまい。職を失うマネジャーにとっても同様だ。自分はどうなるのだろうか……」などと考えていることに気づきもせず、会社にとっての成功にフォーカスしたストーリーを語ってしまう。聞き手にとってもハッピーな結末が迎えられることを明確に伝えるストーリーが重要なのである。

付2にスプリングボード・ストーリーを作成する際のテンプレートを示し、その10のステップについて簡潔に述べている。各ステップは簡単なように見えるが、そうしたストーリーを組み立てるのは、決して容易ではない。難しい点は、ストーリーはできるだけ簡潔に語らねばならない中で、いかにすべての要素を適切に取り込むかという点にある。これは、多くの微細部品が狭いスペースの中でつながりあって動いている時計を設計するのと大きく違う訳ではないが、スプリングボード・ストーリーが成功するためには、さらに微調整を加え、ターゲットとした聞き手に適した様式としなければならない。

■変革への障害を外部化する

リーダーが変革への願望を創り出す今ひとつの方法は、変革を妨げる力を外部化することである。アブラハム・リンカーンは、1863年11月のゲティスバーグでの演説で、国家にとっての「自由の新たな誕生である」と宣言した。彼はもはやかつての古い連邦を擁護せず、むしろ、新しい連邦を宣言した。かつての「古い連邦」には、奴隷制度を保持しようとする意図が内包されていた。「新しい連邦」は自由という約束を実現しようとするものであった。リンカーンはここで、アメリカ合衆国の進行中のストーリーを、「古い連邦」と「新しい連邦」のふたつに分岐させたのである。これにより、根底にある対立が異なる意見を持つ者として外部化されたことになる。外部化されたことで、彼らを敵とみなすことが可能となり、戦いを挑むことができたのである。

この点は、ナラティブ・セラピストと同様である。例えば、セラピストは拒食症患者に対して外部化を行う。「拒食症はその人の体にしがみついている敵であり、セラピストは患者がそれと『戦う』のを支援するのである。このナラティブでは、拒食症を外部の敵として擬人化している。これによって、クライアントはこのストーリーの中のヒロインとなり、悪の力に対して戦いを挑むことで勝利への道が開けるのである」[viii]

外部化は、ビジネスにおいても、しばしば組織改編やリストラクチャリングの原動力のひとつとして用いられる。マネジャーは、新しい管理組織を作ることによって、新しい業務のやり方を新しい目標と新しい行動パターンによって具体化させたいと考える。しかし、新しい組織が仕事内容と報告系統の単なる模様替えにすぎなければ、既存の組織文化がすぐに再出現してしまい、組織改編による大規模な変革は失敗に終わる。新しい組織に関わる人々が新しいストーリーの中で生きることを始めた時にのみ、新しい行動が生み出され、組織文化が変革されるのである。

■ストーリーを象徴するメタファーを用いる

メタファーを取り除かれた文章は、太陽のない晴れた日のようなものだ。だからこそ、効果的な話し手はメタファーを頻繁に用いる。メタファーは力を持たないが、直喩を用いることも重要だ。適切なメタファーは、聞き手の眼を覆い隠してきた目隠しを弛めていく力がある。

メタファーはプレゼンテーションを活気づける。だが、特定の行為に眼を向けさせるものでない限り、変革への願望を刺激することはない。ジョン・マケイン（John Maccain）上院議員は、上院商業委員会議長として環境汚染をする者に責任を課す自分の役割を「ヌーディスト村の1匹の蚊」だと表現した。だが、このメタファーは何か特別な行為に注意を向けさせるような内容を全く伴っていなかった[ix]。ロス・ペローは自分の役割を「牡蠣の中に入る1粒の砂である。我々はワシントンを少しばかり刺激しなくてはならない」と表現したが、具体的な行為は不明確であった。行為を引き出すという観点から見れば、これらのメタファーは実体を伴わない大口を叩いているだけだと言わざるをえないだろう。言うなれば、泡ばかりのビール、弾頭が付いていないミサイルのようなものだ[x]。

対照的に、メタファーが聞き手の注意を関連するストーリーにまで向けさせる時、変革の行為への願望を生み出すことができる。例えば、1999年にニューヨーク・タイムズ紙がインドのソナガチ赤線地帯について行った報道によると、同地区のインド人売春婦の家族の生計は、彼女らの売春行為に依存していた。そのため、彼女らは売春宿の経営者に対し、客のコンドーム使用を強く要望する必要があった。そこで、彼女らは「もし木から果実を得たいならば、その木の健康を保たせる必要がある」と語った[xi]。

■自分たちは何者かについてのストーリーを語る

組織やコミュニティの中の人々に共通する経験や考え方について、また、共有された信念についてのストーリーも、モチベーションを高める。例えば、ナイキの「ともかくやってみな（just do it）」のストーリーがそれに当たる。ここにはスポーツウェア業界の活気のなさを切り裂くような、ある種の反抗的なパワーが内包されている。サウスウェスト航空では、ハーブ・ケレハー（Herb Kelleher）とスタッフたちが旅行を楽しいだけでなく金銭的にも容易にしたことで、人々がいかに「国中を自由に旅行できる」ようになったか、についてのストーリーを作り出している[xii]。

同様に、シェイクスピアは、戯曲『ヘンリー五世』において、ヘンリー王が戦いに向かう兵士たちを鼓舞するべく行った有名なスピーチの中で「我々は何者なのかについてのストーリー」を用いている。シェイクスピアはヘンリー王にまず、闘いたくない者に安全な家路を約束させる。しかし、残って戦うことを欲した者には、永遠の栄光を約束させたのである。

必ずわれわれのことが思い出されるだろう。
少数であるとはいえ、われわれしあわせな少数は
兄弟の一団だ。
なぜなら、今日私とともに血を流すものは
私の兄弟となるからだ。いかに卑しい身分のものも
今日からは貴族と同列になるのだ。そしていま、
故国イギリスでぬくぬくとベッドにつく貴族たちは、
後日、ここにいなかったわが身を呪い、われわれとともに
聖クリスピアンの祭日に戦ったものが手柄話をするたびに
男子の面目を失ったようにひけめを感じることだろう。

（小田島雄志訳『ヘンリー五世』白水Uブックス、150頁より引用）

このスピーチでは、何故、我々が、故郷から遠く離れ、このぬかるんだ土地で得体の知れない敵と戦うのかという点にはほとんど焦点は当てられず、むしろ、自分たちをひとつの集団として、「少数であるとはいえ、われわれしあわせな少数は兄弟の一団」なのであり、この戦いに勝利したならば「貴族と同列」となるべき兵士なのであるという点に焦点が当てられている。シェイクスピアの魅惑的なことばはこの戦いにおいて、いや、他のいくつもの戦いにおいて、影響を与えたであろう。しかし、実生活においては、いずれは次のような疑問が提起される危険性が存在する。すなわち、「こうした戦いを行っていては、いつまで生きていられるか分かったものじゃない」という点だ。こうしたストーリーは、人々が「このストーリーの要点は何だ」という疑問を持ち始めると崩壊してしまいかねない。

■「共有された記憶」のストーリーを語る

共有された記憶のストーリーは、聞き手がある出来事を一緒に思い起こす契機となる。それは、聞き手の全員、あるいは、多くが一致してよく知っている何かについてのものだ。すべての聞き手が行動方針に対してポジティブな感情を抱いていた頃のことや、それに近いことを思い出させるようなストーリーを語ることができたならば、新たに示した行動方針へのポジティブな感情を十分に刺激できるだろう。ロナルド・レーガンは共通の記憶を引き出すストーリーを使う名人だった。だからこそ、彼は「アメリカの朝」がもう一度来ることを多くの人々に信じさせることができたのである。彼のストーリーは1980年代の複雑化した環境よりも、シンプルでもっと分かりやすく理にかなっていた過去の世界について述べたものだが、人々にシンプルでもっと分かりやすく理にかなった世界を取り戻すことができると夢見させたのである。

■ポジティブな挑戦課題を示す

スポーツの世界では、チームのパフォーマンスを上げるために意図的に挑戦課題を設定することがある。「ギッパーのために勝利しよう」とか「今日は我々がどんなプレーヤーかを大いに見せつけてやろう」という具合だ。聞き手がこうした挑戦に前向きに取り組むなら、一時的に良い結果を残すことはできるかもしれない。しかし、情熱を持続させるためには、聞き手にひとつひとつの行為それ自体に対する情熱を呼び起こさなくてはならない。このことは、挑戦課題そのものがポジティブなストーリーにつながっているものでないと、容易ではない。

１９９９年、苦悩するカナダの鉱山会社、ゴールドコープCEOのロブ・マキューエン（Rob McEwen）は、ゴールドコープの５５，０００エーカーの所有地の中に、新しい金鉱脈を発見した。そこで、採掘するため最も優れた提案を行った者に対して、総額５７万５０００ドルの賞金を提供すると発表した。マキューエンは、自社の所有地について分かっているすべての事柄と、同社の１９４８年からの採掘の歴史についてウェブサイト上で公開した。これは、秘密主義のはびこる鉱山業界の常識に大きく反する一歩であった。このコンテストのニュースは、すぐに全世界に知れ渡り、50以上の国々から、何千人もの地質学者、探鉱業者、コンサルタント、数学者、軍関係者が提案をしてきた。コンテストに参加した人々は、１００以上の採掘拠点を特定した。同社が知っていたのはそのうちの半分にすぎなかった。新しいターゲットのほとんどから大量の金が発見された。結果として、ゴールドコープは1億ドル規模で苦悩する会社から、90億ドルの企業となり、鉱山業界の中では最も革新的かつ収益性の高い企業のひとつとなったのである。突拍子もない提案は、人々の注目を引き付けただけではなく、人々による多くの行為を作り出す契機となったのである[xiii]。

第3節　特別な才能を必要とする方法

ここでは、変革への願望を刺激する方法の中でも、成功するために特別な才能を必要とするものについて、いくつかの方法を提示する。

●感動的な音楽を作曲する
●印象に残るフレーズを考え出す
●未来を説得力のあることばで描写する

■感動的な音楽を作曲する

「ラ・マルセイエーズ」の歴史は人々を動機づける音楽の力を示すものだ。この曲は「ライン軍のための軍歌」という曲名であった。ストラスブールにおいてクロード・ジョセフ・ルージェ・ド・リール（Claude Joseph Rouget de Lisle）によって1792年に作曲され、フランス革命において集合を呼びかける曲となった。この題名が付いたのは、マルセイユから到着した兵士によってパリの街ではじめて歌われたからである[xiv]。ナポレオンとナポレオン三世によるフランス帝国と第2次世界大戦におけるドイツ占領下では、この曲を演奏することは禁じられた。この曲には人々を鼓舞する力があるからである。この光景は、映画『カサブランカ』の中で、フランス支持者の人々が、ナチスの兵士たちが歌う愛国主義的なドイツ賛歌をかき消すあの有名なシーンに描かれている[xv]。

少なくとも原則的には、音楽には人々を鼓舞する力があると言える。リーダーにとっての実践上の課題は、「ラ・マルセイエーズ」ほどに人々を鼓舞する力を持った作曲をするには、大変な音楽的才能が必要だということである。リーダーがこのような才能を持っていない限りは、音楽は事実上の選択肢にはならない。

■印象に残るフレーズを考え出す

エイブラハム・リンカーンがアメリカ合衆国にとっての自由の新たな誕生の宣言をするというアイデアは、おそらく「人民の、人民による、人民のための政府」というキャッチーなことばなくしては人々の心に深く刻まれることはなかったであろう。ジョン・F・ケネディの就任演説もまた、「国があなたにとって何をしてくれるのかを問うのではなく、あなたが国にとって何ができるかを問うてほしい」という記憶に残ることばによって大きな力を獲得している。

これは「交差対句法」として知られる伝統的なレトリックの形態に則っている。すなわち、表現形式にふたつの同じ語句を並列させるという構成である。だが、ケネディは、同じ語句を逆の順序で並べることに挑戦している。他の例としては以下のようなものがある[xvi]。

「恐れから交渉に応じることはやめよう。しかし、交渉を恐れることもやめよう」

「状況がタフなときこそ、タフな人間が生き残る」

実際、こうした配置は簡明で覚えやすいことから、口コミで多く繰り返される。しかし、上手く伝えられなければ、同じ考え方であっても、人々の心を捉えられない可能性がある。繰り返しになるが、印象的なことばを考え出せるかどうかが難しいのである。このことには、類い稀なる高度な言語能力が必要となるのである。

■未来を説得力のあることばで描写する

ノエル・ティシー（Noel Tichy）などの文筆家は、「未来についての説得力のあるストーリーを示すこと」がリーダーの中心的な役割であると述べている[xvii]。ここでの問題は、どうやったらそんなストーリーを組み立てられるのかということだ。私も未来についての数多くのストーリーに接してきたが、それらの中で説得力のあるストーリーにはついぞ出会っていない。未来というのは予測不可能なものだからだ。本来的に、未来に対して説得力のあるストーリーを語ることは困難なことなのだ。仮に説得力を一時的に持つとしても、予期せぬ方向に未来が変化していくことは避けられない。そうなると、ストーリーは信じるに足らないものになってしまう。

同様のアプローチに、魅惑的なことばによる未来の活き活きとした描写を示すという方法がある。ウィンストン・チャーチルによる実例が有名だ。「我々は海岸で闘う」は１９４０年のスピーチである。あるいは、マーティン・ルーサー・キング・ジュニアによる１９６３年の「私には夢がある」のスピーチも有名である[1]。

これらのスピーチは、説得力のある未来のストーリーが含まれていると言われているのだが、実は、一連の出来事が因果的につながり結末に至るというストーリーの中心的な性格は有してはいない。それらは、むしろ、輝かしい未来の状態についてのことばによる活き活きとした描写であって、高いレベルの言語的能力を必要とする散文詩と呼ばれるものだ。ウィンストン・チャーチルやマーティン・ルーサー・キング・ジュニアのようなそうした能力を持っている人にとっては、輝かしい散文詩を組み立てることは実現可能な選択肢である。しかし、我々の多くにとってはそのような言語能力に恵まれることはまずない。輝かしい詩的能力なしに未来についてのことばによる描写は、説得力を欠き、皮肉の対象になる危険性が高い。

第４節　一般的に効果的でない方法

未来への願望を刺激する方法として思ったように機能しないことが多いいくつかの方法を列挙しておこう。

●論点と論拠を示す

1　マーティン・ルーサー・キング・ジュニアの「私には夢がある」のスピーチについては、金井壽宏「リーダー人物の語りとリーダーシップ現象の時空間」（金井壽宏・森岡正芳・高井俊次・中西眞知子編『語りと騙りの間――羅生門的現実と人間のレスポンシビリティー――』所収、２００９年、ナカニシヤ出版）に詳しい。キング牧師のスピーチが音楽でもあったことが、当日の時空間の分厚い記述の中で示されている。

●「燃えさかるプラットフォーム」のストーリーを語る
●自分の意見を売り込むために不満足感を作り出す
●予期せぬ質問をする
●未来についてのイメージを実際に描き出す
●当てこすりと皮肉
●フィクションのストーリーを語る

■論点と論拠を示す

リーダーの変革へのアイデアに対して懐疑的で、シニカルで、場合によっては敵愾心すら持った人々に対して論点を示したとしよう。聞き手は、自分自身のネガティブな態度のレンズを通じてその論点を聞きながら、声に発することなくとも、あらゆる論点への反論を行っていることだろう。確証バイアスの結果、聞き手は話し手と精神的なフェンシングを繰り広げることになるはずだ。ボブ・ナルデッリが「私は素晴らしい財務上の成果を達成した」と述べたならば、聞き手の方は「ならば、販売店での顧客サービスはどうなっているんだ」と考えるであろう。ナルデッリが新しい論点として「オフィスビルサプライ卸売市場の可能性を見たまえ」と述べた時、聞き手は「確かにそうだ。しかし、あなたの報酬は天文学的に高額である一方、新しい市場の利幅はとても小さいのだけれども……」と考えていることだろう。ナルデッリは、自分の報酬はずっと前に交渉で決まったもので、GEの実入りの良いポジションを離れる上での条件として決められた金額だと反論することだろう。こうした論争が延々と続くにすぎないのだ。この種の議論に、勝者は存在しえない。ナルデッリが熱心に自分の考えについて論議をすればするほど、聞き手は自分自身の確立した意見を守るべく、より強く固執するようになる。そして、別な日に再び闘うための準備をするようになるだろう。このように、新しい未来への願望を引き出すためには、論点と論拠を示す直截的なアプローチは望ましくない。こういったやり方は、敵対関係の継続に終始し、話し手が何かを話す以前にもまして、聞き手の敵対心を強めることになる。

■「燃えさかるプラットフォーム」のストーリーを語る

リーダーシップの本には、しばしば「燃えさかるプラットフォーム」のストーリーによって、変革の緊急性を自覚させることが必要だと書かれている。燃えさかるプラットフォームということばは、北海油田のプラットフォーム、パイパー・アルファが火災になり、ひとりの労働者がプラットフォームの端に炎に追われて閉じ込められたことに由来している。炎で確実に死んでしまうより、彼は、死んでしまうかもしれないが、プラットフォームの下の凍てつく海に飛び込むことを選んだ[xviii]。今では、人々がはるかに悪い選択肢による行為を余儀なくされる状況を描くメタファーとして使われている。何もせずにいることも、破滅を招くことになるので、現実的な選択肢ではなくなるのである。

燃えさかるプラットフォームのストーリーでは、破壊的な変化ですらも、現状と見比べてみればまだ安全だと思える破滅のシナリオが衝撃的に描かれている。これは、典型的には、選択の余地は戦争以外にないという主張の行われる様子と類似している。人々を十分にぞっとさせるような光景を描き出して危険性を前面に押し出してくる。しかし、一度誇張していることが分かってしまえば、モチベーションは消えうせてしまうだろう。そうなってしまえば、もはや事を進めることはできない。

燃えさかるプラットフォームのストーリーは、注意を引く上では優れている。例えば、1993年、I

BMは瀕死の状態だった。この悲惨な状況は、新しくCEOに就任したルイス・ガースナーが人々に変革の必要性に耳を傾けさせることを可能にした。

この種のストーリーの限界は、人々に恐怖感を抱かせると同時に、聞き手の爬虫類脳を刺激してしまうことにある。その後には、大々的な変革に必要な持続的な情熱よりも、むしろ、変革の指令に嫌々ながらも従う気持ちが引き起こされやすい。従って、燃えさかるプラットフォームのストーリーは、人々の注意を引くことはできる。しかし、新しいことをしたいという願望に火をつけるためには、ポジティブなメッセージが伴う必要があるのだ。

■自分の意見を売り込むために不満足感を作り出す

リーダーシップを発揮することと自分の意見を売り込むことの間には、幾つかの共通点がある。それは、どちらも階層上のパワーに頼らずに人々に何かをさせようとしているところである。リーダーは変革を強制することはできない。これは、売り込む人間が提示する製品やサービスを人に強制的に買わせることができないのと同じである。両者とも説得によって成立するxix。

「SPIN営業術」[2]として知られる方法では、顧客に現在使っているものに不満足を感じさせることで、新しいものを探す準備をさせる点が強調されている。「顧客を満足感のハシゴから引きずり下ろす」ために、慎重に組み立てた一連の質問を投げかける。それによって、人々が現在の状況に対し、最初の段階では小さな不満にしかすぎなかったものが、最終的には売り手の製品を買う状態になるほど深刻な課題であると認識するようになるxx。

しかし、大規模な売り上げがありながらも本当に問題を抱えたものであれば、いずれは飛躍的なイノベーションが生まれるものだ。ある商品の現状に不満であるというだけでは、企業が費用を負担し、また、リスクを負ってまで変革を行うには、十分な根拠があるとは言えない。いかなる大きなイノベーションであれ、まだそれを目にしたことのない意思決定者たちも、提案内容を検討し、自らの戦略的取り組みにとって促進剤となるものなのかどうかを検討すべきだ[xxi]。戦略的取り組みにとって促進剤となるためには、そのイノベーションによる変化がポジティブな価値を持っている必要がある。買い手は、未来に対して極めてポジティブな見方を持てなければ、自分たちの現状にとどまり続ける。すなわち、つきまとう問題や不満足感には、我慢してもう少し仕事をがんばり素早く進めることが重要であって、問題は別の形で解決されると考える訳だ。彼らが自ら新しい未来の姿を信じるまでは、物事を違ったやり方で行うための飛躍をするリスクはとらない。

現状に対して顧客に不満足感を与える方法には、実際のところ、新しい未来に向けた願望を持続させる力はないと考える。破壊的な変革を上手く売り込むためには、売り手はポジティブな魅力を訴えなくてはならない。つまり、売り手は、注意を引くために不満足感を作り出した後、買い手に対して現状より明らかに良くなるのだと信じ込ませなければならないのだ。ではどうやってそれができるのだろうか。ポジティブなストーリーがその方法となることが多い[xxii]。

[2] SPINとはSituation Questions（状況質問）、Problem Questions（問題質問）、Implication Questions（示唆質問）、Need-payoff Questions（解決質問）の頭文字をとったもので、商談の交渉術である（ニール・ラッカム『大型商談を成約に導く「SPIN」営業術』海と月社、2009年）。

■予期せぬ質問をする

著書『渡りながら橋を作る』の中で、ロバート・クイン（Robert Quinn）は、どうしようもないほど予定から遅れてしまっている大規模なプロジェクトに巻き込まれた企業経営者の例を示している。その経営者は、「このプロジェクトを予定よりも1週間早く完了させるには、どうしたらよいのだろうか」と会社中のあらゆる人に聞いて回っていた。クインは、このプロジェクトが最終的にはスケジュールよりも早く終わったのは、粘り強く質問をし続けたからだと示唆しているのだ[xxiii]。

この例では、経営者の質問は、関係者の注意をプロジェクトの完成期限に向けさせ、進行を早めたことで十分なものであったかのように見える。しかし、このやり方は第2のプロジェクト、第3のプロジェクトでもうまくいくだろうか。

また、この経営者の質問の仕方には、今ひとつ別の問題点もある。それは、この質問には「プロジェクトの進行を加速させるには、諸業務の手法やステップが分かりさえすればよい」という前提が隠されていることである。人々がこの前提を受け容れると、この質問の方法はうまくいく。しかし、人々が受け容れない場合は、質問を投げかけることが反論を呼び、論争へと姿を変えてしまうリスクが存在するのだ。

さらに言うと、ある活動に対し持続する情熱を引き出す質問を考え出すことは難しい。質問は注意を引く点では良い方法だが、ポジティブなストーリーに眼を向けさせなければ、持続的な変革に対するポジティブな願望に刺激を与える上では有効な方法ではない。

■未来についてのイメージを実際に描き出す

変革のアイデアが非常にシンプルなもの（例えば、こっちのハンドバッグやハンバーガーを買ってください、など）であれば、直接的に感情と結びつくイメージを考え出すことは簡単なことかもしれない。しかし、リーダーシップに関するもっと複雑な挑戦や課題に取り組む場合には、アイデアをひとつのイメージにまとめ上げることはなかなかに難しい。特に、持続的な情熱を作り上げつつ、複雑で新しいアイデアへと人々を巻き込んでいこうとすればなおさら難しさは増す。ナレッジ・マネジメントが必要な状況で、目指すアイデアを直接感情と結びつくイメージで伝達できる――そんなイメージがいったいどこにあるのだろうか。自分にはそんなものを見つけ出すことはできなかった。

従って、イメージを用いる方法は、シンプルなコミュニケーション上の課題に取り組む時には有効であろうが、全く新しい未来を人々に夢見させるような取り組みに役立つことはないと考える。

そうした場合には、複雑なアイデアがストーリーと結びついていく。9・11の写真は、テロリストの攻撃についてのストーリーと結びついていった。言い換えると、9・11の写真は、9・11のストーリーを通じて、その象徴的存在になっていったのである。ここで重要な働きをしているのは、単なるイメージではなく、ストーリーなのである。

■当てこすりと皮肉

レトリック理論では、他者を嘲笑し皮肉を浴びせることを侮蔑と呼ぶ[xxiv]。例えば、ハムレットは母親に対し（叔父との結婚をやめさせようとした時に）以下のように述べている。

これをごらんなさい、このふたつの絵を、血を分けたふたりの兄弟の肖像を。

この面にただよう気品――波打つ髪型は太陽神アポロそのまま。神々の長ジュピターにも見まがう秀でた額……

母上、母上はこういう人を夫にしておいでだった――それが、さあ、こちらをごらんなさい。

これが今の夫、虫のついた麦の穂同然、
すこやかに伸びた兄穂をからしてしまったやつだ。

母上のお目はどこについておいでなのか？

美しい山の牧場をすてて、こんな荒れ地に餌をあさるなどとは。

ふむ！　それでも、お目があるのか？


（福田恆存訳『ハムレット』新潮文庫、119頁より引用）xxv

皮肉は確かに議論には勝つかもしれない。だが、ここでの問題とは、すべての議論がそうであるように、行為へと人々を推し進めていかないことだ。ハムレットの母親は、説得されはしたものの、結局彼女は何もしなかった。

■フィクションのストーリーを語る

適切なフィクションは、我々を夢へと誘う。この点に着目して、時に企業はフィクションを用いて、自分たちのストーリーに信憑性を与え、人々に違ったものの見方をさせようとする。マクドナルド社はロナルド・マクドナルドのストーリーを使って、同社がどういう会社なのかについて消費者の心の中に新しいストーリーを作り出そうとした。ロナルド・マクドナルドがもっと健康的な食べ物に関心を持ったならば、顧客もそれに従ったであろう。皮肉なことに、ロナルド・マクドナルドのような架空の人物の方が、メッセージの伝達にあたっては、マクドナルド社自身よりも信頼性が高くなる可能性が存在するのだ[xxvi]。しかし、フィクションのストーリーは容易に風刺にさらされる危険性がある。フィクションが使い物にならないと言っているわけではない。この方法はどちらかというと、次の章で議論するように、変革への理由を具体化させる上で、最も有効な方法なのである。しかし、気難しい聞き手の願望を刺激することを目的としたならば、フィクションは常に信頼のおけるツールとはなりえない。

第5節　コミュニケーションの生産性

本章では、これまでとは違う新しい未来への願望を引き起こすのに有効な（あるいは、有効ではない）手法について検討してきた。表9-1にはこれらの手法をまとめてある。皮肉なことに、あまり有効ではないテクニックの方が、現代の企業におけるコミュニケーションの標準的な方法となっているようだ。より生産的なコミュニケーション手法へシフトしていくことで、組織コミュニケーションの生産性を劇的に向上させることができよう。

あるひとりのリーダーが、50人の集団に旧来の方法を通じて変革を実行しようと説得を試みている姿を思い浮かべてほしい。50人の集団の一人ひとりは、それぞれ異なる状況の中にいる。リーダーが、旧来の方法を用いてコミュニケーションをしようとすれば、まさに、まず50人それぞれの異なる状況を理解することに数カ月を費し、そして、50人に50通りのアクション・プランを実行させるためには、さらにまた数ヶ月の時間が必要となる。

ストーリーテリングが最も効果を発揮するというのは、この50人が聞き手に耳を傾け、自分たちの心の中でアクション・プランを組み立てていき、そのプランがそれぞれ50の異なる状況に完全に適合するという時であろう。ここで、重要なのは、そうしたアクション・プランは聞き手自身が自ら考えたアクション・プランだという点だ。つまり、聞き手の誰もがそのプランに確信を持てるのである。リーダーは、数分のうちに、何カ月もの時間がかかってしまうかもしれないことを成し遂げられる。コミュニケーションの生産性の大幅な向上である。

もちろん、情熱を引き出すことだけでは、願望を持続してもらうには決して十分ではない。聞き手がこれは単なる夢にすぎないと考え直してしまうこともありうる。従って、リーダーは、植え付けられた新しいアイデアの種が、何故本当に意味があるのかについて、合理的な理由によって補足する必要がある。次の章では、その方法について検討していこう。それは、骨の折れる抽象的な議論ではなく、説得力のある語りによる方法である。

表 9-1　注意を引くための様々なコミュニケーション手法の効用

	コミュニケーション手法	例	願望を引き出す効果	コメント
誰でも活用できる手法	実際の生の体験	J．アラードがマイクロソフトで行ったウェブのデモンストレーション。	高	経験を伴う証拠は最も説得力を有している。
	スプリングボード・ストーリー	「実際の例についてお話をいたしましょう。これは本当に今行なわれていることです」	高	ハッピーエンドは聞き手にとって信頼できるもので、また、ポジティブに評価できるものでなければならない。
	新しいストーリーを伴った外部化	エイブラハム・リンカーンは、すべての人々に対し自由を約束する「新しい連邦」を示した。	高	有効性は聞き手に新しいストーリーを自分自身が生きていると認識されるかどうかに左右される。
	メタファー	「もし木から果実を得たいならば、その木の健康を保たせる必要がある」	高	メタファーはストーリーに適ったものであること。
	自分たちは何者かについてのストーリー	ヘンリー五世「兄弟たちの一団」	高	聞き手自らが共同体の一員であると認識できること。
	共有された記憶のストーリー	「皆さんはあの頃のことを覚えているはず……」	高	ストーリーはポジティブなもので、変化に関連あるもの。
	ポジティブな挑戦	「この問題を誰が解決できる？」	高	持続的な情熱を引き出す挑戦課題を組み立てることは難しい。
特別な才能を必要とする方法	音楽	「ラ・マルセイエーズ」	高	非凡な音楽的才能が必要。
	印象に残ることば	リンカーン「人民の、人民による、人民のための政府」	高	非凡な言語的才能が必要。
	説得力あることばによる未来についての描写	1940年のウィンストン・チャーチルによる「我々は海岸で闘う」、1963年のマーティン・ルーサー・キング・ジュニア「私には夢がある」のスピーチ	高	非凡な言語的才能が必要。

一般的に効果的でない手法			
論点と論拠	XYZコーポレーションには、4万1000人の従業員と10億ドル以上の売り上げがある。	低	議論には勝つかもしれないが、行為には結びつかない。
燃えさかるプラットフォームのストーリー	この変革を断行しなければ、会社は倒産してしまう。	低	注意を引く上では有効だが、行為への自発性を刺激する効果はない。
不満足感を作り出す	この問題はあなたが考えているよりも大きな問題だ。	低	もっとポジティブなものを伴う必要がある。
予期せぬ質問	「予定よりも1週間早くプロジェクトを完了するにはどうしたらよいだろうか」	低	その答えがポジティブで驚くようなものかどうかに左右される。
当てこすりと皮肉	アップルコンピューターを使わない人間は、生気のうせたオタクだ。	低	議論には勝つかもしれないが、滅多に行為には結びつかない。
フィクションのストーリー	マクドナルド・コーポレーションについての新しい見方をロナルド・マクドナルドを使って作り上げる。	リスクが高い	フィクションのストーリーは風刺にさらされる危険性がある。

[i] E. Kolbert, "Mr. Green," *New Yoker*, January 22, 2007, p. 34.

[ii] B. Grow, D. Brady, and M. Arndt, "Renovationg Home Depot," *Business Week*, March 6, 2006. 2001年以降、ホーム・デポの170人の経営陣のうち98％が新たに着任し、アトランタ本社の56％は、社外からの人材である。その中には、新たなマネジャーも含まれる。

[iii] Grow, Brady, and Arndt, "Renovation Home Depot."

[iv] A. Murray, "Executive's Fatal Flaw: Failing to Understand New Demands on CEO's," *Wall Street Journal*, January 4, 2007.

[v] G. Klein, *Sources of Power: How People Make Decisions*, Cambridge, Mass: MIT Press, 1999（佐藤洋一監訳『決断

の法則——人はどのようにして意思決定するのか？——』トッパン、１９９８年）；D. Kahneman, "Maps of Bouded Rationality: A Perspective on Intuitive Judgment and Choice," Pricze Lecture, Princeton University, December 8, 2002; M. Gladwell, *Blink: The Power of Thinking Without Thinking*, New York: Little, Brown, 2005.（沢田博・阿部尚美訳『第1感——「最初の2秒」の「なんとなく」が正しい——』光文社、２００６年）

[vi] S. Denning, *The Springboard: How Storytelling Ignites Action in Knowledge-Era Organizations*, Boston: Butterworth-Heinenmann, 2000.

[vii] NPR Interview with William Gibson, Nvember 30, 1999. Available online; www.npr.org/templates/story/story.php?storyId=1067220：２００７年4月20日アクセス。

[viii] K. Gergen and M. Gergen, "Narrative in Action," *Narrative Inquiry*, 2006, 1, pp. 112-121.

[ix] A. Miller, *Metaphorically Selling: How to Use the Magic of Metaphors to Sell, Persuade and Explain Anything to Anyone*, New York: Chiron Associate, 2004は、メタファーが収録されている優れたソースである。D. Weiss and E. Sommers, *Metaphors Dictionary*, Detroit, Mich: Visible Ink Press, 2001も参照のこと。

[x] このメタファーや他の例については、以下を参照のこと。"What Does All Hat No Cattle Mean?" Available online: www.allhatnocattle.net/what_does_it_mean.htm：２００７年4月20日アクセス。

[xi] C. W. Dugger, "Dead Zones: Fighting Back in India; Calcutta's Prostitutes Lead the Fight on AIDS," *New York Times*, January 4, 1999.

[xii] N. Tichy, *The Leadership Engine*, New York: HarperCollins, 1997, pp.173-179.（一條和生訳『リーダーシップ・エンジン——持続する企業成長の秘密——』東洋経済新報社、１９９９年）

[xiii] D. Tapscott and A. D. Willliams, *Wikinomics; How Mass Collaboration Changes Everything*, New York: Portfolio, 2006, pp. 7-9.（井口耕二訳『ウィキノミクス——マスコラボレーションによる開発・生産の世紀へ——』日経ＢＰ社、２００７年）

[xiv] *Encyclopedia Britannica*（1972）, 24, p. 955.

[xv] このシーンはこの作品よりも5年前の１９３７年に制作されたジャン・ルノワール監督『大いなる幻影』の同様のシーンを模倣したものである。

[xvi] R. Lanham, *Handlist of Rhetorical Terms*, Berkeley: University of California Press, 1991, p. 33.

[xvii] N. Tichy, *The Leadership Engine*, New York: HarperCollins, 1997, pp.173-179.（一條和生訳『リーダーシップ・エンジン――持続する企業成長の秘密――』東洋経済新報社、１９９９年）

[xviii] J. P. Kotter, *The Heart of Change: Real-Life Stories of How People Change Their Organizations*, Boston; Harvard Business School Press, 2002, pp. 27-28.（高遠裕子訳『ジョン・コッターの企業変革ノート』日経ＢＰ社、２００３年）

[xix]「売り込み」は「リーダーシップ」には付随しない軽蔑的な意味合いで見られている。リーダーやリーダーシップに関する著者は、単なる「売り手」とは区別することに苦心している。

[xx] M. T. Miller and J. M. Sinkovitz, *Selling Is Dead*, Hoboken, N. J. : Wiley, 2005.

[xxi] Miller and Sinkovitz, *Selling Is Dead*, p. 174.

[xxii] Miller and Sinkovitz, *Selling Is Dead*, p. 173.

[xxiii] R. E. Quinn, *Building the Bridge as You Walk on It*, San Francisco: Jossey-Bass, 2004.

[xxiv] Lanham, *Handlist of Rhetorical Terms*, p. 91.

[xxv] W. Shakespeare, *Hamlet*, Act 3, Scene 4.

[xxvi] D. M. Boje and C. Rhodes, "The Leadership of Ronald McDonald: Double Narration and Stylistic Lines of Narration," *Leadership Quarterly*, 2006, 17, pp. 94-103.

第10章　最後に、理由を示し、聞き手の自主性をさらに強固なものとすること

わたしたちが真理を知るのは、
ただ理性によるばかりではなく、
また心にもよる。

――ブレーズ・パスカル（Blaise Pascal）i

数年前、世界銀行でナレッジ・マネジメントのプログラム・ディレクターの職位にあった頃、ジョージ・メイソン大学がワシントンＤＣ周辺の大企業や諸団体のためにナレッジ・マネジメントのセミナーを開催し、私も出席の機会を得た。そこは、それぞれの担当者たちが自分たちのプログラムの現状と評価について経験を持ち寄り、共有するための情報交換会であった。公的機関からマイター・コーポレーション[1]やマリオット・グループのような民間企業まで、ワシントンＤＣの多くの組織が参加し、自分たちがどのよう

[1] 最新のＩＴを用いた最先端技術開発、事業提案ならびに技術支援等を行う非営利組織。マサチューセッツ州ベドフォードに本部を置き、多様な分野に亘る７０００人の科学者、エンジニア、専門技術者を抱える。国防省、国土安全保障省、連邦航空局、内国歳入庁関連の連邦基金研究開発センター（Federal Funded Research and Development Center：FFRDC）の管理運営に当たることで知られる。

なプログラムを行い、その進捗状況をどのように評価しているかについて発表した。中には問題設定をうまく行い、非常によく考え抜かれ、印象に残るものもあった。

セッションが終盤を迎える頃、参加者の中から評価の根幹に関わる重要な質問が提起された。

「いろいろと評価の工夫はできると思うのですが、危機的な経営状況にある時、ご出席の方々で実際にこうした評価に従って予算を配分された経験をお持ちの方はいらっしゃるでしょうか」

その時の参加者の答えは、一致して「否！」であった。危機的状況に際しては、プログラム評価などは議論のBGMにすぎず、意思決定には何の関係もないという訳だ。危機的状況で問題となるのは、多くの事業の中からどれが新たな資金調達を可能とし、どの経費を切り詰めることができるか、でありながら、最終的に意思決定がよりどころとするのは、数字の分析ではなく、その時のその組織にとって何が重要であるかについての思い入れなのである。様々なプログラムに対して、ひとりひとりの経営陣が抱く情熱の強さが、実際の判断の主たる決定要因となっているのだ。

その理由のひとつとして、それぞれのプログラムは、本来、たとえ互いに対立するものであったとしても、よく機能しかつその組織に不可欠であるかのように見えるように、評価データ自体が創作されるという点にある。言い換えると、そもそもプログラム自らが導き出すデータでは、どれを残し、どれをカットするかについて検討するには、全く役に立たないのだ。従って、決定は常に気持ちの問題となり、どうすればうまく意味が通るのか、そのために統計データをどう読めばよいのか、統計にぴったりとフィットするストーリーはどれか、などの問題へと転化するのである。

数多くの代替案からの絞り込みや目標達成へ向けた問題の解決にあたって、統計や分析が有効であり、絞り込みや分析のみが答えを出せるという幻想は、いつまでたってもなくならない。それは、クルト・ゲーデル（Kurt Godel）が数学理論の不完全性について形式論理により証明を行った現在においても、なお、生き残っている。純粋な統計的推論への信仰の誤りは、統計それ自体はいかなる意味も生み出さないという明白な事実を見落としている点にある。問題は常に統計の外にあるのだ。そもそも、何故、特定の数字を収集し、分析しようとするのだろうか？その結果からどのように行動を選択するというのだろうか？意思決定には数字以外に考えられる要素はないのだろうか。

実際のところ、明確で具体的な数字がもたらす心地よさとは、一種の幻想にすぎない。それは、多くの仮説や想定事項を集めた沼地のようなものだ。客観性の外見は、その統計を作り出し、解釈している人々が同意した相関や約束事にすぎない。それらの相関や約束事が前提となって、どのような統計を作成するか、そのデータはどの範囲から収集するか、どの程度の厳密さで分析するか、その際にはどのような注意が必要か、そして、得られた結果からどのような行動を選択するか、が決定されることとなるのである。統計が意味を持つのは、その前提となる相関や約束事が関係者全員に受け容れられた時である[ii]。問題が生じるのは、相関や約束事の一方に、あるいは、双方に、疑義が生じた時である。変革期においては、そうした疑義が提起されることは言うまでもない。基本的な変革が課題になるということは、基盤となっている前提が問題となるということに他ならない。

言い換えると、統計や分析はそれだけで予算配分や事業評価の戦いの勝利に結びつくという訳ではなく、そうした重要な議論への入場券にすぎないことが理解できよう。それらは、様々な方法で喚起された変革への熱い想いを強固なものにするには少しは役立つと言うことはできる。この入場券は、言うまでもなく、それぞれの組織により多様だ。それぞれの組織には独自の好みやこだわりがあり、一度確立されたものを変更することは非常に難しい。それぞれの組織は、あらゆる議論において分析の材料を独自の方法でしか取り上げない。独自の方法で取り上げられなければ、他の方法で取り上げることはできないので、その組織は痙攣状態に陥ってしまう。

幾つかの例を挙げておこう。企業の中には、悪評高いＲＯＩ[2]といった投資収益率を反射的に用いているところもある。また、細かい実施スケジュールを立て、ステップごとのコストを詳細に算出しようとする企業もある。厳密にＰＥＲＴ図[3]を作成しないと議論が進展しない組織もあれば、金利変動の様々なケースを想定してＮＰＶ[4]を計算する企業も存在する。

多くの場合、これらの予測や計画がそれぞれの企業の将来を予想しているか、あるいは適切に数値化する能力を持つかどうかについては、論点となることはほとんどない。実際のところ、企業が何を達成しなければならないかについて議論されることはなく、ただその企業が欲しがっているものを提供することだけが課題とされるのだ。ＲＯＩ！　ＰＥＲＴ！　ＮＰＶ！……野獣には、野獣が欲しがっているものを与えよ！

以上のような評価指標について述べることは、貴重なプレゼンテーションの時間の無駄遣いであるし、パワーポイントを使って長ったらしく説明することも無用の長物である。それらは、配付資料等で間違いなく評価しているということを聞き手に伝え、必要とあればいつでも手の届くところにありますよ、ということを周知するだけで十分なのだ。むしろ、重要なのは、聞き手の心に響く、あるいは、分かりやすい理由であり、中でも、そのプログラムがどのように機能し、何故効果があるか、を示すことだ。それを可能にするのが、ストーリーという方法なのである。

それは、単なる事実や数字といった味気ない理由に頼るのではなく、また、議論による説得に頼るのでもない。ストーリーは、理由に熱い想いというパワーを付加するのである。それは、頭だけでなく心に訴えかけ、理由を固定し記憶に残すのである。

第1節　聞き手の変革への熱い想いをさらに強固なものとするストーリーの特性

以下に、変革への熱い想いをさらに強化するストーリーの特徴を挙げていこう。

これらのストーリーは、

●通常、現在の課題を捉え、近い将来を見通す。従って、将来に関するあらゆる物語と同様、本質的にはフィクションであるのが一般的である。

●しかし、変革のためには、全くのフィクションであってはならず、将来がどのように展開していくかについて首肯でき腑に落ちる説明を行うものでなくてはならない。

●また、必要不可欠な最小限のことのみが語られ、細かな背景や詳しい説明は伴わないことが通常である。

●感情を抑えた中立的な語り口となることが多い。変革のアイデアを実行しない場合にはいかなる困った状態が生じるか、という否定的なストーリーが有効となる時もあるが、感情的なインパクトを強調して

2　Return On Investment：投下資本利益率。

3　Program Evaluation and Review Technique：プロジェクトを構成する各タスクの相互依存関係をネットワーク図で表すことによって、そのプロジェクトの完遂に不可欠なタスクを分析し、所要時間の算出や短縮を図る手法。

4　Net Present Value：正味現在価値。投資に必要なキャッシュと将来得ることのできるキャッシュの現在価値を比較することで、事業の収益性や投資価値の判断を事前に行うための指標のこと。

はならない。変革のアイデアの根底にある論理的根拠を明確にすることが重要だ。

●こうしたストーリーには、ひとり、あるいは、複数の元型的なキャラクターが登場することが多い。それらの登場人物の眼を通して見ることによって、聞き手が変革という複雑なアイデアの主要要素をよりよく理解できるように設定されるのである。聞き手の理解が容易な登場人物が、必ずしも聞き手が同一化を行う相手となるとは限らない。

●ストーリーとしての有効性は、変革への熱い想いを引き出してきた先行するストーリーに依存している。先行するストーリーによる熱い想いの喚起がなければ、確証バイアスが生じ、聞き手は理由に反対したり、最悪の場合には、話し手が意図することとは反対の意味で解釈する危険性がありうる。

■「何のための変革か」についてのストーリーを語る

リーダーは、簡潔なストーリーを用いれば、変革のアイデアを分かりやすく説明することができる。それは、そのアイデアが展開された時に、普通のユーザーならどのように行動するか、について語るものである。その方法の例を挙げよう。1996年、世界銀行で私は知識共有というアイデアについてストーリーを語った。私は、典型的なデスクトップがどんなものかを語り、世界銀行のスタッフが仕事でそれをどう使うかについて語った（このストーリーは、付1の中で詳しく述べている）。私がナレッジ・マネジメントという複雑なアイデアについて語ったのは、それだけだ。シンプルで記憶に残るストーリーであったからこそ、ナレッジ・マネジメントについての説明となったのである。

また、健康保険の加入プランの変更という込み入ったケースを考えよう。こうした場合は、例えば、代表的なユーザーについてのストーリーで説明できる。流行に敏感な独身女性のサリーには保険のどの項目が重要なのか、同様に、若い父親であるフレッドにはどうか、さらには、引退して2年のジャックにはどうか……簡潔なストーリーとすることによって、従来とどこが変化するのか、その変化は加入者にとってどのような意味を持つのか、に光を当てるのである。

■「どのように機能するのか」についてストーリーを語る

ビジネスモデルは、組織がどのように活動するかを説明するストーリーである。それは、自分たちの事業をどう進めるかという考え方を提示するとともに、現在の課題を捉え、近い将来を見通すものだ。ストーリーは、ビジネスの様々な局面に関係している。例えば、次のような課題は、ストーリーを用いれば、分かりやすく理解することができる。顧客は誰か、何を重視しているか、そのビジネスのどこで利益を上げつつ、適切なコストで顧客たちへの価値の分配が可能か、基礎的な収益構造はどうなのか、等である。ビジネスモデルの妥当性は、ストーリーの論理の次元——腑に落ちるかどうか——と、分析の次元——決算数字が見合うかどうか——の両次元での妥当性に依存する[5]。

従って、「ビジネス・モデルがどのように機能するのか」は、将来を見通すストーリー、すなわち、これからの展開の見込みを述べるものとなる。ここで問題となるのは、あらゆる将来の物語と同様、得心できるかどうかなのである。言い換えると、この種のストーリーの有効性は、聞き手がどう受け取るかに掛かっている。何故なら、聞き手こそが、変革のアイデアが今後どのように展開していくかを理解したいと考えている張本人だからだ。この段階ではストーリーがアピールするのは聞き手の〈頭〉なのであり、変革のアイデアの諸要素が信頼できる因果律で結びつけられていること、そして、大まかな数字が整合性を持って指標に合致することが必要である。それは、以前の段階で喚起された熱い想いに対し、理由という基盤を与えることになるのである。

■「現状から脱却し、いかにして目標へ到達するか」についてのストーリーを語る

企業に変革が導入される際、中でも変革の規模が大きく複雑な場合には、悩めるスタッフをさらに悩ませるように思われる。そうした複雑な変革は、どのように実行すればよいのだろうか。企業のメンバーたちが明確な方向性を持っていなければ、変革に混迷が生じ、それは落胆へと変わってしまう。しかし、たとえ実行のステップが何百あるいは何千という規模であったとしても、現状から目標に到達するまでの道のりを幾つかのステップからなるシンプルなストーリーにまとめることは、十分に可能である。「我々の現状はこうだ。まずAを実行して次にBを実行すると、Xに至る。そこで、我々はCを実行することとする。次いで、Dだ。そうすれば、ほら、我々は目標に到達しているはずだ。」シンプルなストーリーを使えば、非常に複雑な実行プランも概して理解しやすいものとすることができる。

例えば、付1で示しておいたように、1996年に私は5つのシンプルな「ロードマップ」を設計して、世界銀行を知識共有型組織へ変革しようとした。変革が進展していくにつれて、期間が4年間を超えてしまうなど、当初のロードマップに正確に従うことはできなかったが、1996年に提示した5つのロードマップは聞き手にとっての精神的なガイドとなり、非常に複雑な変革プログラムでも実際にコントロールできるという安心感を与えていた。

■「何故、有効か」をストーリーで語る

当然ながら、変革のアイデアが「なぜ、有効か」に関するストーリーは、「どのように機能するか」の

ストーリーと関連がある。両者の違いは、後者が将来の実際の時間と空間におけるストーリーであるのに対し、前者は仮想の時間と空間、すなわち、時間のないプラトン的世界において（一見したところ）基本的な因果関係のメカニズムを明らかにする点にある。言い換えると、前者は、聞き手に対し、変革のアイデアを実行可能にする諸条件について説明するのではなく、より広い因果律に焦点を合わせ、必然であることを理解させるのである。

以上のように考えると、何故、スプリングボード・ストーリーは肯定的な口調で語らねばならないか、明らかであろう。私自身が行ったストーリーテリングから例を示そう。

まさに、ハリウッド映画は、正鵠を射た指摘を行っているのです。それは、行為を触発するためには、ストーリーはハッピーエンドでなくてはならないということです。私のストーリーテリングは長らく失敗の連続でした。なにしろ、「ナレッジ・マネジメントを導入しなかったばかりに破産した企業があるんです。今日はそのお話をしましょう」（中略）こういう調子でしたからね。この種のストーリーテリングが成功することは、決してありえないのです。

なぜ、ありえないかということには、脳科学的な根拠が存在しています。脳への関心の中で、これまで約400年に亘って最も注目されてきたのは大脳皮質です。ここは人間の脳に特有の部分で、言わば、霊長類脳と呼べるところです。しかし、ここ20年ばかりは、これまで取り上げられることのなかった他の部分へも多くの関心が向けられるようになってきました。特に、霊長類脳のすぐ下に位置する哺乳類脳＝辺縁系システム、また、哺乳類脳の下に位置する爬虫類脳に関心が向けられています。もちろん、哺乳類脳、爬虫類脳といっても、それは単なる名称で、人間の誰もが持つものです。これらの哺乳類脳や爬虫類脳は、決して賢いものとは言えませんが、非常に敏感で活発に多くのノイズを発生しています。[6]

さて、今、私が、ある企業について、ナレッジ・マネジメントを導入しなかったばかりに破産に至ったという、ハッピーエンドでないストーリーを語ったと仮定してみましょう。すると、聞き手の脳では、古来からある爬虫類脳の部分でも、何らかの反応が起こるのです。爬虫類脳は大脳皮質へ「戦え！」「逃げ出せ！　ここから脱出だ！」「危険だ！　何か悪いことが起きている！」といったメッセージを送りだすのです。一方で、霊長類脳である大脳皮質は、こうした爬虫類脳に対して優位性を持っています。大脳皮質は、「爬虫類脳さん、ほら、少しは落ち着いて。今、聞いたことについて考えてみましょうよ。重要なことを学べるかもしれませんよ」と話しかける訳です。通常は、この論争に勝利するのは大脳皮質です。しかしながら、そうなってしまうと、時が経ち、この騒ぎが終わる頃には、新たな未来を創り出そうという機会は過去のものとなってしまいます。学習効果はあるかもしれませんが、行為につながるということはないのです。言い換えると、スプリングボード効果はないということです。

しかし、対照的に、私がハッピーエンドの物語を語った場合には、辺縁系システムが霊長類脳、大脳皮質に対する「体内麻薬効果」を引き起こすと言われています。これは、言わば、人間の脳にドラッグを飲ませるような現象で、辺縁系システムはドーパミンと呼ばれる物質を大脳皮質へ分泌するのです。ドーパミンは、人々を、温かで、フワリとした感情、あたかも、素晴らしい映画をちょうど見終えた時のような気持ちで包み込みます。こうした状態になってはじめて、聞き手は、新たな未来や自分自身や自分たちの組織の新たなアイデンティティについて前向きに考えることが可能になるのです。

人間の脳内で起こっていることを面白く述べてみた訳だが、このストーリーで聞き手が主人公と同一化をする必要は全くない。前段の主人公は爬虫類脳であり、否定的なストーリーを聞いた時の反応は「戦うか、あるいは、逃げるか」の選択をすることだと論じている。後段の主人公は辺縁系システムである。このストーリーの重要な点は、脳科学的なメカニズムを理解することにある。話し手である私の目的は、聞き手に対して、ポジティブなストーリーの効果は私の個人的な好みから主張しているのではなく、ネガティブなストーリーには変革への情熱を喚起する効果がないという科学的根拠が存在することを示すことにある。

こうした根拠を説明するストーリーは、脳を機能させる基本要因の普遍的パターンを反映している。言い換えると、特定の誰かの脳の働きを説明しているのではなく、誰にでも見られる脳の働き方を示しているのだ。

■「共通の記憶」のストーリーを話題にせよ

共通の記憶のストーリーとは、共通の経験に訴えて、誰もが知っていることを思い起こさせるものであ

6 アメリカの脳神経学者ポール・マクリーンは、脳を三層構造で捉えている。一番内側の層には、最初に脳となった爬虫類脳があり、爬虫類に特徴的な防衛行動を発生させる反射脳として機能する。爬虫類脳を覆っている二層目の脳は哺乳類脳で、辺縁系システムからなり、本能的感情をつかさどる情動脳として機能する。そして、哺乳類脳をさらに覆っている三層めが霊長類脳で、大脳（新）皮質からなり、言語機能や記憶、学習能力、創造的思考能力などをつかさどる。

る。例えば、１９４０年12月29日、フランクリン・ルーズベルトはホワイトハウスからラジオ放送を行い、ナチスの武力侵略と戦う民主主義への支持を求めた。彼は、１９３３年の金融恐慌を首尾よく切り抜けた共通の記憶を呼び起こすことからスピーチを始めた。

> 今夜、世界的な危機を前にして、私の心は、８年前の国内危機の真っ只中にあったあの日の夜を思い起こしています。それは、アメリカ産業の動きが完全に停止し、わが国の銀行システムが全く機能しなくなった時代でした。
>
> 私はホワイトハウスの書斎で腰を下ろし、合衆国国民に話しかける準備をしていました。その時、私の目の前には、これまでに会話を交わしてきた多くのアメリカ人の写真がありました。製粉場や鉱山、工場で労働に従事する人たち、カウンターの向こうにいる女性、小売店主、春耕を行う農夫、老後の蓄えについて考える未亡人や老人たち、いろいろな人々がいました。
>
> その時は私は皆さんに金融危機が日常生活にどのような意味があるのか、伝えようとしていました。今夜は、皆さんに、このアメリカが直面している新たな危機について、同じことをお伝えしたいと思います。
>
> 私たちは勇気と現実主義をもって、１９３３年の問題と向き合いました。今、私たちは新たな危機に直面しています。これは国家の安全にとって新たな脅威となっています。私たちにはあの時と同じ勇気と現実主義が今、また、必要なのです[iv]。

共通の記憶のストーリーとは、聞き手の全員あるいは大多数が遭遇した共通した経験の記憶へと訴えるものだ。それは、聞き手の記憶を呼び起こすだけでなく、その経験の持つ意味を想起させるのである。従って、話し手にとっては、聞き手の全員あるいは大多数が即座に思い出し、賛同できるような経験を知っているかどうかが重要となる。理想を言えば、聞き手が「そうだ、そのとおりだ！」とある種のショック状態に陥るような経験を用いることが好ましい。そうした共通の記憶のストーリーは、変革の理由を心に刻み付けるのである。

■特定の誰かの目を通して理由を伝えよ

ある複雑な変革プログラムにどういう意味があるのかについて、聞き手に説明しようとしていると仮定しよう。議論の論点をひとつずつ説明したり、あるいは、そのプログラムの多数の構成要素を抽象的に詳しく述べていく方法の代わりとなるものが、そのプログラムによって代表的な参加者がどのような影響を受けるかについて、ストーリーを語ることである。

コミュニケーションの手段がひとつから多数へと増えた時代の新たなビジネス・モデルについて、説明しなければならないとしよう。抽象的なことばでそれぞれのチャンネルについて述べるのではなく、ひとりの個人――例えば、ボイス市に住み、2児の母であるアン・ヘインズさん――が様々なチャンネルにどのように遭遇することになるのか、その話をすればよいのだ。

「ある日、アンは、雑誌で気に入ったモデルハウスを眼にする。すると、彼女はコンピュータでオンラインにつなぎ、調べてみるかもしれない。あるいは、彼女はテレビで観て、気づき、ショッピングセンターにオープンしたモデルハウスの見学に行こうという気になるかもしれない。」

こうしたストーリーでは、雑誌、ウェブサイト、テレビ番組、ショッピングセンターの変化を抽象的なことばで経験するのではなく、アン・ヘインズの眼を通してそれぞれを経験し、また、それらが、ひとりの人間としての彼女にとって、どのような意味があるのかを経験することができよう。たとえ彼女が想像上の人物であっても、私たちは彼女の目を通して世界を見始め、世界がどのようなものに変化するかを知り、どのような意味があるのかを感じるのである。

■イメージでストーリーをサポートせよ

ひとつの絵が1000語のことばに匹敵することがある。変革のアイデアに関係する強力なイメージがあるなら、是非とも活用すべきである。1996年5月、世界銀行でプレゼンテーションをした時、私は、世界銀行の専門家がデスクトップを使っているイメージを用いたスライドを作成し、また、世界銀行が知識共有戦略を続けている場合に生じると思われる専門家とクライアントの関係の変化を示すイメージを使用した。双方とも、理由のある変革のアイデアのロジックを強化することに役立った。

しかし、同時に、イメージの限界も認識しなければならない。アイデアの中には、イメージ化が簡単ではないものが存在する。そもそも、何故、イメージの強力さを説明するためにことばが必要なのだろうか。加えて、イメージは、複雑なアイデアをあまりに単純化しすぎることもある。例えば、非常に複雑な現象を単純化してビジュアル・マップを作ると、実際には10~20個の変数が関係しているとしても、イメージではそのうちの幾つかだけを取り上げるにとどまってしまう。そうなると、イメージは現象の誤った全体像を伝えることになるかもしれない。例えば、ふたつの軸から4象限を構成するチャートは、通常、部分的な真実にすぎない。それは、もっと多元的な現実のほんの一部を反映しているにすぎないのだが、仮に、現実の多くの部分を含めようとして、ひとつのチャートに次々と軸を加えていくと、たちまちのうちに4

次元で表わされたかのような不可解なものとなり、崩壊してしまう[v]。このように、多元的な現象は、イメージでコミュニケートするよりも、物語でコミュニケートする方が一般には簡単なのである。

第2節　いかに、プレゼンテーションを締めくくるか？

ここまで、聞き手の関心を引き付け、新しい未来への熱い想いを喚起する方法について、そして、ストーリーの中に強い理由を組み込み、聞き手の変革への情熱を確固たるものとする方法について考えてきた。次のステップは何だろうか。まさに、そのプレゼンテーションをいかに締めくくるかが最後の課題となるのだ。

自明なことだが、優れたプレゼンテーションというものは、すべて、力強く締めくくられている。プレゼンテーションの最後は、そのプレゼンテーションのすべての要素を束ねるものだ。要点を取り上げ、囁き声ではなく、大きな声で終えなければならない。

しかし、ここに、大きな落とし穴がある。話し手が力強く終えなければならないことを知っていると、まさに、説教的、講義的、教育的、権威的な話し方に陥り、締めくくってしまう危険性があるのだ。成功を収めようとしているその時に、聞き手との議論に入ってしまい、成功から一転、窮地に陥り、その結果、これまで展開してきたストーリーの勢いを台無しにしてしまうこともある。

語り手がナラティブ・インテリジェンスをよく理解しているならば、そのまま語りのモードを継続するだろう。聞き手をある種の白昼夢へと誘い、新しい未来をイメージさせることで頭と心の両方へアピールするのだ。ある意味では、彼らは語らない。ただ、誘惑するのみなのである。

締めくくりの部分は、プレゼンテーションから区別される特殊な段階ではない。むしろ、変革への自発性に根拠を与え、さらに強化するという点で、シームレスな連続性を持つものであると言えよう。言い換えると、単に、提案されている変革を理解し、是非とも実行しないといけないということを心に刻む、最後の理由づけを行うだけなのである。それは印象的で、予期しえぬ理由によるかもしれない。あるいは、ある個人にとって独特の強い理由によるものかもしれない。あるいは、最も雄弁に述べられた理由によるかもしれないが、本質的に異なるものではない。それは、論理的な思考能力だけではなく、感情にアピールする。しかし、詰まるところ、理由としては別途のものなのである。

エンディングとは、リーダーがプレゼンテーションの最後には聞き手にこういう状態になってほしいと期待するところをより強固に定着させるためのものである。理想的には、聞き手が情熱のほとばしる自発性を持ち、心の中で新たな未来像を具体化していることである。エンディングはこのような状態を高めるべきものであるし、もちろん、そこから引き戻すようなことがあってはならない。

まず、簡単な選択肢をひとつ紹介しよう。それは、議論の主題となった変革のアイデアを事例化した感動的な物語で終えることである。

今ひとつの選択肢は、歴史的にも多くの偉大なスピーチで使われてきたように、次のように締めくくって終えることだ。

「さあ、一緒に未来へと向かっていきましょう。そして——」

このアプローチは、協同行為と協調精神の典型であり、転換期のリーダーシップで折り紙つきとなっている。

例えば、紀元前431年、ペロポネソス戦争で倒れた最初のアテネ兵たちへの壮大な追悼式におけるペリクレスの弔辞は、「今は亡き友人たちのために、一人ひとり全員が悲しみとともに喪に服しましょう。そして、しばしの休息をとりましょう」と締めくくっている。

また、ウィンストン・チャーチルも、彼の最も雄弁なスピーチのひとつを、「ともに〜しよう（let us）」というフレーズを使って、次のように締めくくっている。

「諸君、ともにしっかりと我々のなすべき義務に取り組もう。そして、堪え忍ぼう。そうすれば、大英帝国とイギリス連邦が1000年間続いた時に、人々はこう言うだろう。この戦争は栄光の時間であった、と」

もちろん、当時のイギリス国民は、この戦争が国家の歴史上で最も栄光ある時間であったなどという結論を正当化していなかった。彼は、むしろ、どうすれば正当化できるかについて、聞き手に対し、彼と一緒になって考えるよう煽っていたのだ。聞き手自身が、どのような行為をとればよいかを考えていたので、それらのイメージ化は容易に自己充足する予言となることができた。

また、詩の感動的な一節、あるいは、簡潔な引用句の力強く忘れることのできないことばで、あなたが話してきたことのポイントを浮き彫りにさせることもひとつの方法である。

他にも、あらゆることをひとつにまとめる上質な選択肢として、プレゼンテーションを始めたときのストーリーを振り返り、そして、引き続きそれを強調することが挙げられよう。その時、そのストーリーはプレゼンテーションの1組のブックエンドとなり、対称性と締めくくりという感覚を与えることができるのである。

リーダーが聞き手の関心を引き、変革への熱い想いを刺激し、理由をもってより強固なものとする時、彼らはリーダーシップの対話を始めることになる。しかし、それは第一歩にすぎない。変革のアイデアは、聞き手自身によって概念化され、実施されるにつれ、さらに発展し、新しい洞察が生じていくだろう。問題と遭遇することもあるだろう。疑問が持ち上がることもあるだろう。抵抗が表面化することもあるだろう。前方への勢いを維持しようとするならば、リーダーとフォロワーとの対話は続けられなければならない。この問題は第11章で扱う。

---

[i] B. Pascal, *Penseés*, London: Penguin Books, 1961, p. 64.（パスカル『パスカル著作集６　パンセ』教文館、１９８１年、１６２頁）

[ii] C. Tilly, *Why*, Princeton, N. J.: Princeton University Press, 2006.（Ｃ・ティリー『ホワイ』プリンストン大学出版、２００６年）

[iii] J. Magretta, "Why Business Models Matter", *Harvard Business Review*, May 2002, pp. 87-92.（ジョアン・マグレッタ「ビジネスモデルの正しい定義」『ダイヤモンド・ハーバード・ビジネス・レビュー』２００２年８月号）

[iv] "President's Call for Full Response on Defense: See New Crisis for America, *New York Times*, December 30, 1940, p. 6.

[v] ナレッジ・マネジメントは、知識戦略、実践のコミュニティ、ヘルプ・デスク、知識基盤、知識獲得、知識ストレージ、知識普及、知識分類法、品質保証、認証手続き、予算、インセンティヴ、知識測定などを含む多数の次元からなるものと見えるだろうが、これら多数の次元ひとつずつを正確かつ明確にコミュニケートすることを可能とするような、イメージを考え出すのは非常に困難である。

第11章　そして、さらに対話を続けること

心が触れ合うとき、そこでは単に事実が交換されるだけではない。事実は変換され、再形成され、異なる意味が引き出され、一連の新たな考え方が呼び起こされるのである。

——セオドア・ゼルディン（Theodore Zeldin）[i]

リーダーシップのことばが最初に達成しなければならないことは、変革への熱い想いに火をつけ、自主的に行動を起こさせることである。リーダーには、その後に終わりのない仕事が続く。それは、変革のアイデアが、持続する鋭気、気迫、情熱を持ってさらに続けて追求されるようにすることである。そこでの第一歩は、火花を起こすことを狙いとする。いったん火花を起こすと、それをあおいで大きな炎に燃え立たせ、やがてはやむことのない大火に育てなくてはならない。言い換えると、価値のあるアイデアで人々の気持ちにエネルギーを吹き込むことと、エネルギーを溢れ続けさせることとは、別のことなのである。

第1節　3つのチャレンジ

エネルギーを溢れ続けさせるには、3つの課題が存在する。

まず、あらゆる組織の内部には、エントロピーが存在する。変革への過程で問題が生じ、様々な障害に直面すると、不可避的に変革への抵抗が表面化する。そこで協同作業を維持するためには、エネルギーを溢れ続けさせなければならない。何故なら、ある人のやる気があってこそ他者のやる気が呼び起こされるのであり、エネルギーとは伝播していくものだからである。リーダーやフォロワーが、変革のアイディアを単独で追求していくとしたら、集団性から生まれる潜在的エネルギーをつくり出すことはないだろう。リーダーとフォロワーが前進を続けるためには、何故変革のアイデアが価値のあるものなのかを互いに気づかせ、互いにエネルギーを与えあい、互いに激励し、さらには、自分たちの見解や方策を協力して高めあう――こうしたことにより、一致して変革への抵抗に立ち向かえるとしたら、克服はおそらく可能である。人間という存在には、困難の中でも意志の固さを存続させてくれる、相互の信頼感が必要なのだ。協同作業の中で彼らの情報、洞察、知識、見識が共有され、対話の中で全員の心を結集していくことで、問題についての理解が高まり、その解決法を発見する可能性が高まるのである。

ふたつめの課題は、焦点の喪失である。エネルギーが解き放たれる中で、機会が開け、新たな道筋が明白になると、同時に、マキャベリ主義的陰謀や利己主義、出世主義などが再び姿を現わす広大な余地が生まれる。新たなポジション、新たな勢力範囲、新たなキャリアの奪いあいの中で、派閥闘争が勃発し、それにより目標が視界から見失われるかもしれない。こうした場合には、まず第1に、共通の目標についての焦点を再確立するために、対話を行うことが課題となる。しかし、それが機能せず、反対勢力が変革にとって妨げとなる行為を続ける場合には、彼らを変革の進展に努力する人たちから引き離すことも必要となる。もちろん、何が前向きな行為で、何が後ろ向きな妨害であるかは、判断の問題であり、誰もが同意するものではない。しかし、対話は、合意による解決を達成するために最善の可能性を提供するものである。

さらに、リーダーシップは、外部からの課題にも直面する。エネルギーが生み出され、変革が次から次へと実行されている時、この全体的にあわただしく、やる気に満ち溢れた活動は、権限を持つ人々の眼にはカオスとして映る危険性を秘めたものでもある。経営陣たちには、警報が危急を告げているようにも思えるかもしれない。あるいは、外部投資家には、目標に向かって前進しているのではなく、非生産的な混乱と見えているかもしれない。危険が最も深刻になるのは、変革がスタートしている中で、コストが先行し、利益がまだ先にある状態の時である。変革の進行というエネルギーが満ち溢れ、泡立ち、渦巻く活気の中で、爬虫類脳に潜む権威主義的な考え方が、常識の維持とか能率の確保という名目で再び登場し、旧秩序の再興を求めてくるかもしれない。しかし、それは結果として、変革へのみなぎる活力を奪う危険性をはらんだものだ。権限を持つ人々――マネジャー、政治家、教師、両親、外部専門者――は、変革への勢いを断ち、変革を中止させるために、旧秩序の再興のステップをとり始めるのだ。権威主義が、お決まりのことばで、回りくどく声を上げるのである。それは、変革へ向かう人間性を抑圧し、威嚇し、脅し、威圧し、従属させようとするもので、制度的権限を利用して話すことがいかに非人間的であるかを、無意識に示し続けているものに他ならない。

第2節　課題の克服

以上の3つの課題に立ち向かうには、変革への前進を続けることと今解決せねばならない課題を議論することの間のバランスを達成しなければならない。前進を続けるだけで今の課題の議論がないということは、今の課題の議論だけで前進がないのと同様、破滅的な状態を引き起こしかねない。エネルギーが持続できているのであれば、理想的には、リーダーが為すべきことは相互触発のプロセスを引き起こすことである。変革のアイデアを明確化し、その達成に向けて自主的な行為を引き起こすことは、リーダーシップの第一歩にすぎない。リーダーは、前進する勢いを持続するために、人々が自らの考えで変革の推進に貢献することが容易で楽しく感じられる状態を作り出さねばならないのだ。リーダーは、人々が相互に直接ことばを交わす機会を作らねばならない。このプロセスこそが、対話なのである。

リーダーシップの対話

リーダーシップの対話には、これといって特別な何かがある訳ではない。あるいは、特別の専門的技術や神秘がある訳でもない。日常生活で普通に交わすことばと同じものだ。

実のところ、実際に経験することは多くはないが、誰もが良い会話とはどんなものかを十分に承知している。例として、楽しいディナーパーティーを考えてみよう。そこでは、参加者たちがそれぞれに斬新な観点を持っていながら、決して自分の意見を他人に押し付けるようなことはしない。そこでの議論は包容力を持つもので、参加者は互いの議論のための第一歩をつくり出し、皆をその議論に引き込み、互いに意見を聞き出しあっている。話しあいは活発であるが、参加者たちは相手に同意できない時でも、礼儀正しく話しあっている。彼らは、抽象的な意見を発するというよりも、関連のあるストーリーを共有しあっていると言った方がよいであろう。参加者たちは様々なテーマについて意欲的に話しあい、自分の無知や間違いを認めることを恐れない。そこでのことばは平常のことばで分かりやすく、専門用語を使うことはない。その中での真剣な思考から生まれるやりとりは、定期的な笑い声によって晴れやかになる。人々は、自身の貢献をつくり出すのは容易であると感じている。参加者たちは、純粋に好奇心を持って互いに意見を聞きあい、学びあっているのだ。

　このようなやり取りは、マネジャーとそのスタッフとの間のコミュニケーション、先生と生徒との間のコミュニケーション、両親と未成年者との間のコミュニケーション、あるいは政治家とその有権者との間のコミュニケーションには当てはまらない。これらの権限を持つ人々によるコミュニケーションは伝統的に異なった経路をたどる。すなわち、権限を持つ人々は、自分が「知っている」ものは何か、あるいは、システムやプログラムが「必要としている」ものは何か、今の制度に「修正を加えるべき」ものは何か、ということから話し始める。それは、人々との語りではなく、人々への語りである。このことは多くの場合、講義や講話を意味し、誰もが参加を続けていたくなる対話とはほど遠いものとなってしまうのである。

対話とは何か?

対話とは、探求である。それは、参加者が、相互のことばのやり取りを通じて、課題に関してより広い理解を発展させようと同意するものである。言い換えると、対話とは、人々が互いに学びあうために、ひとつの話題について異なる観点が存在するのを認めることなのである。

対話は、交渉とは違う。交渉とは、話しあいや議論を通じて、相互の対立点や葛藤を解消していくプロセスである。それは、参加者が、個人的・組織的な優位を獲得するために、あるいは共通の利害にかなうように、結果を出そうとするものであり、典型的には、一方の企業が自らの地位や目標の確保、向上を図り、他方の企業の地位や目標を必要最低限に貶めようとするものである。対照的に、対話の目的とは、相互に学習を深めることなのである。

また、対話は、論争とも違う。論争は、本質的に敵対的なものであり、そこでは参加者が自分の観点を受け容れるように他の参加者を説得することで勝利を得ようとする。対照的に、本来の対話とは、本質的に共同的なものであり、その目的は当初に存在する論点で勝利を得ることではなく、協同して探求を進め、新たな発見に至ることなのである。

対話は、〈人と人の間〉で行われるものであって、〈役割と役割の間〉で行なわれるものではない。それは、同じレベルで行われるもの、つまり人間と人間との間で行われるものであって、役割を行動化した人々の間で行われるものではないのである。すなわち、役割を行動化した人々は、役割としてそう話すように命じられていることや期待されていることを語ったり、その組織、職能、職務を象徴したり、ボスが彼らに言ってほしいことに応ずることで彼らの職務を全うしているのである。対話はまた、自己顕示欲の強い人たちが、「聞いてくれ！ 俺って大物だろう？」と叫ぶものでもない。それは、ある人が語っていることを、他の誰もがまともに聞いていないということにすぎない。

権限を持つ人々は、対話を〈人と人の間〉で行われるようにする特別な責務を負っている。何故なら、階層的秩序においては、部下は第1に、やり取りは〈役割と役割の間〉で行われるものであると考えてしまうからである。その場合、通常、単に命令に聞き従うことが期待されるということとなる。しかし、そうした状況下でも、リーダーは本来の対話を始めさせるために、以下のような努力が可能である。

- 質問をする
- 人々とありのままを話す
- 弱味を示す
- 他者の話をよく聞いて事を進める
- リーダーと聞き手の間でストーリーを共有する
- 参加者間でも、ストーリーを共有する
- 参加者間でもそれぞれのストーリーを語ってもらう

■質問をする

真の議論を引き起こす方法のひとつは、リーダー自身が質問をすることだ。リーダーは、自分が主張するのではなく、他者が何を考えているのかを探求するのである。特に、自由回答形式、すなわち「もし○○だったらどうする？」といった質問が重要だ。というのは、こうした質問は、制限要因となる前提が組み込まれるのを最小限に抑えるからである。しかし、質問しすぎることには注意しなくてはならない。参加者は、マネジャーが質問するだけで何もしないのなら、単に煽っているだけだと疑い始め、不信とフラストレーションが突発しかねない。古代ギリシャの哲学者ソクラテスから学ぶことは多いが、少なくともプラトンとの対話の一部で記録されているように、質問に答えるのを拒絶し何も知らないとの見せかけを続けていたならば、ソクラテスは極めていらいらさせるパートナーとなっていたことだろう。

■人々とありのままに話す

協議したい事項を隠すことは、会話の勢いを削ぐ。隠された何かがあるとの疑いさえ、率直な議論を妨げるものだ。リーダーは、条件付きでもよいので、進んで自らの立ち位置や考えを示すべきであり、また、それらの変更を受け容れることにオープンであることをはっきりと示さねばならない。

■弱味を示す

マーク・マコーマック（Mark McCormack）が、『ハーバードでは教えない実践経営学』の中で示唆しているように、3つの言いづらいフレーズ（「分からない」、「手を貸してほしい」、「私が間違っていた」）を口に出せるようになることは、階層的リーダーが対話を促進するために非常に役立つ[ii]。自分の難攻不落さを示すことや、博識を見せびらかすようなことを捨て去ることで、マネジャーは部下の信頼を獲得していくのである。

■他者の話をよく聞いて事を進める

階層的リーダーの特に重要な責務は、人々が話すことに注意深く耳を傾けることである。その中で、他の人々の話しの中に潜む優れた意味合いを探し出し、そのインプリケーションを探し出さねばならない。議論が前進するのは、「うん、それで、それから……」という状態の時であって、「うーん、だけど……」という時ではない。

■リーダーと聞き手の間でストーリーを共有する

〈人と人の間〉の対話を軌道に載せる重要な手段は、リーダーと聞き手の間でストーリーを共有することである。ストーリーが共有されると、聞き手はそのストーリーを受け容れる必要も、退ける必要もない。というのは、それは、彼らが一緒に生きているということだからである。そこでは、誰もが参加し、互いに経験を共有する。ストーリーを聞いた時の通常の反応は、受容することでも拒絶することでもなく、自ら他のストーリーを語るというものである。それは、同じような傾向のストーリーになるかもしれないし、あるいは、「私はそれとは異なった経験をしたよ！」と、別の観点を反映したストーリーで続くことになるかもしれない。どちらにしても、あるストーリーが別のストーリーを導いているのだ。どちらのストーリーが正しいとか間違っているということではない。単にストーリーがそこに存在するのである。ストーリーテリングとは、本来、共同的なものなのである。そもそも、ストーリーこそが対話にとってのことばなのだ[註]。

■参加者間でも、ストーリーを共有する

言うまでもなく、リーダーがストーリーを語るのは、単に自分のためではない。リーダーは、参加者それぞれの間でそれぞれのストーリーの共有を進めるために、リーダー自身のストーリーを語り、共有するのである。このプロセスの中で、全員で、どんな変化が起こっているか、どんな妨げに遭遇しているか、どんな要求が存在しているか、課題にいかに取り組み、誰がそれを成し遂げようとしているか、どんな新たなステップをとる必要があるか等々について、学んでいくのである。ストーリーのやり取りを通じてはじめて、今起こっていることの意味や今後の選択の可能性について、皆で洞察を得るのである。

■参加者間でもそれぞれのストーリーを語ってもらう

人々のものの見方が異なると、彼らが構成する現実も異なり、それぞれが違った世界で生きているということになる。相反する観点を持った参加者間で対話が行われる時には、確証バイアスが働きだし、参加者は、他の参加者の観点を、自分の現実に確証を与え、より強固に根拠づけるものとして解釈するという危険性が発生する。それは、彼らが現在のストーリーよりも説得力のある新たなストーリーを得る機会を失ってしまうことでもある。参加者が互いに他の参加者のストーリーを理解することで、より整合的な、そしてより腑に落ちるストーリーを語ることができるようになれば、互いを知りあい、互いの見方の相違を知りあうという学習プロセスが、変革を引き起こす触媒となっていくのである[iv]（付2の課題を参照）。

ストーリーはいかにして対話を促進するのか

我々は力に溢れたストーリーを聞いた時、これまでに例のないユニークなものだと感じることがある。まるで、すべての世界が「新しく誕生」したかのようで、かつてどこにも存在しなかった世界が姿を現したようにさえ思える。それは、優れた美術作品を眼にした時に、「心が満たされ……『世界の歴史上これまで決して存在したことがない』かのような気持ちになる」[v]のと同様である。

ストーリーは、クリエイティビティを刺激する。ストーリーは、分析的な思考を放棄させ、我々の経験を抽象的なカテゴリーに切り刻むことを拒絶するのだ。その代わりに、我々の心に過去の様々な事例をたどらせ、比較対照を行わせる。そして同時に、未来へ向けて類似した事例を想像させ、新たな創造行為を促すのだ。ひとつのストーリーが多くのストーリーを導いていくのである。

すなわち、ストーリーは、世界に新たな考えをもたらすように我々を突き動かすのだ。それは、我々に過去を振り返らせ、未来への展望を拓かせる。つまり、一方で我々に新たな見地を切り拓くことを求め、他方で我々が通り過ぎてきた場所を再び参照させるのである。ストーリーは、すべての美しい対象がそうであるように、異世界からの伝言を伝えるものなのだ[vi]。

力に溢れたストーリーは、それを聞いている時、誰もが活き活きとしている。ストーリーが聞き手に活き活きとした力を与えるように、ストーリーを聞くことは、ストーリー自体にも生き生きとした力を与え、まさに命あるものとする。すなわち、ストーリーは、聞き手にそのストーリーを他の人々にも伝えたいと感じさせ、聞き手を通じて広がっていくのである[vii]。

したがって、ストーリーを聞くという経験は、ふたつの部分からなる。ひとつは、意図していなくとも、我々の関心がそのストーリーに向くという部分であり、今ひとつは、ほとんど意図しないことではあるが、その関心の高まりが他の人々や物事にも拡大されるという部分である。ストーリーを通じて我々が手にするものは、世界を見渡す原点である。原点を持った瞬間に、我々の世界が秩序立ったものとなるのだ。ストーリーは、人々に複雑で込み入った様々なアイデアを整理し、理解可能なものとする妥当性の根拠を作り出すのである。

一方で、我々は、力のあるストーリーを聞くことによって、「根源的脱中心化」[viii]を経験する。我々は、我々にとって平素の世界の見え方の中心となっているものの放棄、相対化を迫られるのである。それは、我々の世界の見方に亀裂が入るということだ。言い換えると、我々は、自分たち独自のストーリーに固定されなくなり、他のストーリーに興味を持つということになるのだ。

このような様々なストーリーをまとめ上げるのが、対話なのである。そこでは、ストーリーは互いに刺激し合いながら、接近することとなる。たとえるなら、対話という場でストーリーがダンスをし、時に抱擁を交わすことを学んでいるのである。

対話とは学習である

対話は、リーダーシップにとって重要だ。というのは、リーダーシップには、イノベーションの創造が不可欠であるからだ。リーダーは、変革のアイデアを実行に移すために、フォロワーに依存している。どんなに複雑で新たなアイデアも、現実と触れることにより影響を受けない訳にはいかないので、修正は避けられないものとなる。そうした修正には、変革の実行に実際に関与する人々の主体的な対応が必要である。変革のアイデアを実行するコンテキストは多岐に亘るので、それぞれのコンテクストの特性についての知識が重要なのだ。そうした知識を持つ現場の人々の貢献こそが不可欠なのである。

学習を促進するのが、対話である。対話は、異なる見方や経験を持つ人々を互いに理解させ合う。良い対話には、「落とし穴、秘密の花園、隠し階段」[ix]が存在する。つまり、驚きと予期せぬ発見が満ちているのだ。対話は参加者にこれらの異なる経路を探求させ、何が話されているかということから彼ら独自の意味を構成させる。そのことを通じて、それぞれのコンテキストに変革のアイデアをいかに適応させるかを学ばせる。

対話の中では、冗談も言いあえる。それは、脳と心のストレッチ・エクササイズである。対話は、とても楽しいものだ。参加者が率直にやり取りする時、いかに物事が進行するかがあらかじめ分かっているということはない。「楽しくやり取りするということは、平凡で取るに足らないということでもなければ、何の重要な結果も生み出さない気晴らしということでもない（中略）我々が互いに会話を楽しんでいるとき（中略）相互の関係は驚きに満ちたものだ。すなわち、そこで生じるもののすべてが重要なことばかりなのだ」[x]。対照的に、「硬く慎重にやり取りすることは、予測できない結果を生み出すための開かれた可能性を無くしてしまうことになりかねない」[xi]。つまり、真剣にやり取りすることは、あらかじめ決められた結論を押し付けることとなるのだ。楽しくやり取りすることは、予測できない可能性を認めるということなのである。

対話を通じて、多様なストーリーが交錯する。対話への参加者は、異なった世界の入り口にたたずんでいる者と言える。彼らは、これまでにないストーリー、物事を見る新たな方法、新たな世界を探求しようとする者たちなのだ。セオドア・ゼルディンが、彼の魅力的な著書である『対話』の中で述べたように、「対話とは、単なるカードの切り直しなのではなく、新たなカードの創造なのだ」[xii]。

対話には率直にやり取りできる空間が必要である

対話を活気づけるためには、やり取りをスムーズに起こさせるまっさらな空間を創り出さねばならない。活力を高め、前進へのエネルギーを得るためには対話をつくり出す必要はあるが、これまでマネジャー、政治家、教師、両親が行ってきた方法を放棄すべきであると主張するつもりは全くない。しかし、今までのような一方向的な意見の提示から、インタラクティブな対話へ再構造化することで、彼らの多くが恩恵を受けることができるはずだ。

これまでどおり、マネジャーは、マネジャーとして振る舞う時、今までと同じくパワーポイントでスライドショーを続けることも重要だ。営業担当者も、これまでどおりのセールス・プレゼンテーションを続けることも不可欠だ。教師はシラバスに沿って授業を続けるだろうし、政治家は彼らの流儀に沿った遊説を続けるだろう。

しかしながら、マネジャー、教師、政治家、両親が、彼らのスタッフ、生徒、有権者、未成年の子供に、事前にパッケージ化したプレゼンテーションを続ける時、そこでは熱い想いの持続に妨げとなるようなダイナミズムが創り出されているのだ。一方向的なプレゼンテーションは、聞き手に受動的な聞くだけの役割を押し付けるものだ。言い換えると、プレゼンテーションを行う側は、尊大な全知全能者としてあり続け、聞き手と語りあって課題を解決するよりも、自らの観点を浸透させることに集中しているのである。

マネジャーは、仕事の現場でどんな点が問題となっているのかを知らなければ、スタッフと接触を持つことはできない。営業担当者は、顧客の考えるプロジェクトの成功とはどんなものであるかを知らねば、実際に提案書を書くことはできない。教師は、教室で生徒がどこで行き詰まっているかを知らなければ、実際に彼らを手助けすることはできない。両親は、子供たちの世界に入り込み、その由来について理解できなければ、10代の子供たちを大人へと成長させることはできない。

対照的に、リーダーは問題を解決するために、対話に着手し、経験を共有し、新たな選択肢を生み出すのである。どこへ向かって協力して活動するか、という最小限のコンセンサスを創り出したいと考えるなら、リーダーは人々――スタッフ、クライアント、生徒、未成年の子供、有権者――と目線を同じ高さにする必要がある。そして、「さあ、話しあおう！　語りあいましょう！」と言うのだ。

バーチャルな対話

健全なグループは、時間の経過とともに、より健全になっていく。その一因は、メンバーたちが互いのストーリーを知るようになるからである。彼らは、他のメンバーが何を考えているか、その強さや傾向がどんなものかを対話を通じて学び取っているからこそ、その行動を予測し、自らの行動をアジャストできるのである。このプロセスは、フェイス・トゥ・フェイスで接している時に、容易に、そして自然に生じるのだ。

しかしながら、今、先進的な組織においては、バーチャルのチームやコミュニティが広がっている。特に、知識労働やオフィスで業務を行う時間が少ない職種で多いようだ。このような形をとる組織においては、チームやコミュニティのメンバーは、Eメール、ウェブ、電話、テレビ会議で電子的にやり取りするのである。

バーチャルのチームやコミュニティは、実際に面と向かって顔を合わせるグループに対して、多くの利点を持っている。例えば、フェイス・トゥ・フェイスのコミュニケーションに依存している組織よりも規模が大きくなり、従ってメンバーは多様性に富み、全体としてより多くの知識を持つようになりうる。すなわち、メンバーは、世界中に散らばっても、なお連絡を保っているのだ。結果として、広く分散した専門知識は、複雑な課題に迅速で効率的に対処するようになりうるのである。

しかしながら、定期的なフェイス・トゥ・フェイスのミーティングは、グループがダイナミックで活気を維持するためには、なくてはならないものだ。コミュニティのメンバーが一度も顔を会わしたことがないとすると、そのグループはそれほど明確な組織とは言えないものとなる。というのは、そこでのメンバーは誰がそのグループのメンバーであるかについて多少なりとも不安に感じるようになり、それによってグループの活動に協力を依頼しにくくなるからだ。もちろん、人々がやり取りするのに最もふさわしい形態が何であるかは、目の前の仕事の複雑さに依存している。つまり、単なるプロジェクトの進捗情報の更新や簡単な問い合わせであればバーチャルな手段で十分だが、複雑な問題の解決やグループが取り組むべき課題の設定、あるいは新たなデザインやコンセプトの創出などが必要となる時には、面と向かいあってのやり取りの方がより効果的となることも多いだろう。

人々がフェイス・トゥ・フェイスで会うことが必要な理由のひとつは、アドバイスを求めることが暗黙裏の無知の容認であるということに関係している。信頼性の低い組織では、公然と無知を容認するということは、キャリアのつまずきや不利を導くかもしれない。それゆえ、人々が無知を示すこと、そしてアドバイスを求めることに何の抵抗もないという状況をつくり出すためには、前段階として彼らが誰になら無知を示しても差し支えないかが分かっている必要があるのだ。人々が互いに顔を会わせてストーリーを取り交わすようになり、それによって最低限のレベルの信頼性が確立できれば、世界中に離ればなれになったとしても、率直に自身の観点を取り交わすことができるのである。

では、対話における信頼性のレベルをオンライン上で高めるためには何ができるだろうか。ひとつの鍵は、シェークスピアの『ハムレット』の最初の2行に見出せる。

バーナード：誰か？
フランシスコ：なに、貴様こそ。動くな、名前を言え。[1]
（福田恆存訳『シェイクスピア全集〈第10巻〉ハムレット』新潮社、1959年、9頁より引用）

この「誰か？」ということばが問いかける不確実性は、通常、オンライン上でのオープンな対話に対する最大の制約要因である。この問題に取り組むためのひとつの方法は、誰が参加しているのかを明確にすること、つまり誰がその対話を聞き、読んでいるかを参加者に提示すること（あるいは、知りたいと思えば、分かるようにすること）である。次いで、参加している人々が、それぞれどんな人であるかを何らかの方法で「開示する」ことが必要となる。

では、どのようにすれば自分自身を開示できるのだろうか。最も効果の期待できる方法のひとつは、あなた自身が逆境に面した際、どのように立ち向かったかを打ち明けることだ。それは、自分がどんな人間であるかに焦点を当てることだからだ。人々は、あなたに呼応しないかもしれないが、彼らはわずかではあれ、あなたのことについて学ぶ。すべてがうまく進んで行くと、人々はあなたのことを、単に末端に向かって発言するマネジャーや専門家や官僚的スタッフとしてではなく、ひとりの人間として考え始めるだろう。

若者の間で「フェイスブック」が成功したことは、オンライン上でも人々が自らを開示することが可能であることを示唆している。多くの人々が自分自身を開示し始めると、それがいたって普通のことと思えてくる。年長の世代は、一般にフェイスブックで自らを打ち明けることは少ない。彼らは、率直になりすぎることに不安があるようだ。おそらく、その後に起こりうる反響を考慮すれば、理解できないことではない。

ウェビナー[1]では、その開始前や途中に、参加者全員に対する質問の時間を設定できる。入念に準備された質問事項は、参加者が全体として議論のテーマとなっている問題についてどんな考えを持っているかを、直ちに明らかにすることができる。こうした手法は、人々が真に興味を持っている課題に議論の焦点を当

1 ネット上で行われるウェブセミナー、ウェブカンファレンス。

てさせるプロセスであり、これを通じて、参加者自身の考え方を表明したり、遠慮なく話すことが可能となるのである。

こうした参加者への質問をウェビナーで利用することによって、話し手と聞き手は、時に、活気のあるフェイス・トゥ・フェイスの議論をしている時よりも、互いに何を考えているかについてより多くの情報を持つことも可能だ。

今ひとつオンライン上での議論を活用するために心に留めておきたい点は、参加者が互いに気持ちよく話せるようになるための時間を十分に取ることである。私の経験では、ウェビナーは90分程度で終了するように準備されることが多いが、ほとんどの場合、ようやくエンジンが掛かってきたところで終わるということが多いようだ。会話を活発にするためには、相互のやり取りの時間をうまく計画し、参加者がそれぞれを知りあうのに十分な時間を取ることが重要である。

第３節　リーダーシップとイノベーション

聞き手の自発性を生み出すリーダーシップ・プレゼンテーションは、素晴らしいものだ。しかし、それがどんなに素晴らしいものであったとしても、また、いくら説得力があったとしても、あるいは、リーダーシップのことばに関する最高の展開だったとしても、単なる始まりにすぎない。リーダーが情熱に溢れた変革をさらに継続、加速させ、彼らがリードしていく人々との関係を深めていくためには、相互に常に対話を保ち続けなければならない。対話の内容は、言うまでもなく、フォロワーたちの置かれたそれぞれのコンテキストの状況であり、彼らがいかにして次々生じてくる脅威や機会に対処しているかについてである。言い換えると、リーダーシップは、一連の継続的な実験なのであって、そのどれもが計画されたようにはうまくいかないのである。リーダーシップを実験とみなすことによって、たとえ何回も失敗したとしても、いたずらな挫折感を持つ必要はなくなる。

真のリーダーシップとは、我々に冷笑的になるか、あるいは無邪気な無知でいるかのふたつの選択肢以上のものがあることを思い起こさせてくれるものである[xiii]。人間は言われたことを何でもそのまま受け容れるものではない。人々の動機は後知恵的に後から推測できる。リーダーシップとは、この両者の間のどこかで、価値あるものに協同して取り組むスペースを創造することなのである。

リーダーシップの対話とは、目標を達成するために厳しい決断を行うことと、追い求めている目標がそもそも正しいかどうかという問題も含めて、いかにその目標を達成するかについて聞き手からアイディアを聞くオープン性、好奇心、前向きな姿勢を持つことの間に、バランスをつくり出すということなのである。何をしなくてはならないかについてのリーダーの構想は、単に、「そのアイデアに関する現時点までの最善の見解」となる。すなわち、それはあくまでも、永続的に条件付きで偶発的なものであり続けるのだ。リーダーは、改善、進展、最善の結果を導きうる成熟した見解を絶えず探し求め続けなければならない。

その探求のプロセスの中で、リーダーとフォロワーは、直接的に話しあうこととなる。彼らの間で何かが変化する時、彼らの関係は劇的に前進への道を開くのである。すべての参加者をドラマに招き入れることができるのが、対話の一番の強みなのである。

---

i T. Zeldin, *Conversation*, London, UK : Hidden Spring, 1998, p. 14.

[ii] M. McCormack, *What They Don't Teach You at Harvard Business School*, New York : Bantam, 1984.（樫村志保訳『ハーバードでは教えない実践経営学』日本経済新聞出版社、２００７年）

[iii] リーダーシップを会話として捉えるコンセプトに類似した著書として、以下のようなものがある。M. Buber, *I and Thou*（translated by Walter Kaufmann), New York : Scribner, 1970.（田口義弘訳『我と汝・対話』みすず書房、１９７８年）さらに、D. Abram, *The Spell of the Sensuous : Perception and Language in a More-Than-Human World*, New York : Vintage, 1997.

[iv] 例えば、以下のサイトや論文を参照。The Public Conversation Project : www.publicconversations.org：２００７年4月23日アクセス。さらに、K. Gergen and M. Gergen, "Narrative in Action," *Narrative Inquiry*, 2006, 1, pp. 112-121.

[v] E. Scarry, *On Beauty and Being Just*, Princeton, N. J. : Princeton University Press, 1999, p. 22.

[vi] Scarry, *On Beauty and Being Just*, pp. 30-46.

[vii] Scarry, *On Beauty and Being Just*, pp. 69-70.

[viii] Scarry, *On Beauty and Being Just*, pp. 111-113.

[ix] Peter Elbow, *Writing with Power*, New York : Oxford University Press, 1981. この著書の中で、このフレーズは、読み手によって描かれる物を説明するために使われている。すなわち、読み手がテキストに彼ら独自の意味を構成する機会と空間を創造するということである。

[x] J. P. Carse, *Finite and Infinite Games : A Vision of Life as Play and Possibility*, New York : Ballantine, 1986, p.19.

[xi] Carse, *Finite and Infinite Games*, p. 19.

[xii] Zeldin, *Conversation*, p. 14.

[xiii] このことを、ゼルディンの『対話』78頁と比較してみてほしい。

第12章　エピローグ

少ないほど豊かである。
――ルートヴィヒ・ミース・ファン・デル・ローエ
(Ludwig Mies van der Rohe)

長く、リーダーシップや組織変革に関する問題は、少数の特別な人々の仕事であると考えられてきた。しかし、それは、間違いであった。リーダーシップや組織変革は、これまでとは異なった新たな方法で語り、行動する普通の人々によって担われているのだ。言い換えると、リーダーシップのことばを修得すれば、望むならば誰でもが、組織変革を引き起こすことができるのだ。

リーダーシップのことばの特徴といっても、本書で述べてきたとおり、幾つかの単純な原理からなるものにすぎないし、パターンも幾つかの独自なものがあるにすぎず、話しの進行の仕方に独自の道筋があるにすぎない。それでいて、変革のアイデアが、価値あるものであれば、人々の間に共鳴を生み出し、大合唱につなぐことができるのである。これらの原理、パターン、筋道を習得することは、我々が普段にいろいろと話す時の方法や秩序にわずかな変化を加えるにすぎない。しかし、小さな変化ではあっても、聞き手の反応に大きな相違を生み出すことはできる。マルコム・グラッドウェルが指摘しているように、抵抗を生み出すか、情熱を生み出すか、の間の相違は、我々が推測するよりも極めて狭いものなのだ[i]。リーダーシップのことばを用いると、普通の人々でも並外れたインパクトを持つことができるのである。

ある意味では、リーダーシップのことばは、常識以上の何ものでもない。まず、現状の否定的側面を強調し、人々に関心を向けさせる。次に、変革が既に実行されている事例を人々に話すと、人々は自分たちの生活の中で、どうすればそれが可能かについて自主的に考え始める。人々が変革への関心を持つようになると、突然、その根拠を聞きたがるようになる。ストーリー形式でその根拠を述べると、人々はそのストーリーを記憶する。話し手が明確で価値のある目標に深くコミットすることで、聞き手に持続する熱い想いを生み出せることに気がつくであろう。聞き手の生活の基盤となっているストーリーを理解すると、人々が従前の立場にそれほど固執するものではないことも理解できよう。さらに、話し手がコミュニケートしたいという自らの意思を示すボディ・ランゲージも使うことで、聞き手は、話し手が本気で話していることを理解するのだ。我々が実際に話す時、これらの単純な原理、パターン、道筋を利用すると、聞き手が、話し手の話すことに耳を傾けるかどうか、そして、行動するかどうかについて行なう意思決定に劇的な効力を持つのである。

さらに、リーダーシップのことばの持つインパクトは、突発的に発生する。それは、聞き手が敗北を認め、情けを請い、降参の同意書に署名するまで、締め上げていくように展開する議論とは全く違ったものだ。リーダーシップのことばは、教育的であるばかりではなく、巧みに考案され、軽妙で人々を楽しませるものだ。それは、楽しさと活き活きとした力を伝えていくものなのだ。実際の対話でリーダーシップのことばを用いると、世界は、我々が現在住んでいる世界とは大きく異なった響きを持ち始める。すなわち、そこでのことばのやり取りは、新鮮で、刺激的で、参加したくなるものなのだ。

リーダーシップのことばを適用できる範囲は、非常に広い。今取り組まねばならない課題に対してやる気を見出せず、持ち前の高い能力を失いかねない人にも適用できる。そうした高い能力がない者でも、目標に向かうやる気の生み出し方を学んだ時には、山をも動かすことができる。学校や家族のようにメンバー間が親密な場合ばかりでなく、巨大なグローバル組織にも適用できる。すなわち、リーダーシップの原理そのものは、ほとんどの場合、コンテキストに左右されずに同じ方法で機能する。リーダーシップのことばを用いれば、マネジャー、専門家、政治家、教師、両親等々の世界をよりよいものに変えようと願うすべての人々に力を与えることができるのだ。

第1節　リーダーシップのことばはなぜ効力を発揮するのか？

リーダーシップのことばを用いると、迅速かつ容易に、有意義なコミュニケーションをとることができる。多くを語らずに多くのものを伝えるためには、ナラティブ・インテリジェンスを利用しなければならない。コミュニケーションの豊かさは、情報量の大きさから生まれるものではない。それは、聞き手自身がどれだけ付加的な内容を生み出せるかにかかっている。リーダーが多くを語らなくても、聞き手は多くのものを理解できる。このパラドックスが生じるのは、人間の思考法に適したやり方でリーダーがコミュニケーションをとるからである。それは、人間の頭と心の特性を反映したものだ。結果として、人々は、予見すらできなかった可能性を発見するのである。こうした新たな可能性が開ける時、聞き手はこれまでの未来のイメージを改め、新たな未来を創造するという仕事に自ら進んで協力する気持ちになるのだ。

これまで、我々は、人間というものは体系的に情報を処理し、注意深くその根拠と分析に耳を傾けると教えられてきた。しかし、人と人のコミュニケーションでは、そのような情報処理は行われない。リーダーの効果的なあり方を考えるためには、我々はこれまでの多くの根本的な前提を修正しなければならない。実は、我々は、数千年に亘って一見したところ逆効果であることを教える神話を維持してきている。神話は我々に有効的とは言えない行動をとるように求めているし、しばしば我々が欲するものとは反対のことを達成するように求めてくる。

我々は、科学、根拠、分析が持つ力に眼を奪われていたので、気軽で簡単な会話の方が洗練された分析よりも行動を引き起こすのに効果的であるということは、受け容れがたいことであった。確かに、そんなことは信じがたいと言うのももっともだ。しかし、それは、人間がいかに思考し意思決定するかについて、我々が知るところからの明白な帰結に他ならない。人々の考えるという行為がナラティブにおいて行われ、意思決定が行なわれているとしたら、抽象概念で人々に話しかけることは、例えて言うなら、人間の脳という丸い穴に分析的思考という四角い杭を打ち込むようなものだ。その努力への苦悩と浪費した時間は、莫大なものになっている。円型のストーリーならいかに容易に人々の心の中に入り込めるかを知れば、当然、この発見を利用すべきなのである。人間の脳の働き方に適した方法を用いて人々と語りあえば、聞き手が話し手のメッセージに積極的に耳を傾け、話し手とつながっていこうとすることに、何の驚きがあるだろうか。

敵対的な方法で聞き手と議論すれば、コンフリクトを生み出し、エネルギーは非生産的に消費される。我々の求める道は、そうではない。我々は、柔道のように聞き手の意欲的な参加を導き出し、一緒になって活力と英知を生み出し、生産性の高いルートに集中するのである。

第2節　ナラティブは我々が考えるよりも重要なものである

ストーリーが重要であるということは、紛れもない事実だ。しかし、ナラティブ・インテリジェンスは、事実であるかどうかにとどまらないものだ。ナラティブ・インテリジェンスとは、ストーリーの様々なパターンを知り、どのコンテキストでどのパターンが効力を発揮するかを知る能力であり、聞き手の生活の基盤となるストーリーを直観的に理解し、聞き手が新たなストーリーにどのように反応するかを見通す能力である。言い換えると、ナラティブ・インテリジェンスとは、リーダーが本来果たすべき役割を知り、聞き手がリーダーに共感するかどうかを理解する能力である。すなわち、ナラティブのトーンが聞き手に適合しているかどうかを判断し、聞き手がそのナラティブを肯定的に捉えるか、否定的に捉えるか、あるいはどちらでもないのかを判断できるということを意味している。それはまた、あるストーリーが所期の目的を達成するためには最小限を語るべきか、最大限を語るべきかを判断できることでもある。従って、以上をまとめると、ナラティブ・インテリジェンスとは、様々なナラティブを紡ぎ出し、それによって聞き手を相互不信やシニシズムの状態から、相互理解と情熱に溢れた状態に間違いなく導くことができる実践能力なのである。それは、プレゼンテーション全体の中で、ひとつの単語の用い方、強調点の置き方、ひとつひとつのジェスチャーの用い方により、どれだけ大きな差が生じるかを理解することでもある。ナラティブ・インテリジェンスとは、我々が様々なことばやストーリーなどの内容、意味だけではなく、ことばの選び方や語られ方自体に強く影響を受けるものであることを理解し、それらを適切に用いることができるということなのだ。

リーダーシップのことばには、独自の文法がある。英語では、形容詞が名詞の前にくるように、そして主語が一般的に動詞の前にくるように、リーダーシップのことばでは、他者の関心を引くことが他の何よりも前にくるし、変革の願望を刺激することが、変革の根拠を提示することよりも前にくる。何故そうなるのだろうか。それは、人間の考える仕組みがそうなっているからだと言わざるをえない。人間の心のメカニズムは、これらのパターンや一連の流れの時に、他の方法よりも反響を起こしやすいということなのだ。

英語の文法をいったん習得すれば、無数の意味のある文章を作ることができるように、リーダーシップのことばをマスターする時、我々は無数の変革のアイデアをコミュニケートすることができ、そして、人々の自主性を引き出すことができる。それは、組織であろうと、市場であろうと、政治運動であろうと、コミュニティであろうと、学校であろうと、家族であろうと、どこでも同様である。

こうした文法を理解するまでは、リーダーシップを実践することは、気味の悪い黒魔術のようなものに見える。しかし、何が行われているかを理解すると、その技術が特別のものではないと理解できよう。つまり、それは誰でもが行いうるものなのである。リーダーシップのことばとは、何を探せばよいかを知ることであり、見つけた時にそれをいかに識別するかを知ることであり、それをいかに発展させ、いかに準備を進めて、最善の時期に最大のインパクトで伝えるにはどうすればよいかを理解することなのだ。

第3節　リーダーシップのことばは学習できる

オリンピックの短距離離走のような才能は、生得的なものである。しかし、リーダーシップのことばに熟練することは、ほとんどが我々が生まれながらに持っているものではない。アブラハム・リンカーンの格言の用い方やマーティン・ルーサー・キングの華々しいことばで未来を描く能力といったような少数の例外はさておき、リーダーシップのことばの原理を適用する能力は特別なものではない。

リーダーシップのことばを習得するとは、幾つかのことばを適切にかつ順序正しく用いることができるようになることである。その原理は、一定程度は誰にでもすぐに会得でき、かなりの能力は1日で獲得できる。しかし、どのことばも十分に習得するには、一生かけて学習と実践を行い続けることでしか達成できない。リーダーシップのことばを習得するとは、実質的には、世界を異なった視点から理解すること、そして、世界のダイナミズムをナラティブを通じて理解することを意味している。要するに、ナラティブ・インテリジェンスを向上させ続けるということなのである。

初期の段階で急速な習得が可能となるのは、実は、我々が既に日常の生活の中でナラティブ・インテリジェンスの多くの要素を実践しているからに他ならない。しかし、企業などの様々な組織での業務にあたっては、我々は非常に困った習慣に陥っている。つまり、互いに、抽象概念で混乱しながら話しあったり、箇条書きで退屈しあっているのだ。抽象的な議論というコミュニケーションの手法では、人々に伝えるのが困難であり、また人々がそれを聞いて理解するのも困難なのである。多くの時間をかけても、効果は少ない。

日常の生活で実践しているナラティブ・インテリジェンスを、目的が明確な場面で用いるにあたっては、わずかな調整が必要である。このわずかな調整を加えるだけで、我々のコミュニケーションは極めて大きなインパクトとなるのだ。

以上に述べてきたことは、リーダーシップが単なることばだけの問題にすぎないということを意味するものではない。言うまでもなく、リーダーの行為は、長期間に亘り、その主張と一貫しなければならない。

リーダーシップのことばの力を発揮させるイネーブラーとなる条件が適切に守られるならば、正しいことを正しい方法で話すことは、より大きな影響力を持つこととなろう。すなわち、リーダーが明確で価値のある変革のアイディアの実践に全知全霊をかけて取り組むのかどうか、あるいは、リーダーが聞き手の生活の基盤となるストーリーを直観することができるのかどうか、リーダーが心底から真実を語るのかどうか、ボディ・ランゲージが用いていることばと一貫しているかどうか、こうしたことが満たされてはじめて、リーダーシップのことばは大きな力となるのである。リーダーシップのことばが用いられる条件というのは、非常に重要なものなのだ。しかし、その条件だけでは、リーダーシップにとって十分なものでも何でもない。最も直接的なインパクトは、リーダーが何を話すか、そして、リーダーがどのように話すかという両方から生じるものなのである。

第４節　リーダーシップの倫理

聞き手の心を強力な力で変化させ、最初は思ってもみなかった変革の実行を行わせるのだとしたら、リーダーシップのことばとは非倫理的なものではないのだろうか。それは、感情に訴えて、人々を操作するものではないのだろうか。私はそうは思わない。リーダーが心からの真実を語り、その実現のために身を捧げてコミットするのであれば、人々と脳の仕組みに従ってコミュニケートし、理解しやすく伝え、記憶に残るようにすることが、間違っているともマキャベリズムであるとも私は思わない。難しい話し方で人々の理解を難しくし、印象に残らない方法でコミュニケートすべきであると、本気で考える人がいるだろうか。もしそうだとすれば、それは厄介なことに、我々は知らず知らずのうちにあまりにも長期間に亘ってそうしていることになる。さらに意図的にそれを続けるとしたら、無益であるばかりか、コミュニケートする意思それ自体にとって矛盾したものであると言わざるをえない。

ストーリーテリングの重要性を主張することの中で、科学的思考の価値を否定しようとしているのではないし、神話と迷信の暗黒の時代にまで引き戻そうとしているのでもない。それどころか、私は自らを科学者のひとりと考えているし、科学の自己修正を重ねていく方法を正しいものと確信し、コミットしている。ここで、実験における二重盲検法[1]を応用して考えてみよう。この方法では、被験者も実験者も、データ収集を行っている間、その実験の真の目的について知らされていない。研究活動であれば、実験結果は、当然ながら、専門家の会合や研究者同士で査読を行うジャーナル等において精査されることになる。また、当然ながら、それはオリジナルの研究者とは何らのつながりもない他の研究者によって追試されることが求められる。言うまでもなく、否定的な材料があれば必ずレポートで触れなければならないし、そのデータに対する代替的な解釈も提示しなければならない。他の研究者が懐疑的に反論をしやすいように準備しなければならないのだ。例外的な主張を展開するのなら、例外的な証拠を提示しなければならない。こうした状況と同様に、この二重盲検法をリーダーシップのことばにも適用してみようという訳だ。

我々が通常の研究方法に従いすべてのことを実行し終えた時――こうした研究方法は、兎も角、所定の方法に従い実行すること自体が重要なのだ――、そこで発見した結果について、どのようにコミュニケー

---

1 二重盲検法とは、とりわけ医学分野での試験・研究において、実施する治療法や薬などの性質を、医師（観察者）からも患者からも個々には特定できない方法のことである。これは、観察者バイアスが影響するのを防ぐという意味がある。

トすればよいのだろうか。特に、その発見が人々の生活を崩壊させるようなものであった場合、どのようにすればよいのだろうか。研究の目的も承知せずに我々が発見した事項を、その発見が導かれた方法に従ってコミュニケートしようとしても、どういう事態が起こるかは明白であろう。言うまでもなく、差し戻し、抵抗、冷笑、反感といったものだ。しかし、我々がナラティブ・インテリジェンスを使いリーダーシップのことばを用いている時には、こうした結果とは大きく異なったものとなるはずである。

この問題はつまり、科学と分析が得意とする対象には科学と分析を適用し、科学の発見事項をコミュニケートして実践につなぐには、リーダーシップのことばを区別して用いるべきだということなのだ。ちょっと考えてみてほしい。分析的なことばが適さないような活動に対してそれを利用し続け、そこで実際に効果を発揮できる分析的なことばではないことばの利用を拒み続けることが、科学的と言えるのだろうか？このようなアプローチは、非科学的行動の極致であると言わざるをえない。

第5節 リーダーシップの時代

我々は、ますますリーダーシップが求められる時代に入っている。このことは、抗しがたい強力な社会的、経済的な力が収斂してきたことで生じている。グローバル経済において経済的かつ社会的な変化は加速し、その結果として、迅速なイノベーションを起こす必要性は進行し、パートナーとのグローバル・ネットワークが生まれている。それに伴い、物的資産のようにはコントロールできない無形資産の役割が急速に発展し、生産手段においては知識労働者の役割が大きく拡大している。加えて、市場での顧客パワーが強まり、仕事場と市場における多様性が広がっている。これらの諸力のすべてが、未来へ向けて、変革型リーダーシップの役割がますます重要になるということを意味しているのだ。これらのチャレンジに直面しながら結果を出す能力は、少なくともマネジメントと同様、リーダーシップにも依存しているのである。そして、言うまでもなく、リーダーシップの能力とは、階層的コントロールの権限を持たない人々から持続する情熱を引き出す能力のことなのだ。

これらの抗しがたい諸力に対応するため、組織はその不可欠な能力として、真のリーダーシップを開発しなければならなくなっている。つまり、追従を強いる階層的パワーではなく、その組織の構成員が意義ある目標を持てるようにするリーダーシップが、組織存続のための必要条件になるのだ。

マネジメントが存在しなくなることはない。今後ともマネジメントに負うところは大きい。マネジメントは、現代のグローバル経済の驚くばかりの発展に寄与してきたし、それは今後とも続いていくであろう。すなわち、マネジメントを通じて、魅力的な科学的業績を生み出したり、少なくとも先進国の多くの人々の物的生活水準を大幅に改善してきたのである。

しかし、人間が現在直面しているチャレンジは、優れたマネジメントだけで解決できるものではない。あるマネジメントは、なお必要とされるが、これまでのように核となる役割を果たすものではなくなる。ある意味で、マネジメントはあまりにも当然のことなのである。マネジメント能力とは、多くの処理しがたい問題を解決する技術的手段を我々に与えてくれるものだ。しかし、現在必要とされているものは、それらの問題を解決しようという意志の力なのだ。言い換えると、ゴール、行き先、あるいは、目標といったような我々が達成しようと試みているものが、ステージの中央に移行するのである。

マネジメントの世界では、目標はほとんどの場合、与えられたものである。マネジメントとは、それらの目標を達成するための、迅速で、安価で、最善の方法を発見することに関するものだ。マネジメントのことばは、本来、抽象的なものだ。しかし、人間の目標は、本来、マネジメントの言説にはないものなのだ。強調点が目標の方へ移行すると、ことばが抽象概念からナラティブへ変化することは、当然のことだ。何故なら、目標は、ナラティブにこそ組み込まれているからだ。

人間の目標は、私たち自身のストーリーに埋め込まれている。我々が目標を明確化し、焦点化するためには、より鋭敏なナラティブ・インテリジェンスを必要とする。そこでは、我々のストーリーを理解し、他者のストーリーといかに接点を作るかを理解することが必要だ。我々は、我々が生まれ落ちたストーリーの網の目を理解し、我々が死んだ後にも継続していくストーリーの網の目を理解する必要がある。我々が自分たちの生活や目標を理解できるのは、これらの継続的かつ共同的なナラティブの中だけなのだ。

我々の目標は、最初の段階では、以前から伝わっているストーリーから導かれる。しかし、次第に、我々が独自の探求の旅に乗り出すにつれて、目標は我々自身のストーリーから導かれることとなるのだ。このような探求の旅が実はナラティブなのである。その中では、次のような問題を扱うこととなる。我々のストーリーはどこに向かっているのか。この問題はそれ自体で、目標を持ったものでもあり、そして、ある部分ではその答えでもあるのだ。つまり、明確化された目標に向かった冒険なのではなく、むしろ目標それ自体が冒険の過程の中で明らかになっていくという探求の旅なのである[iii]。

我々が他者を変化させる時には、我々自身も変化していく。リーダーとして——さらには、マネジャーとして、変革エージェントとして、政治家として、専門家として、教師として、両親として——の役割の中で、我々は聞き手のストーリーを通じて、自分自身の生活におけるナラティブの特性を理解できるだろう。我々が聞いたり、語りあったりするストーリーは、我々に影響を及ぼし、そして新たな考え方を教えてくれるだろう。したがって、それぞれのリーダーのストーリーの結末は、ひとつの始まりとなるものであろう。つまり、リーダーにとっての新たなナラティブを生み出すばかりでなく、聞き手にとっての新たなナラティブをも生み出していくのだ。

我々が探求の旅を続けていく中で、ナラティブ・インテリジェンスが鍵となるだろう。焦点がますます目標に向かって移行する時、そして言説がますます具体的になって抽象度が低くなる時に、ナラティブ・インテリジェンスが前面にくることは、自然なことであり、また実際に必然的なことであるのだ。ナラティブ・インテリジェンスとは、ストーリーを聞く中でその意味を読み解く能力、ストーリーをいかに使い、いつ使うかを理解する能力、そしてストーリーの効果を見越す能力なのである。ナラティブ・インテリジェンスとは、我々が聞くストーリーの細部にさえも、人間がいかに鋭敏に反応するかを理解する能力に依存しているのだ。すなわち、このことは、何故リーダーシップがとても巧妙で、難しいものであるのかという理由を示しているのである。

しかし、そのリーダーシップの巧妙さと難しさに関して、ある程度の希望もある。我々と語りあっている人々のストーリーを理解することは、彼らを共鳴させ、引き付けることばを話す我々の能力に対して、極めて重大な効果を持ちうるのだ。ストーリーを異なる方法で共有し合うことは、そこで話されるものに対するインパクトを劇的に変化させることができるのである。ナラティブの文法を理解することで、我々はこのナラティブをやり取りすることで移り変わっていくコンテキストをうまく通り抜けることができるのだ。このようなコンテクストの中で、人々に有効的に効力を発揮させたり、世界をよりよいものに変化させたりできるのが、リーダーシップのことばなのである。この能力は、生まれながらに雄弁な話しぶりや口達者であったりする人々に限られた特権なのではない。そのリーダーシップの原理をいったんマスターすれば、何人もの人々がその妙技を成し遂げることができるのだ。

つまるところ、リーダーシップのことばとは、次のように要約できる。すなわち、ナラティブには簡単なパターンがあり、用いるのに適したイネーブラーの下で、それは価値のある変革のアイデアへの抵抗を抑えることができるものである。リーダーシップの仕事とは、そうしたストーリーを発見することなのだ。

---

i　M. Gladwell, *The Tipping Point : How Little Thing Can Make a Big Difference*, New York : Little, Brown, 2000, p. 132.（高橋啓訳『ティッピング・ポイント――いかにして「小さな変化」が「大きな変化」を生み出すか――』飛鳥新社、高橋啓訳『急に売れ始めるにはワケがある』ソフトバンク文庫、２００７年）

ii　A. MacIntyre, *After Virtue*, Notre Dame, Ind. : University of Notre Dame Press, 1981, pp. 217-219.（篠崎栄訳『美徳なき時代』みすず書房、１９９３年）

■付1

成功事例：世界銀行経営改革委員会へのプレゼンテーション（1996年4月）

1996年4月、私は世界銀行の経営改革委員会に情報と知識のマネジメントについて私の考えを説明するように求められた。この委員会は、副総裁、専務理事、および、総裁に影響力を持つ上席顧問から構成されており、世界銀行における「変革の指揮者」役を務めることとなっていた。

当初、私に与えられた時間は30分であった。しかし、当日の議題に別途の報告が加わったとのことで、私の時間は15分へと短縮された。さらに、別のプレゼンターが進行の合間に差し込まれたと言われ、結局、わずか10分の時間しかなくなってしまった。その時は、さすがに私も怒った。情報と知識のマネジメントという新たな戦略上の展開に関連して、変革に抵抗する気難しい連中が聞き手なのだ、10分でいったいどうやって説得しろ、というのだ。

今にして思えば、おそらく10分しか時間が与えられなかったことは、むしろ幸運だったのだ。時間が短い分だけ、本当にインパクトのある内容にだけに集中して話すことができたからだ。それに、このことをきっかけにして、自分のプレゼンテーションがひとつのナラティブとしてどのような構成要素からなっていたかについて、より注目するようになったからだ。当時の私は、「ナラティブの諸条件に照らして考える」などということは全くできていなかった。単に自らの経験に基づいて試行錯誤を繰り返していたにすぎなかった。

■新しい3段階の構図

さらに、時間の制約は、私に次の「伝統的な3段階の構図」を断念させる切っ掛けともなった。

問題の明確化 → 問題の分析 → 好ましい解決法

その結果、私のプレゼンテーションは、本書の中で描いてきたような、変革を目的とするようなコミュニケーションのパターンを反映するものとなった。それを図示すると、次の「新しい3段階」となる。

聞き手の関心を引く → 関心を自発性に変える → 理由を示し自発性をさらに強固なものとする

私は、幾つかの驚きを含んだ物語から始めた。それは、「関心を引く」には良い方法だったのである。

■聞き手の関心を引く

まず、私は、世界銀行は既に知識のインフラストラクチャーを組み立てた経験があると述べた。このこと自体が経営改革委員会のメンバーにしてみれば目新しいことだったのかもしれない。彼らは過去のことにはほとんど関心を持っていなかったし、アフリカ局で生じたイノベーションについても報告を受けていなかったのである。

プレゼンテーションの中で、私は、１９９５年3月、アフリカ局でベスト・プラクティス・システムに取り組むという決定がどのように行われたかについて説明した。次いで、４カ月後、１９９５年7月に、マッキンゼー・アンド・カンパニー等の民間部門における経験の研究を踏まえて、我々は技術スタッフにベスト・プラクティスの事例蓄積を始めるように指示を出したことを述べた。

さらに、次のように進めた。2カ月後の１９９５年の9月にベスト・プラクティス・システムはインターネット、電話、Ｅメールによって企業に対してオープンにしたこと、同年12月にシステムの利用は、ジェンダーと参画という専門的な2分野に広がっていたこと、だ。ここで、私は、委員会のメンバーに以上のことはたとえ私が責任者だったアフリカ局の自慢をしているにすぎないとしても十分にサクセス・ストーリーになりうると考えさせるように少し時間を置いた。

次いで、ベスト・プラクティス・システムの開発を進める上で、予期できなかった障害について簡潔に述べた。それは、以下のようなことだ。

最初に生じたことは、懐疑的な態度が蔓延したことだ。多くのスタッフが「これは世界銀行の業務ではない」と口にしていた。しかし、経営陣がどんな構想を提示してもこうした反応は見られるものであり、ある意味では当然の結果と言えるだろう。しかし、次に生じたことは驚くべきものであった。それは、アフリカ局の幹部の専門家たちがベスト・プラクティスとは何かについて知らなかったということだ。また、本来ならばそれぞれの部門のベスト・プラクティスの保護者となるべき本部の副総裁間でも、何がベスト・プラクティスに当たるかについて一致できなかったのである。中でも、何らかの点でベスト・プラクティス担当と言える管理職を持っていた副総裁はたったひとりだったというのは、ショックでさえあった。

ベスト・プラクティスに関する事例蓄積を進めるようにという指示を出した時、アフリカ局の専門家たちが言ってきたことは、それは自分たちの仕事ではないということであった。実際、指示に従う者はほとんどいなかった。ジェンダーと参画の2分野では協力は得られたものの、短時間で膨大な数の事例を集めたので、システムのユーザーフレンドリー性に問題を来たしていた。ここに至ると、今や、委員たちも心配を始めたようだった。「これは大変だ。諸君、問題は大きいぞ!」という訳だ。

私が行っていたことは、幾つかの気になるストーリーを用いて、聞き手の関心を引くことだったのである。

次に、私の行ったことは、ポジティブな主張――世界銀行は情報と知識の宝庫である――を展開することによって、さらに委員たちの関心を刺激することであった。私は、次の3つの質問をした。

●情報と知識の宝庫があるとしても、その活用には何が必要となるか?
●現状から、どうすればそうした状況を作り出せるか?
●目指すべき「その状況」とは、どのようなものか?

■関心を自発性に変える

以上により、私は聞き手の注意を十分に引き付けることができたので、伝統的なコミュニケーション・アプローチによれば、次に、解決が必要な問題について分析してみせるか、ないしは、将来の知識と情報の共有環境のあり方を明確化する段階に進むべきところであった。しかしながら、前者には困難な泥沼の中で聞き手を失ってしまう懸念があるし、後者には明確化しようとすると今まで見たこともないものになったり、サイエンス・フィクションまがいとなり、世界銀行はおろかいかなる組織においても実行できない代物になってしまう危険性があった。加えて、世界銀行の顧客たちには技術的に対応できないかもしれない――ここは、ハイテクに関する物理的なインフラ環境と人的スキルの欠如している発展途上国なのだ――心配があった。

そこで、私は、最近起きたことで世界銀行に極めて近い組織――疾病対策予防センター――の話をスプリングボード・ストーリーとして用いることにした。そこは、世界銀行が進めようとしているようなシステムを作っており、既に現実の問題解決に役立てていた。しかも、米国のような先進国の人々を対象としたシステムではなく、世界における最貧国のひとつであるザンビアにおいてである。

昨年の6月、ザンビアのある小さな町のヘルス・ワーカーが、疾病対策予防センターのウェブサイトを訪れ、マラリヤへの対処法に関する疑問の答えを見つけたのである。

私はこれがサイエンス・フィクションではないということを強調し、「FACT」という大仰なタイトルを付けた。これが、ありえないことだとは誰も論じることができなかった。それは既に起こっていることだからである!

そして、特に、私はこのストーリーには以下の特徴があることを強調した。

●これは2015年に起こることではなく、1997年6月というわずか9カ月前に起きたことであること。

●これはザンビアの首都で起きたことですらないこと。むしろ、首都から600キロも離れた小さな村での出来事である――

それは世界銀行の向き合う環境と明らかに同種である。

●そして、注目すべきは、これは先進国で起きたことではないこと――ザンビアという世界における最貧国で起きたことなのである。

この議論に秘められた私の論点は、極めて単純である。すなわち、あるところでこうしたことができるのなら、何故、他のところでできないのだろうか。

次に、私は、そのストーリーを変革のアイデアに結びつけていった。

●私は、最も重要な部分は、世界銀行がこの話の中に登場していないという点であることを指摘した。世界銀行は、自らの持つ知識を、貧困に瀕している人たちのために意思決定を行う数百万の人々すべてに共有してもらえるように組織化していないのだ。

●しかし――この点においてこそ、私が委員たちに夢を持つように誘いかけたところなのだ――世界銀行がそれを行ったらどうなるだろうか。世界銀行は知識を世界と共有するために組織されたものだと考えたら、どうだろうか。それができる組織を想像してみようじゃないか。

その時、私はこのスライドの重要性を十分には理解していなかった。ストーリーはたった29語足らずで、19枚のスライドの中の1枚に過ぎなかった。もしその時尋ねられたら、プレゼンテーションを効果的なものにしたのはこのスライド以降の14枚の中身だ、と答えただろうと思う。

ある意味では、このことは真実である。つまり、次の14枚のスライドの中身は重要だったのである。しかし、その後の数年で、このザンビアのストーリーを語った時にこそプレゼンテーションが一種の呪文となることを知ったのである。重要なのは、聞き手が「分かった」と思うことなのである。私がザンビアのストーリーを語らなかった時は、混乱のうちに終わってしまった。つまり、中身というのは聞き手にとってサイエンス・フィクションのようなものなのである。

結果として、私はザンビアのストーリーを扱うことが、聞き手が中身に注意を傾け、共鳴する必要条件であることに気がついたのである。こうしたストーリーが、スプリングボード・ストーリーなのである。スプリングボード・ストーリーがなければ、どんな立派な内容も、空虚で信憑性に欠けたものになるのだ。スプリングボード・ストーリーがあれば、聞き手自らが将来について想像することができ、自ら想像するからこそ、その想像を信じることができるのである。ザンビアのストーリーは、プレゼンテーション全体の中ではほんのわずかな部分にすぎないのだが、それが実際にはくさびとなり、プレゼンテーション全体を機能させるのである。

■理由を示し自発性をさらに強固なものとする

私は、スプリングボード・ストーリーを聞いた後の聞き手の様子から、多くの人が夢を見始めるのだと思う。「そうだ！　我々には、他にはない知識があるのだ！　現状よりももっと多くの人たちに関わることができるかもしれない。我々がこれをやっていったらと想像してみろよ。いったいどうなると思う？」といった具合である。

ここでのポイントとして、「ここ」から「そこ」へ向かうための、それぞれ関連している5つの「ロード・マップ」のストーリーを提示しておこう。

□第1のストーリー

最初のロード・マップは、世界銀行が書面ベースの組織であり、すべての物事が非常にゆっくりとしたペースで進んでいくという事実に由来している。これは単に組織内部の問題ではない。それによって顧客への支払い手続きが数週間かかることがあり、重要な顧客の不満を生み出しているからである。それに対する明白な解決策は、デジタルシステムに移行することである。それによってすべての情報がすぐに手にはいるようになり、例えば支払いについても数週間ではなく数時間で完了することができるようになる。

□第2のストーリー

1996年、国の財政バランスの現状を知ろうとすると、自分で書類を集めて計算するか、財政学者を見つけて現状評価をしてもらうかのどちらかであった。通常必要とされるすべてのデータを、システマティックなデータバンクを作って、スタッフにも顧客にも提供すれば、その種のデータの入手は容易になり、膨大な時間と努力を省くことができる。

□第3のストーリー

こうした初歩的な情報システムでも設置してしまえば、ベスト・プラクティス・システムの構築を通じて、組織の中で分散して存在する知識をつなぎ合わせ共有するという、より難度の高い課題に取り組むことができる。このシステムでは、人々が進んで協力するインセンティブを設定しておくことが重要になる。我々がこうしたことを内部のスタッフに対して実施できれば、次に、直接的に顧客に対しても実施できるのではないだろうか。このことは、世界銀行のスタッフが繰り返し「うまく仕事を実践する」のに役立つだけでなく、顧客が世界銀行のベスト・プラクティスにアクセスするスピードを向上させることにも役立つ。

□第4のストーリー

アフリカ局の経験は、データベースを築くということは大きな挑戦の中のほんの一部にすぎないということを示している。不可欠な点は組織の境界を超えて専門家間の対話を創り出すことであり、こうした対話があってこそ、何がある領域でベスト・プラクティスであり、そうでないかについて共通した理解を持つことができるのである（こうした対話の行われる場は、当時のアフリカ局で「〈大学〉」と呼ばれ、その後、世界銀行では「テーマ・グループ」と呼称された。今では、多くの他の組織において「実践コミュニティ」として知られている）。

□第5のストーリー

これらの場がいろいろな領域で生まれてくると、我々はそれぞれのグループのために電子的に特定の業務を処理するデータベースをデスクトップに作ることができるようになった。

このデータベースがどんな役割を果たしたか、以下に述べておこう。

●関連のあるベスト・プラクティス：それぞれのグループは、すべてのベスト・プラクティスを引き出そうとしている訳ではない。しかし、人々が取り組む業務に関連のある経験から導かれた教訓を共有することが重要なのだ。

●関連のある参考文献：各グループは、国会図書館級の資料を欲している訳ではなく、特定のプロジェクトに関して参考となり、引用できる文献リストが必要なのである。

●関連のあるポリシーと指針：グループが必要とするのは、大量の業務マニュアルや数十年に亘って蓄積されてきた指針のすべてではない。業務を遂行する上で必要なもので十分なのだ。

●関連のあるカントリー情報：各グループは、その国の情報のすべてを知りたい訳ではない。今進行中の業務をこれまで動かしてきた人々、担当者について——言い換えると、これまでの経過のストーリーについて——知りたいのである。

●関連のある報告書：各グループは、古くさい報告書をすべて集めてくることを求めているのではない。今抱えている課題と同じ分野の調査報告書が欲しいのである。

●当該分野に強い専門家リスト：各グループには、一般的なグルが必要なのではなく、特定の業務領域における鍵となる課題について答えられる専門家である。

●関連のある分析ツール：各グループは、これまで行われてきたすべての業務について知りたいのではなく、現状に影響のある範囲で行われた業務についての経済的、財政的、技術的分析を行うスプレッドシートが欲しいのである。

我々がスタッフに以上のことを提供できれば、それで終わりにする必要は全くない。同じ情報を直接顧客に提供することだってできる。彼らも、明らかに我々と同じ目的のために同様の情報やノウハウを必要としているのである。そうすれば、顧客もっと事前の努力を引き受けてくれるだろうし、我々も必要な時に必要とされるガイダンスに我々の努力を傾注することができよう。

■この変革はどんなインパクトをもたらすのだろうか

第1に、効率化の観点から見たインパクトは、非常に大きい。我々は銀行のレスポンス時間を指数関数的に減少させることができるからである。つまり、10~20%早くなる、といったことではなく、10~20倍速くすることができるのである。

第2に、我々の情報と知識への電子的なアクセス方法を多くの顧客に提供できれば、組織の有効性は同様に著しく向上する。顧客が直接ベスト・プラクティスにアクセスできるようにすることは、世界銀行の開発機関としての優位性を確立することにつながる。

では、いったいそれにいくらくらいかかるというのだろうか。本委員会が開催された時点で詳細な評価はできなかったが、大きな投資コスト(ただし、その大半はナレッジ・マネジメントの導入の有無にかかわらず、必要だったものだ)も、巨大データシステム(各部門が個別にコンパティビリティに欠けるシステムを持つのではなく、十分に統合されたシステムにすること)によるコスト低減分で相殺できたことは、かなり明白である。同様のことは、伝統的な販売管理費の観点からも言える。

これまで世界銀行と顧客は互いに高い壁に隔てられていたかもしれないが、今や、互いに密接に結びつけられ、情報と知識を共有することで効率性と有効性の観点から大きな利益を得ることになろう。それによって、これまでいろいろと語られることはあったが、実際に普段の実務の中では創出しがたい純粋なパートナーシップを築けるようになったのである。

このビジョンは新種の組織として知られ、情報と知識を普及、拡大していく上で世界的に牽引役となると考えられているものである。それは、情報に関するコストを引き下げ、知識から生ずる業務上のベネフィットを拡大することにより、組織にとって全く新たな戦略対応を可能とするのである。

■あとがき：何が現実に起こったのか？

以上が、1996年4月に私が行ったプレゼンテーションの内容である[i]。いったい、その時に、何が起こったというのだろう。やがて、世界銀行のトップは私のゲームプランのほとんどを採用することになる。しかし、その後、情報と知識は全く異なった発展経路をたどることになる。情報が旧来の保守的なマネジメント手法によって管理されたのに対し、知識はリーダーシップに依存するところが大きかったからだ。

数年を経て、世界銀行の情報システムをアップ・グレードするために大きな投資が行われた。会計システムは標準化され、統合された。また、統合的なEメールシステムも導入された。イントラネットや外部向けウェブサイトも作られるようになった。

知識という側面から言うと、「ストレッチ・ゴール戦略」が1997年に理事会で承認された。その内容は、「2000年までにナレッジ・マネジメントにおいて世界のリーダーとなる」というものであった。その実行にあたっては、本書の序で述べたように、オーソライズが行われなかったこと、資金不足、トップマネジメントの継続的な支援の不足などの非常に多くの障害に出会った。しかし、2000年までには、ナレッジ・プログラムの大半は成功裏に実現されていったのである。こうした障害を克服したのが、リーダーシップ――すなわち、明確なビジョンを打ち立て、人々の情熱を引き出し、変革へ前向きに取り組ませるようコミュニケーションを行うこと――によって、克服されたのである。世界銀行が、知識の共有という点において、実際に世界のリーダーとしてベンチマークされるようになっていくのに時間はかからなかったのである。

---

[i] このプレゼンテーションで用いたスライドは、以下のサイトで閲覧できる。http://www.stevedenning.com/slides/PresentationApr26-1996.pdf.

■付2

ストーリーテリングを成功させるためのテンプレート

リーダーの用いるナラティブは、音楽や舞踊と同様の一種のパフォーマンス・アートと言えよう。それは、実践によって学習されるものでもある。ここでは、ストーリーとは何かについて簡単な議論を行い、ストーリーテリングの習得を促進するためのワークショップで私が用いているテンプレートを紹介する。

■ストーリーとは何か

本書では、〈ナラティブ〉と〈ストーリー〉は、ほぼ同義語として用い、ある出来事と出来事の関係を因果論的に説明するものと捉えている。こうした単純で日常的な概念について学術的に議論しようとすれば、たちまちに図書館全体を埋め尽くすことができよう。ここでは、ごく少数の論点に触れるにとどめておきたい。

このふたつの概念については、様々な実践家が異なる定義を提出している。ある人々にとっては、〈ストーリー〉とは、狭い意味で用いられ、主人公がいて、プロットがあり、転機を経て解決に至るといった、よくできた物語と定義される。彼らにとっては、〈ナラティブ〉こそが、私が本書で用いたようなより広い意味で用いられる概念となる。すなわち、よくできた物語の条件とされる伝統的な要素を欠き、物語というよりは、むしろ、まだ物語の形になっていない、物語のためのアイデアや断片を示す[i]。

別の見方では、〈ストーリー〉は、私が本書で提起したような広い意味において用いられ、一方で〈ナラティブ〉は「語り手によって語られた物語」という狭い意味で用いられる。この見方においては、『「ナラティブ」＝「ストーリー」＋「テーマ」』となる。つまり、テーマは、〈ストーリー〉に付加されたひとつの階層であり、断片に方向性を与え、感情に訴えるものとし、〈ストーリー〉の持つ意味をより深くするのである[ii]。

実際、〈ストーリー〉と〈ナラティブ〉の日常的な使い方は非常に多岐に亘っている。ポルキングホーン（D. E. Polkinghorne）らは、このような広い意味での理解を受け容れ、〈ストーリー〉と〈ナラティブ〉を同義語として扱うように主張している[iii]。〈ストーリー〉という包括的な把握の中に、我々は、古典的な構成を持つ物語、よくできた物語、ミニマリストの物語、反＝物語、断片的な物語、終わりのない物語、複数の終わりがある物語、複数の始まりがある物語、始まりへと回帰する終わり方をする物語、喜劇、悲劇、刑事もの、ロマンス、民話、小説、劇作、映画、テレビのミニシリーズ等々と、何が真のストーリーなのかについて神学的な議論を行うことなく容易に区別できる[iv]。

共通しているのは、「ストーリー」とは、多くのバリエーションを含む大きなテントだ、ということだ。こうしたバリエーションの中には、ある目的にとっては、他のバリエーションよりも使いやすいものもあろう。これまで識別されていない多くのバリエーションがあろう。「真のストーリー」というものについて、前もって定義した上で議論を始めれば、ナラティブの有用な形態を見逃してしまう危険性がない訳ではない。

●エクササイズ＃１：変革のストーリー

このエクササイズは、第2章で議論した〈目標の明確化〉に対応する。

「変革のストーリーを構成する5つの要素について話してください」

○その変革は、どのような領域に関するものですか？
○取り上げる問題は、何ですか？
○ひとたび変革が実行されると、どのような未来が見えますか？
○どのようにすれば、その未来に行き着くことができますか？

○その変革は、

・何かの道具となっているのではなく、変革それ自体に価値があるものですか？
・参加者を成長させるものですか？
・そこに関わった人々全員に利益をもたらしますか？
・他の人々を道具として扱い、傷つけることはないですか？

●エクササイズ＃2：リーダー自身についてのストーリー

このエクササイズは、第3章で議論した〈リーダー自身の変革へのコミットメント〉を明確にすることに対応している。

「あなた自身の変革への取り組みについて話してみてください」

・いかなることがあっても、あなたは変革を起こす覚悟がありますか？　あなた自身、配偶者、子供にどのような危険性があるかを考えましたか？
・あなたは、この変革を起こすためなら、自分の生活においても必要な変化を進んで受け容れますか？　時間、エネルギー、努力、忍耐、必要なものは何でも、その変革に捧げますか？　その変革を起こすために自分自身や自らのエゴや野心、プライドを犠牲にする用意がありますか？　たとえ個人的な損失があっても、屈辱を受けても、誰からも評価されなくても、変革を起こすことを進んで約束しますか？
・変革がうまくいったと想像してみてください。あなたは、その成功やその後にどういう経過をたどるかについてどう考えておられますか、また、対処の準備はできていますか？　あなたやあなたの家族にとって好ましくない影響には、どのようなものがありそうですか？　友人や同僚との関係においては、どうでしょうか？

・変革が失敗に終わったと想像してみてください。あなたは、その失敗やその後にどういう経過をたどるかについてどう考えておられますか、また、対処の準備はできていますか？　あなたやあなたの家族にとってどのような影響がありそうですか？　友人や同僚との関係においてはどうでしょうか？　それらすべてを受け入れることができますか？

●エクササイズ＃3：変わらなければならない側の人々のストーリー

このエクササイズは、第4章と第5章で議論した聞き手のストーリーをどう理解するかに対応する。ポイントは以下の3点。

○ストーリーの話し方の練習
○ストーリーの聞き方の練習
○変わらねばならない側の人々の世界観、価値観、マインドセットを理解する練習

「以下のストーリーを、できるだけ一貫した説得力あるものにして話してください」

1. まず、変革を必要としているが、その変革を成し遂げることが困難だと感じており、おそらくその変革に抵抗を示すであろうと思われる人をひとり（あるいは複数）挙げてください。
2. その人物についてのストーリーを話してください。何故彼らはそう感じているのか、また、どのようにしてそう感じるようになったかについて話してください。それには、彼らの価値観、夢、希望、さらには恐れていることを含めてください。そのストーリーは、「……以上の理由により、その人物は変革に抵抗しているのだ」と結ばれることになるはずです。できるだけ一貫した説得力あるものにして、その人が捉えている世界像について話してください。

3. その人の世界に自らを置いてみてください。そして、一人称でその人についてのストーリーを話してください。そのストーリーは、「……以上の理由により、私は変革を拒むものです」と結ばれるはずです。

4. 次に、二人称で話してください。そのストーリーは、「……以上の理由により、あなたは変革へ抵抗しているのですね」と結ばれるはずです。

●エクササイズ＃4：スプリングボード・ストーリーを作ること

このエクササイズは、第9章で議論した変革に対する願望を触発することに対応する。

1. 組織やコミュニティ、集団において、あなたが引き起こしたいと願う「変革」とは何ですか？

2. 変革が全体として、あるいは、部分的にでも、成功裏に行われたと想定して下さい。その時に生じること（あなたの組織、コミュニティ、グループの内部でも外部でも構いません）について簡単に話してください。

3. そのストーリーで変革をリードした「ひとりのリーダー」がいるとすれば、それは誰ですか？

4. そのひとりのリーダーは、あなたの変革のストーリーの聞き手の中の「典型的な人」ですか？　もしそうでないなら、その変革のストーリーをひとりのリーダーの視点から語ることはできますか？

5. そのひとりのリーダーは、「いつ」、「どこで」変革を開始しましたか？　例えば、「2003年7月、ロンドンで、トニー・スミスが……」という具合に答えてください。

6. そのストーリーは変革のアイデアを十分に具体化したものですか？　もしそうでないなら、さらにストーリーを充実させて変革のアイデアを完全に具体化するようにできるでしょうか？

7. そのストーリーは、「変革のアイデアがなければ、事態はどう推移したか」を明らかにしてくれますか？

8. そのストーリーには、「不必要な細かい点」は含まれていないでしょうか？

9. そのストーリーは「真のハッピーエンド」になっているでしょうか？　なっていなければ、なるように修正できるでしょうか？

10. そのストーリーは、変革を通じて達成しようとする目的とつながっていますか？　例えば、「もし……ということになったら、どうなるだろうか」や「ちょっと、想像してみてください……」、あるいは「ちょっと、考えてみてください……」という形式であれば、つながっていることは多いようです。

---

i Y. Gabriel, *Storytelling in Organizations: Facts, Fictions and Fantasies*, New York: Oxford University Press, 2000.

ii L. Vincent, *Legendary Brands: Unleashing the Power of Storytelling to Create a Winning Market Strategy*, Chicago: Dearborn Trade, 2002.

iii D. E. Polkinghorne, *Narrative Knowing and Human Sciences*（Albany: State University of New York Press, 1988）.

iv ポーキングホーンは「ナラティブ」と「ストーリー」を「個人の人間行動と出来事を理解可能な合成物の相互に関係づけられた様態へと結びつけるための基礎的なスキーム」と定義している。Polkinghorne, *Narrative Knowing and Human Sciences*, p. 13.

■謝辞

本書の出版に当たってお世話になった方々はあまりにも多く、ここですべての方々にお礼を申し上げるのは簡単ではない。言うまでもなく、私が多くを負うのは何千年にも亘るストーリーテリングの長い歴史であり、マネジメントとリーダーシップにかかる膨大な研究の蓄積である。本書全体を通じて可能な限り私の考えの源泉は明示したつもりだ。読者はそれらを通じて自らより深く当たってみることができよう。

私のニューズレターの読者から多くの有益な助言を得たことに感謝したい。また、私が主催したワークショップで様々なアイデアを進んでご教示いただいた多くの方々にも感謝したい。中でも、ワシントンDCのゴールデン・フリース・グループには多くの有意義な提案をいただいたことに感謝したい。

以下で幾つかの名前を挙げることにより他の人々への感謝を軽んずるつもりは全くないのだが、特に次の方々には感謝したい。パム・バリー、ジュリア・ベアウッド、バーバラ・ビクフォード、メイダリン・ブレア、メイヤ・グロリムンド・デップ、ジョアン・デズラー、シンディ・ダイエク、リン・ダウリング、リン・ファインゴールド、メアリ・ファウラ、ブライアン・フルー、ドン・ガラガ、カレン・ギリアム、オイストキオ・ガルシア、ブライアン・ゲスト、スコット・ヒーゲル、ジェシカ・ヒル、セス・カーハン、ガス・クラウス、ローリー・ロック・リー、デニス・リー、ステュワート・マーシャル、マイケル・マーゴリス、マーラ・マッキントッシュ、ビル・モフェット、キャロル・モン、ケイト・ミュール、パメラ・オッチーノ、ラリー・プルサック、トニー・クインラン、アシャラフ・ラムジー、ダン・ダスムス、エレン・リンテル、サンディ・ロビンソン、リサ・ローズ、シェリー・ローゼン、サム・サンダーニ、ジム・シュルツ、ヴァージニア・ステファン、ディブ・スノードン、キャス・スィーニー、ジョン・トンプソン、マーサ・ヴァール、ディック・バン・デン・スターン、ハーシュ・バーマ、トニー・ウォーカー、スーザン・ウィリアムズ、アンディ・ウルヴン、ピーター・ヤング。

■解説に代えて

ストーリーテリング：新たな組織論への胎動

本書は、2007年にジョシ＝ベース（Jossey-Bass）社から刊行されたステファン・デニング（Stephan Denning）著 *The Secret Language of Leadership: How Leaders Inspire Action Through Narrative* を訳出したものである。本書は、フィナンシャル・タイムズの2007年度ベスト・ブックスの1冊に選ばれている。ご一読いただいた読者には気づかれたとおり、デニング氏の文章には、読んでいてぐいぐいと引き込まれていく不思議な力が伴っている。まさに何かを語りかけてくるのだ。その力を本訳書で十分に表現できていないとすれば、それは監訳者の力不足である。

しかし、本書を「リーダーの上手な話し方」について手際よくまとめたものだ、とのみ理解してもらうと大きく誤ることになる。むろん、〈話し方〉は、重要だ。同じ内容でも、話す技術により伝わることもあれば、誤解を生むこともある。その意味でも本書は極めて有効な手段を提示してくれる。本書は、よきリーダーシップのための話し方マニュアルとしても十二分の価値を持つ。

だが、本書が描出するものは、それだけにとどまるものではない。

本書が提起する問題のひとつは、組織の概念を再考することにある。

組織とは、多くの場合、「ある目的を共有し、その達成に向けてコミュニケーションを行い協同する人々の集まり」と捉えられる。経営学で言えば、営利企業がひとつのモデルになるかもしれない。しかし、その目標は、どこから来るのだろうか。どういう時に共有されるのだろうか。経営者が利益をあまりにも重視していたら、とても企業が存続し得ないことは明白だ。経営の目標は、営利だけではない。貢献意欲を組織の要件とするとしても、その意欲がどこから来るかを議論せずに、組織を論ずることはできない。経営学の生みの親のひとりでもあるバーナードは様々なジレンマの中に経営者の役割を見て取ったのではなかったのだろうか。長く経営学は組織の成員が独自の知性と感性を持った具体的な人間であることを忘れていたような気がする。

　そもそも〈話し方〉が聞き手の理解に影響するとしたら、これまで我々が正しく知ることの基盤に置いてきた論理と実証とは何だったのだろうか。こうした問いへの代表的な回答方法は、「知識の根拠」を問うことと説得することとは全く別の問題だとすることだ。前者は合理性の追求であり、後者は感情などの不合理性への対応である、という訳だ。この考え方では正しい知識はあくまでも論理と実証によって可能となることを前提としており、話し方はせいぜい知識を伝える際の擾乱要因への対策として用いられる技法にすぎず、理解の根本的な要因からは排除されてしまっている。これも、聞き手という人間を合理性を欠いた存在とみなし、矮小化することに他ならない。要するに、話し方の問題化を避けてしまっているのだ。長く、いや、永くというべきだろう、我々は、こうした考え方に捉われ、〈話す〉ことの問題化を避け、その認識論的な意義を忘れていたのだ——恐らくは、デカルトやロック以来、数世紀に亘って。

　本書を読んで驚かされたことのひとつは、リンカーンが現代にもつながる憲法論議上の極めて大きな疑義をはらんだ決定を行っていたことだ。このことは論理が正しさを必ずしも導くものではないという、普通の人々の日常的知識では自明の、真理を示す良い例であろう。もう少し分かりやすく言うと、ロジカルとリーズナブルは違うということだ。ストーリーテリングとは、ロジカルに根拠づけられなくとも、不可知論や相対主義に陥ることなく、リーズナブルな価値を創り出すことなのだ。

こうしたストーリーの捉え方は、レヴィ＝ストロースが『野生の思考』の中で「無意味に面した時には人間性が抗議の声をあげる」と表現し、科学的思考に対置させた神話的思考、あるいは、近代科学を特殊な時代背景によるものと批判的に捉えたトゥールミンが主張する緩やかな合理性を想起させる。いずれもが近代的な知の問い直しの必要性を訴え、神話、ストーリー、ナラティブと呼ばれるものにその可能性を見出したのである。ストーリーテリングとは、決して、単なる分かりやすい説明手法と言ったレベルにとどまるものではない。

本書が描き出す組織像は、ストーリーテリングが行われることによって自らのありようが共有された時にはじめて組織足りうるという視点である。組織はストーリーとして語られることによって初めて組織化されるとも言えよう。本書は、組織をストーリーが語られる場として捉え、ストーリーによる組織化の進展を明らかにしようする新たな試みと言え、その特長はそうしたストーリーテリングがいかにして可能であるかを様々な具体的な事例の中で明らかにしようとしている点にある。目標の提示の仕方、自らコミットする必要等、ここで繰り返すまでもないが、どれもが一見したところある意味では当然に見えるにもかかわらず、それぞれが人間のあり方をどう捉えるかという議論を踏まえたストーリーであることを見て取れば、本書の奥深さが伺えよう。リーダーシップのありように深い示唆を与えるものである。

デニング氏自身についての紹介は本文中にも自らの手で語られているので控えておきたい。メリーランド大学ジェームズ・マクレガー・バーンズリーダーシップ研究所フェローを引かれた今も、世界各地の大学等で客員を勤められるとともに、自らセミナーを開催されたり、ホームページ（http://www.stevedenning.com）で積極的な発言を続けておられる。このホームページでは、昨年の嵐のようなトヨタ批判の中でトヨタに好意的な発言をされたり、また、ハーバード・ビジネス・レビュー誌に対する厳しい批判を公開するなど、歯に衣を着せない発言で知られる。一昨年（２０１０年）8月にお目にかかった時には、新著 *The Leader's Guide to Radical Management : Re-inventing the workplace for the 21st century: Innovation, Deep Job Satisfaction and Client Delight* の最終校正に取り組んでおられ、同書は同年10月出版されている。ふたつ目のサブタイトルは出版時には外されていたが、デニング氏の考えを端的に示すものと思われるので、ここでは付して紹介しておきたい。

翻訳は別掲のとおり分担して行い、全般的な訳語、文体の統一には高井が当たった。原著の付3は、省略している。訳文はクロスチェックを行い、誤りのないよう最善を尽くしたつもりではあるが、思わぬ間違いが残存するかもしれない。読者諸氏には寛恕、ご教示のほどをお願い申し上げたい。

翻訳開始以来、作業は遅れを重ねた。これはひとえに監訳者の力不足によるものであるが、ようやく完成に至ったのは白桃書房編集部河井宏幸氏の叱咤激励があればこそである。心から感謝したい。

末筆ながら、翻訳チームの一員であった元山年弘氏が、平成21年7月、担当いただいた第3章の原稿完成後、突然、逝去された。チーム全員にとってあまりにも悲しい出来事であった。その後2年を経てようやく形をなすに至った本書を同氏に捧げつつ、冥福を祈りたい。

平成23年11月

翻訳者を代表して

高橋正泰

高井俊次

■監訳者・翻訳者紹介

氏　名	所　　属	担　当
高橋　正泰	明治大学経営学部教授	監訳，第 1 章
高井　俊次	室蘭工業大学大学院工学研究科公共システム工学専攻教授	監訳，序，序論
高木　俊雄	沖縄大学法経学部准教授	第 2 章，第 4 章
元山　年弘	前立教大学経営学部助教、平成 21 年 7 月逝去	第 3 章，付 2
小野　善生	関西大学商学部准教授	第 5 章
鈴木　将人	広島国際大学医療経営学部助教	第 6 章
黒澤　壮史	山梨学院大学経営情報学部専任講師	第 7 章，付 1
鄭　　有希	明治大学大学院経営学研究科特任講師	第 8 章
宇田川元一	西南学院大学商学部准教授	第 9 章
四本　雅人	明治大学研究知財研究推進員、関東学院大学経済学部非常勤講師	第 10 章
星　　和樹	愛知産業大学経営学部専任講師	第 11 章，第 12 章

■ストーリーテリングのリーダーシップ
—組織の中の自発性をどう引き出すか
〈検印省略〉

■発行日——2012年4月26日　初版発行

■監訳者——高橋正泰《たかはしまさやす》・高井俊次《たかいとしつぐ》

■発行者——大矢栄一郎

■発行所——株式会社　白桃書房《はくとうしょぼう》
〒101-0021　東京都千代田区外神田5-1-15
☎03-3836-4781 FAX 03-3836-9370　振替00100-4-20192
http://www.hakutou.co.jp/

■印刷・製本——萩原印刷
© Masayasu Takahashi & Toshitsugu Takai 2012 Printed in Japan
ISBN 978-4-561-26567-2 C3034

本書のコピー、スキャン、デジタル化等の無断複製は著作権法上での例外を除き禁じられています。本書を代行業者等の第三者に依頼してスキャンやデジタル化することは、たとえ個人や家庭内の利用であっても著作権法上認められておりません。

落丁本・乱丁本はおとりかえいたします。

C.D.マッコーレイ・R.S.モクスレイ・E.V.ヴェルサ【編】金井壽宏【監訳】

リーダーシップ開発ハンドブック

国際的非営利の教育機関 CCL による，リーダーシップ開発に関する知見の集大成。研究と実践の両面から，その概念的理解をはじめ実践的アイディアまでを学べ，人事担当者やライン・マネジャーの座右の書とすべき1冊。

ISBN978-4-561-24546-9　C3034　A5 判　480 頁　本体 4700 円

株式会社
白桃書房　　（表示価格には別途消費税がかかります）

片岡　登【著】

リーダーシップの意味構成

解釈主義的アプローチによる実践理論の探求

管理職を務める実践家の抱く「リーダーシップの実践理論」を現実に解明した画期的労作。いまリーダーシップを必要とする人，Ph.D.（博士）をめざす社会人に，リーダーシップの深い理解と自らの可能性に目覚めさせる1冊。

ISBN978-4-561-26540-5　C3034　A5判　272頁　本体3500円

株式会社
白桃書房　　（表示価格には別途消費税がかかります）

M.H.ベイザーマン・D.A.ムーア【著】長瀬勝彦【訳】

行動意思決定論
バイアスの罠

人の意思決定は様々なバイアスを帯びている。ハーバード大学教授による本書は，行動意思決定研究の広範かつ最新の成果を踏まえ，経営上の意思決定がどのような認知的・動機的バイアスを帯びるのかを解説，その改善指針を提供する。

ISBN978-4-561-26563-4　C3034　A5 判　378 頁　本体 3800 円

株式会社
白桃書房

（表示価格には別途消費税がかかります）